KB242886

현상학으로 바라본

새터민(탈북이주자)의 심리적 충격과 회복경험

본 서에서는 난민으로서의 새터민이 한국 문화를 통해 그들의 심리적 충격 경험을 어떻게 회복해 나가는지 그 경험의 본질과 의미들을 사회문화적 맥락 속에서 있는 그대로 이해하고자 한다.

현상학으로 바라본 새터민(탈북이주자)의 심리적 충격과 회복경험

김현경 지음

한국학술정보[주]

이 책을 나의
어머니께 바칩니다.

탈북인이라고 불렸던 이들이 새터민이라는 이름으로 남한사회에 정착해 살고 있으나 아직도 이들을 이웃으로 이해하기에는 많은 어려움이 있는 것이 사실이다. 따라서 본 연구자는 평소 새터민들의 관점에서 이들이 경험했던 과거의 심리적 충격과 고통이 무엇인지, 과거 북한과 중국에서의 고통을 남한이라는 새로운 시공간에서 어떻게 극복해 나가는지 궁금하였다. 이에 대한 관심을 실증적으로 확인하게 되면서 본 연구자가 이해하게 된 바들을 여러 분들과 나누고 싶어 본 교재를 출간하기로 하였다.

본 교재는 새터민들이 북한에서, 북한을 탈출하면서, 중국체류과정에서, 또 다른 제3국에서, 하나원 교육시점에서, 그리고 사회로 나와서 어떠한 경험을 하는지, 나아가 이들이 남북한에서의 경험을 어떻게 통합하여 심리적 성장에 이르는지를 현상학적으로 다루고 있다.

그동안 새터민에 대한 이해는 남한 사람의 관점에서 이루어진 것들이 주류를 이루고 있었다. 그러나 사회복지적 관점인 '환경 속의 인간'을 이해하는 견지에서 새터민을 이해할 필요가 있다고 보았다. 즉 남한 사람들이 새터민의 삶의 경험에 대한 이해가 없이 남한 사람들의 방식으로 이들을 이해하고 돕고자 하는 것이 오히려 새터민들에게 거부감을 줄 수 있다는 것이다. 본 연구자는 새터민을 주류

사회인 남한문화에 일방적으로 끌어당기기보다 이들에 대한 이해가 선행되고 이들에 대해 알고자 하는 자세로 다가섬이 더욱 중요하다고 보았다. 향후 다가올 남북통일을 견지할 때 사회적 통합을 이루기 위해 남한 사람들은 새터민의 과거와 현재의 경험과 삶의 가치를 아울러 이해할 필요가 있으리라고 생각되었다.

마지막으로 본 연구를 책으로 펴낼 수 있도록 도와주신 한국학술정보(주) 사장님과 출판사업부 임은정 선생님 외 담당자 분들, 인터뷰에 응해주셨던 새터민 분들, 그리고 박사 졸업 이후에도 새터민 연구에 동참하도록 이끌어 주신 연세대학교 정신의학과 전우택 교수님께 진심으로 감사드린다.

서문_5

Ⅰ. 서론_11

Ⅱ. 문헌연구_23

█ Ⅴ. 연구결과에 대한 논의_245

█ Ⅵ. 결론 및 함의_251

I. 서 론

2007년 2월을 기준으로 남한에 입국한 새터민[1]은 1만 명을 넘어섰다.(Koreapeace Forum, 2007) 이러한 수적인 증가는 국내 입국에 성공한 경우로 제한된 것으로, 현재 국내 NGO들은 중국 체류 탈북자들이 최소 3만에서 최대 30만까지 추정하고 있다. 또한 중국 체류 탈북자에 대한 조사의 정확성을 판별하기 어려운 실정이며, 매년 중국에서 북한으로 송환하는 탈북자의 규모로 볼 때 10만 명은 초과하지 않는 것으로 보고 있다.(조한범 외, 2005)

하지만 중국은 외교적 이유로 탈북자를 난민으로 인정하지 않고 경제적 이유로 국경을 건너온 월경자라고 주장함으로써 탈북자들을 보호해준 현지인에 벌금을 부과시킬 뿐 아니라, 탈북자들이 체포되면 북으로 강제 송환시키고 있다. 그리고 중국에서는 250~600달러의 벌금을 받고 탈북자 일부를 풀어주고 있는 것으로 알려졌다. 또한 2006년도 국제난민조사 보고서에 따르면 중국에 사는 약 5만 명의 북한 출신 난민들은 중국정부로부터 학대와 구금, 추방 등 가혹한 탄압과 차별을 받고 있으며, 탈북 여성들의 경우 국경을 넘으면서 인신매매단에 의해 매춘부나 가정부 또는 중국 남성과 강제 결혼시켜 2세까지도 무국적자로 방치토록 하는 것으로 지적되었다. 또한 북한은 송환된 이들을 구금과 강제노역, 고문 등으로 혹독하게 처벌하고 있음이 보고되었다.(조선일보, 2006. 6. 16. A5면, 이금순, 2005)

최근 국내 연구(북한인권시민연합 홈페이지 2002~2006, 이기영, 1999, 전우택, 2000, 좋은 벗들, 1999a, 1999b, 홍창형, 2004)에서는 새터민들이 북한 내에서, 그리고 탈북과정과 제3국을 통한 남한 입국하는 과정 동안 경험하게 되는 참혹한 충격과 심리적 고통을 제

---

1) 법률상 용어인 북한이탈주민을 2004년 국민 의견 수렴을 거쳐 선정한 대체 용어이다.

시하고 있다. 그러한 심리적 충격(trauma) 경험들이 이주 후 남한 생활 적응에 부정적인 영향을 미치고 있다는 것 역시 강조되고 있다. 실제로 북한과 탈북과정 및 제3국 체류과정에서 경험하게 되는 심리적 충격(trauma) 사건으로 인한 경험은 탈북 후에도 해소되지 않아 남한 생활을 하는 가운데 경험하게 되는 심리적 고통과 중첩되어 적응상의 어려움으로 표출되기 때문이다.(이금순 외, 2005, 이기영, 1999, 조영아·전우택, 2004, 전우택, 2000) 그러므로 새터민들의 남한사회 적응을 위해 정신건강, 직업훈련, 생활적응 등의 실천적 지원에 있어서 통합적 접근이 필요하다고 할 수 있겠다. 그러나 그중에서 난민으로서의 새터민의 정신건강은 그간 사회적으로 관심의 대상이 되지 못하였다. 실제로 난민들의 정신건강은 과거에도 사회적으로 그 관심의 대상이 되지 못하였는데, 그 일반적인 이유는 난민들의 정신건강 문제는 사치품으로 간주되었기 때문이다.(Arnhoff, 1975, 전우택, 2006에서 재인용) 현실적으로 먹고사는 것이 시급한 상황에서 정신건강을 논하는 것은 비현실적인 것으로 인식되었으며, 정신적 고통은 눈에 보이지 않기 때문에 평가하기도 어려울 뿐만 아니라, 나쁜 일에 대한 자연스런 반응 정도로만 보았기 때문에 난민들의 심각한 정신건강 문제들은 난민이 되는 과정에서 발생되는 어쩔 수 없는 결과라는 의견이 있다.(Summerfield, 1996, 전우택, 2006에서 재인용) 일반적으로, 난민들이 그들의 가정으로 다시 돌아간다면, 그리고 안정된 수입을 갖고 살게 된다면, 모든 정신적 문제는 즉각 해결될 것이므로 그들의 정신건강 문제를 심각히 고려할 필요가 없다는 인식도 있었다.(전우택, 2006) 하지만, 이미 발생한 심리적 충격(trauma)들과 그 결과로 인한 정신적 고통은 그들이 다시 가정으로 복귀한다고 해도 해결되지 않고 남아 있게 되는 경우가 많다는 사실에서 그들이 경험한 심리적 충격(trauma)의 결과는 자연스런 반응 이상이며 감당하기에 큰 고통이라 할 수 있다.

국외 연구의 경우 난민 이주자가 이주 전 심각한 심리적 충격(trauma)을 경험했을지라도 회복에 기여하는 요인을 밝혀내는 것이 가능하며, 비록 심리적 충격(trauma)을 완전하게 회복시킬 수는 없다고 해도 회복이 가능하다고 제시되고 있다.(Alcock, 2003, Herman, 1997, Papadopulos, 2001) 국내 경우에는 난민의 심리적 충격(trauma) '치유' 또는 '회복'에 관한 연구보다는 '적응'을 중심으로 접근하는 경향의 문헌들이 다수를 이루고 있다.(강창호, 2000, 금명자 외, 2004, 박희정, 1998, 손문경, 2002, 이기영, 2002, 유명복, 2005, 유시연, 2001, 조영아·전우택, 2004) 따라서 새터민을 난민으로 인식하여 그들이 심리적 충격(trauma) 상태를 회복할 수 있다는 인식은 아직 초보적인 수준이라 할 수 있다. 그러한 원인 중 하나는 새터민들의 경우 자신들이 성장해온 북한문화에서는 개인이 경험하고 있는 정신적 심리적 충격(trauma)의 영향이 심각하다 할지라도 전문가의 도움을 필요로 하지 않는 경우가 일반적이라는 사실이다. 또 다른 원인으로는 남한 사람들은 흔히 새터민들이 필요로 하는 것이 물질적 지원일 것이며, 그들에게 물질적 지원을 충분히 해준다면 정신적 고통은 자연히 없어질 것이라고 인식하기 쉽기 때문일 수 있다. 이러한 엇갈린 이해 속에서 현실적으로 입국 전 심리적 충격(trauma)의 충격과 고통이 한국사회 정착과정에서 문화적응과 함께 부적응의 원인으로 작용하고 있는지, 역으로 그들의 이러한 심리적 충격(trauma) 경험들이 어떻게 회복되어 가는지 종단연구로서 그 과정을 도출해 낸 국내 문헌연구는 사실상 전무한 실정이다.

국내 새터민 관련 심리적 충격(trauma) 연구를 볼 때, 북한 내 그리고 제3국에서의 심리적 충격(trauma) 후 스트레스 장애 경험을 3년 추적한 결과, 하나원 교육시기에는 Partial 및 full 심리적 충격(trauma) 후 스트레스 장애 유병률이 56%인 것으로 보고되었는데, 3년 후 보고 대상자의 88.8%가 심리적 충격(trauma) 후 스트레스 장애를 회복한 것으로 밝혀졌다.(홍창영, 2004) 이 연구가 난민 경험을 한 새터민들을 대상으로 실시되었다는 점, 그리고 새터민의 심리적 충격(trauma) 경험은 시간이 경과함에 따라서 증상이 호전된다[2]고 하는 긍정적인 측면을 밝혀냈다는 점에서 연구의 의미를 지닌다고 판단된다. 하지만, 심리적 충격(trauma) 후 스트레스 장애로 진단되었던 새터민들이 어떠한 요인들의 영향으로 말미암아 회복에 이르게 된 것인지를 제시하지 못하였다는 점에서 이 연구의 한계를 갖고 있다 할 수 있다. 또한 새터민의 우울 예측 요인과 관련된 3년 추적 연구에서 북한에서의 심리적 충격(trauma) 경험이 많았던 개인일수록 한국 입국 후 시간이 경과하면서 우울 수준이 낮다는 연구결과를 제시하였는데 이는 대부분의 난민 연구결과와는 상반되는 결과(Cheung & Kagawa-Singer, 1993, Hauff & Valum, 1995, Rumbaut, 1989, 전우택 외, 2005, 정병호 외 2006에서 재인용)라 할 수 있다. 그러나 이 연구 역시 횡단연구의 한계로 인해 심리적 충격(trauma)과 심리적 안녕 간의 관계를 시간적 변화 추이를 측정할 수 없어 관련 반응들이 어떻게 변화되는지 확인할 수 없다. 결국 이

---

2) 정신건강증상학에 따르면 외상(trauma)의 장기적 영향은 여전히 논쟁의 여지로 남아 있는데, 어떤 연구에서는 대다수가 시간이 경과함에 따라서 정신건강 증상이 나아진다고 제시하고 있으나 또 다른 연구에서는 외상(trauma)의 영향은 장기간이 지나도 중요한 위험 요인으로 남는다고 한다.(Beiser, 1998, Goldstein et al., 1987, Kessler et al., 1995, Steel et al., 2002, Schweitzer et al., 2006에서 재인용)

러한 연구들의 결과는 연구방법론의 한계와도 맞물린다 할 수 있을 것이라 본다.

난민의 정신건강 연구방향과 연구방법론과의 관계를 살펴볼 때, 국외 양적 연구를 중심으로 하는 난민 연구에서는 난민 이주자의 이주 전 심리적 충격(trauma) 경험 영향이 이주 후 우울, 불안, 신체화 증상, 주요정서장애 및 심리적 충격(trauma) 후 스트레스 장애 등 정신건강에 미치는 부정적인 영향(Bauer & Priebe, 1994, Bower, 2001, Brough et al., 2003, Hauff & Vaglum, 1995, Lavik et al., 1996, Keyes, 2000, Michultka et al., 1998, Kinzie et al., 1990, Mollica, Wyshak & Lavelle, 1987, Sue et. al., 1995에서 재인용. Gong- Guy, 1987, Rumbaut, 1985, Mollica et al., 1994, Hsu et al., 2004에서 재인용, Nicholson & Walters, 1997, Ovitt et al., 2003, Pernice & Brook, 1996, Schweitzer et al., 2006, Sondergaard, H.P., Ekblad, S., & Theorell, T., 2003)뿐만 아니라, 문화적응스트레스에 대한 예측요인(Nicholson & Walters, 1997, Knipscheer & Kleber, 2006)이 될 수 있다는 연구가 중심을 이루고 있다.

그러나 이러한 양적 연구를 통해서는 심리적 충격(trauma)의 회복에 긍정적 영향을 미치는 요인이나 과정에 대한 설명이 가능하다고 해도 제한적일 수밖에 없다. 예를 들어, 일반적으로 난민연구에서 주류사회의 사회적 지지는 정신건강과 긍정적인 상관이 있다고 하나, 호주 문화권에 이주한 수단난민 연구의 경우 호주지역공동체의 지지는 수단 난민의 심리적 안녕과 전혀 상관이 없었다. 오히려 호주 내 수단민족공동체의 사회정서적 지지가 높을수록 수난 난민 개인의 불안, 우울, 신체화정도 및 심리적 충격(trauma) 후 스트레스 장애 수준이 낮아지는 결과를 보였다. 이는 주류 국가 내에서 동병상련의 고통을 겪고 있는 동일 민족 공동체로부터의 사회·정서적 지지가 소수 난민들에게는 긍정적인 회복 요인이 된다는 것을 드러내는 것이다.(Schweitzer et al., 2006) 또한 주류국가 언어의 유창성, 교육수준, 약물치료도 난민에 따라서는 심리적 충격(trauma)의 회복과 관계가 없었다.(Brune et al., 2002) 나아가 심리적 충격(trauma) 후 스트레스 개념을 반영하는 미국의 DSM-IV TR과 유럽의 ICD-10의 진단기준에 따른 결과(Zur, 1996, Bracken, 2001, Nicholl & Thompson, 2004에서 재인용) 및 HSCL-25과 같은 서구적 정신과 측정도구(Lavik, et al., 1999) 역시 입국 후 난민이 처한 상황에 대한 이해가 전제되지 않는 상태에서 활용된 경우 해석 결과의 타당성 문제가 제시된 바 있다. 이러한 연구결과들은 대체로 개인중심적인 서구 주류국가에 들어온 난민 개인들이 느끼게 되는 심리적 고통들, 예를 들면, 동행할 수 없었던 가족에 관한 걱정, 현실적인 고용에 대한 어려움 및 새로운 문화적응에 대한 어려움 등과 같이 개발도상국 출신 난민들의 상황적 특수성 및 민족문화를 충분히 고려하지 못한 채 주류국 중심의 해석과 이해가 적용될 수 있는 착오를 제시하고 있다.

따라서 난민 개인이 자신의 언어로 정의하는 정신건강의 중요한 요인들을 밝혀내는 질적 연구의 활용과 더불어 난민 개인이 지니고 있는 수많은 강점 및 회복 요인들의 제시가 그들의 주류문화 환경과 어떻게 맞물려 심리적 충격(trauma)을 회복으로 전환시키고 있는지에 대한 이해가 필요하다고 할 수 있다. 이는 난민을 정신적 문제로 고통받는 '수동적인 희생자'가 아니라 자신의 경험을 해석하고 반응하며 외압에 도전할 수 있는 개인으로서 해석이 가능하며,(Ahearn, 2000, Alcock, 2003, Bryant-Davis, 2005, Goodkind, 2006, Herman,

1997, Papalopulos, 2001, Watters, 2001) 그들의 심리적 충격(trauma)
경험을 반드시 병리적인 관점이나 흔적으로 해석할 필요가 없다는
것(Papadopoulos, 2000, Papalopulos, 2001에서 재인용)을 강조한다
고 볼 수 있다. 물론 난민의 심리적 충격(trauma)의 회복이란 생존
자 개인이 과거의 심리적 충격(trauma)을 기억할 때 심리적 충격
(trauma) 경험 자체를 잊어버리거나 또는 고통스런 정서를 전혀 느
끼지 않는다는 것을 의미하는 것이 아니라, 심리적 충격(trauma)과
관련된 정서를 충분히 다룰 수 있는 인지적, 정서적, 행동적 능력이
생겨서 그것에 대처할 수 있는 충분한 자신감을 갖게 되어 자신의
이야기를 할 수 있음을 말하는 것이다.(A National Center for PTSD,
http://www.ncptsd.va.gov 홈페이지, Tedeschi & Calhoun, 1995)

따라서 본 연구에서는 난민으로서의 새터민이 한국문화를 통해
그들의 심리적 충격(trauma) 경험을 어떻게 회복해 나가는지 그 경
험의 본질과 의미들을 사회문화적 맥락 속에서 있는 그대로 이해하
고자 한다. 그러한 취지를 반영하고자 할 때 본 연구는 세 가지 측
면에서 양적 방법보다는 질적 방법에 그 적합성을 갖는다고 판단되
었다.

첫째, 연구과정에서 그들이 경험하게 되는 북한 탈출 전 기간-북
한 탈출기간-망명신청기간-정착기간에 따른 심리적 충격(trauma)
경험의 영향이 회복되는 시간을 고려해야 함으로 시차를 반영해야
한다는 것이다. 회복에 이르게 되는 시차는 개인에 따라서 다를 것
으로 생각된다.

둘째, 서구문화와는 다른 우리나라의 사회문화와 상호작용하면서
그들이 인식한 개인 내적·외적인 회복 요인을 고려해야 한다는 것
이다.

셋째, 양적 측정도구 활용으로는 설명될 수 없는 개인의 회복과정에 관한 경험을 심층적으로 반영해야 한다는 것이다.

이렇게 난민으로서의 심리적 충격(trauma) 경험을 드러내는 것이 이제는 한국인으로 살아가고 있는 새터민들의 입장에서는 외부에 알리고 싶지 않은 민감한 주제일 수 있기 때문에 이와 같은 문제를 가진 사람의 경험의 본질 혹은 의미를 이해하기 위해서는 그들이 행동하고 사고하는 것을 현장에서 관찰할 필요가 있을 것이다. 또한 새터민의 심리적 충격(trauma)의 회복 경험이라는 것은 현재까지 알려진 바가 매우 제한적인 연구라 할 수 있다. 이렇듯 알려진 것이 거의 없거나 새로운 이해를 얻기 위해 실재적 분야를 탐색해야 할 때,(Stern, 1980, 신경림 역, 2001 재인용) 그리고 정서적으로 민감한 주제를 탐색적으로 접근해야 할 때 질적 연구가 적합하다.(유태균 외 역, 2001, 2003)

이에 본 연구가 난민으로서의 새터민의 심리적 충격(trauma)의 회복 경험을 질적 연구방법 중에서도 현상학적 연구방법3)을 적용하고자 한다. 현상학적 연구방법 중에서도 대상자들로부터 주어진 언어를 있는 그대로 기술하고 이를 학문적인 용어로 전환하여 심도있게 분석함으로써 대상자의 체험의 일반적 의미구조를 도출해 내는 Giorgi의 현상학 연구방법4)에 의거하여 난민으로서의 새터민들의 심리적 충격(trauma)의 회복 경험을 이해하고, 도출된 내용들을 사회복지 실천현장에서 활용할 수 있는 이론적 근거자료로 제시하고자 한다. 이러한 현상을 통한 이론 제시는 새터민의 정신건강 증

---

3) 본 연구논문 Ⅲ. 연구방법 중 1.연구방법론 및 연구설계에서 구체적으로 설명하고자 함.
4) 上同

진과 새로운 세계에서 경험하게 되는 이질성 극복에 기여할 것으로 본다.

본 연구목적은 난민으로서의 새터민이 경험한 정신적 심리적 충격(trauma)의 영향을 회복해 나가는 경험의 의미와 본질을 탐색하여 밝힘으로써, 그들의 회복 경험을 심층적으로 이해하는 데 있다.

관련된 연구목적을 이루기 위한 본 연구질문은 다음과 같다.

첫째, '한국에 이주한 난민으로서의 새터민의 심리적 충격(trauma) 경험이란 어떠한 것인가?'
둘째, '난민으로서의 새터민의 심리적 충격(trauma)에 대한 회복 경험의 본질과 구조는 어떠한가?'이다.

그리고 본 연구의 의의는 다음의 세 가지를 들 수 있다.

첫째, 난민으로서의 새터민들이 경험한 심리적 충격(trauma)의 회복 경험을 밝혀냄으로써 새터민의 주관적인 관점을 더욱 면밀히 이해할 수 있을 것이다. 지금까지 국내 새터민들의 정신건강 연구는 그들이 한국사회에 입국하여 경험하게 된 문화적응스트레스,(이소래, 1997) 우울(한인영, 2001) 그리고 심리적 충격(trauma) 후 스트레스(이기영, 1999, 홍창형, 2004, 전우택, 2000)와 같이 정신건강의 단편적인 상태에 초점을 두었다면, 본 연구는 난민으로서의 새터민 개인이 북한에서, 탈북과정에서, 중국 및 제3국에서, 제3국에서 한국입국 과정에서, 그리고 한국에 입국한 후 몇 년간을 생활해 나가는 과정에서 그들이 경험한 심리적 충격(trauma) 경험이라는 것이 무엇이며, 그러한 심리적 충격(trauma) 경험으로부터의 영향을 어떻게 회복시켜 나가는지 지속적인 과정을 이해하면서 난민으로서의 새터민의 심리적 충격(trauma)의 회복 경험의 본질과 의미를 이해하고자 하였다.

둘째, 난민생활로 인해 심리적 충격(trauma)을 경험했던 새터민들의 회복 경험에 따른 심층적 탐색을 통해, 그들의 정신적 회복과 성장을 지지하는 구성요인들을 국가의 정책과 서비스로 보완하여 한국사회에서 좀 더 기능적인 개인이 될 수 있도록 활용될 수 있다고 본다. 또한 좁게는 새터민 개인이 자신의 삶에 의미를 전환시키고 유지시킬 수 있는 심리적, 정서적, 사회적 그리고 인지적인 요인에 관련된 양적척도 개발을 수행하는 데 중요한 사회복지적 근거 자료가 되어, 한국문화 내에서 아직 취약한 소수의 위치에 있는 새터민에 대한 사회복지임상 서비스와 정책을 개발하는 데 기여할 것으로 사료된다.

나아가서 마지막으로, 본 연구의 결과가 사회복지 실천 현장의 전문가에게 난민으로서의 새터민에 대한 이해를 높이고 다양한 상황에 처한 그들을 효과적으로 도울 수 있도록 회복의 가능성과 비전을 제공할 수 있을 것이라 본다. 또한 심리적 충격(trauma) 경험을 한 새터민들에게는 모델이 되는 사례로 제시됨으로써 권한부여(Empowering)를 가능하게 한다는 데 그 의의를 찾을 수 있을 것으로 파악된다.

　본 연구를 진행하는 과정에서 다음과 같은 몇 가지의 한계가 있음을 인정하고자 한다.

　본 연구자가 연구대상에 대한 선경험이나 편견을 의식적으로 괄호치기(Bracketing)한다고 해도 연구자의 해석이 연구에 영향을 미칠 수 있다는 점이다. 현상학은 연구자가 의미를 부여하고 있는 것을 새롭게 대면하기 위해서 연구대상에 대한 일상적인 지각과 인정된 이해들을 잠시 제쳐둘 것을 요구하지만 연구자의 이해의 틀이 해석 속에 개입될 수밖에 없음을 인정해야 하는 것 역시 사실이다. (신경림, 2001)

　그러나 이러한 방법론상의 한계점에도 불구하고, 현상학적 방법은 현상 그 자체뿐만 아니라 현상 그 자체를 나타내는 "상황의 맥락도 포함하기 때문에 대상자의 지각과 판단의 모든 복합성이 반영될 수 있다(Parse et al., 1985, Omery, 1983, 이영희, 1993에서 재인용)"는 장점이 있기에 본 연구에서는 현상학적 분석방법을 적용하여 난민으로서의 새터민의 심리적 충격(trauma)의 회복 경험에 관련된 의미와 본질을 이해하고자 한다.

Ⅱ. 문헌연구

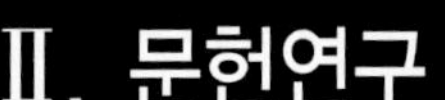

본 연구의 대상자인 제3국을 경유하여 남한에 입국한 새터민들의 심리적 충격(trauma) 경험을 이해하기 위해서는 우선 난민(Refugee)에 대한 이해가 선행되어야 한다고 본다. 따라서 본 장에서는 난민 이주자들에 관한 이해를 위해 1. 난민의 정의, 2. 난민의 유형, 3. 난민의 국경이동의 주요 배경 및 요인을 비합법적 국경이동을 중심으로 살펴보고자 한다. 또한, 난민의 정신건강 영역에서는 1. 이주 전 난민들의 심리적 충격(trauma) 경험이 이주 이후 삶에 미치는 영향, 2. 난민 이주자들의 문화적응 스트레스, 3. 난민 이주자의 정체성, 4. 난민 이주자의 심리적 충격(trauma)의 회복 경험에 관한 이해를 중심으로 하여 국내외 문헌을 고찰해 보고자 한다.

1. 난민의 정의

난민이란 자국의 정치상황, 민족박해, 기아, 전쟁, 고문, 투옥, 감금, 테러 등 생존 자체가 문제가 되어서 죽음을 피해 자국을 떠날 수밖에 없는 이주자의 한 형태라 할 수 있다. 현재 전 세계적으로 약 1,300만 명의 난민이 있으나, UNHCR 내부 보고에 의하면 실제로 약 35만에서 38만 명에 이른다고 한다.(UNHCR 홈페이지, 2006) 난민 이주자는 자국의 상황에 의해 밀려나온(pushed out) 개인이라는 점, 새로운 나라에 입국하는 과정에서 미래에 대한 준비와 통제가 거의 전무한 상태에서 시작된다는 점, 그리고 다시 자국으로 돌아가는 것이 불가능한 입장이라는 점에서 일반 이주자와는 상당히 다른 차이점을 갖는다.(Procter, 2005, Hsu et al., 2004, p.194) 그렇다면, 난민이란 어떻게 정의되고 있는지 구체적으로 살펴보도록 하겠다.

국제연합(UN)이 1951에 체결한 〈난민의 지위에 관한 협약〉(Convention Relation to the Status of Refugess, 이하 난민협약)에 따르면, 난민(Refugee)이란 "1951년 1월 1일 이전에 발생한 사건의 결과로서, 또한 인종, 종교, 국적, 특정사회집단의 구성원 신분 또는 정치적 의견을 이유로 박해를 받을 우려가 있다는 충분한 근거가 있는 공포(well-founded fear)로 인하여, 자신의 국적국 밖에 있는 자로서, 국적국의 보호를 받을 수 없거나, 또는 그러한 공포로 인하여 국적국의 보호를 받는 것을 원하지 아니하는 자, 또는 그러한 사건의 결과로 인하여 종전의 상주국 밖에 있는 무국적자로서, 상주국에 돌아갈 수 없거나, 또는 공포로 인하여 상주국으로 돌아가는 것을 원하지 아니하는 자"로 자격기준을 정하고 있다. 이러한 난민의 지위는 난민임을 인정받았다고 난민이 되는 것이 아니라, 그 개인이 난민이기 때문에 난민지위가 인정되는 것이라 할 수 있다.(UNHCR, 1999) 이러한 난민협약상 정의는 1951년 1월 1일 이전에 난민이 된 자, 다시 말해 제2차 세계대전의 결과로서 난민이 된 자에 적용되었다. 그러나 유럽에서는 세계대전과 전혀 관련이 없는 새로운 난민이주가 발생하였다. 따라서 1967년 〈난민의정서〉(Protocol on Refugees)는 공식적으로 시간적 제한 또는 지역적 제한을 없애고, 난민협약규정을 현재까지 보편적으로 적용되게 하였다.(UNHCR, 1997) 이와 같이 난민협약에 의한 협약상 난민(Convention refugees)으로 인정받기 위해서는 충분한 근거가 있는 공포가 있어야 하며, 그 공포는 박해와 연계가 있어야 하며, 박해의 이유는 인종, 종교, 국적, 특정사회집단의 구성원 신분 또는 정치적 의견의 이유에 근거해야 하며, 자신의 출신국의 국경을 넘어야 하는 4가지 요소를 충족해야 한다.(UNHCR, 1999, UNHCR home page http://www.unhcr.or.kr, 2006. 6. 25.)

북한이탈주민들의 경우에는 북한에서 주로 식량난으로 인한 경제적 이유를 계기로 중국으로 이주하는 경우가 많아 난민으로 규정될 수 없다는 주장도 제기되고 있으나, UNHCR은 난민협약을 보다 넓게 해석하여 이들에게도 협약난민으로 규정하고 있는 실정이며, 협약난민으로 규정하기 어렵다 하더라도, 사실상 난민 또는 위임난민, 궤도난민, 경제적 난민으로 규정할 수 있다고 보고 있다.(임태근, 2000, 조용완, 2006에서 재인용) 또한 현재 러시아와 동남아 지역 및 몽골에서는 부분적으로 탈북자를 난민으로 인정하여 우호적인 입장을 취하고 있으나, 중국은 외교적 이유로 난민 인정이 불가하여,(KBS 한국방송 남북교류협력기획단, 2003) 북한과 중국 사이에 체결된 '중국·북한 범죄인상호인도협정(일명 밀입국자 송환협정)에 따라 북한으로 강제 송환하고 있는 실정이다.(윤인진, 2000)

2. 난민의 유형

난민을 유형별로 파악해 볼 때 8가지 정도로 정리해 볼 수 있겠다. 첫째로, 난민협약에 의해 규정된 "협약상 난민"이 있다. 둘째, "인도적 지위(Humanitarian status, B급 지위, 임시 체류를 허가하는 예외적 경우)"는 정부에 의해 협약상 난민으로 인정되지는 않으나, 일반화된 폭력, 외부침략, 국내소요, 대량의 인권침해 또는 공공질서를 심각하게 해치는 기타 상황으로 인해 국적국으로 돌아가는

것이 위험한 자에게 적용된다. 셋째, 난민협약의 4가지 요소를 모두
충족하지는 못하나, 해당 대상자를 방치할 경우 생명을 상실하거나
심각한 인권유린을 당할 우려가 있는 사람들은 "위임난민(mandate
refugees)"으로 간주하여 United Nations High Commissioner for
Refugees(유엔난민고등판무관실, 이하 UNHCR)에서 그들이 강제
송환되지 않도록 기본적인 인도적 원칙에 따른 처우를 보장해준다.
넷째, '보다 광범위한 정의'는 난민으로 인정받기 위한 자가 "박해를
받을 우려가 있는 충분한 근거가 있는 공포"는 주장할 수 없으나
출신국으로 돌아가는 경우 여전히 위험에 놓일 수 있다는 근거가
인정되면 UNHCR에 의하여 난민으로 인정된다. 다섯째, "사실상 난
민-반증이 없는 한 난민(Prima facie refugee-Refugee in absence
of evidence to the contrary)"은 집단 내 모든 개인을 난민으로 인
정할 수 있을 정도의 심각한 상황에 의해 집단 전체가 난민지위를
인정받는 것이다. 이는 UNHCR이 특히 아프리카에서 일반적인 대
규모의 난민이주가 있음을 처음으로 알게 된 1960년대 이후부터 일
반적인 관행이 되었다.(UNHCR, 1999) 여섯째, 경제적 궁핍을 벗어
나고자 자국을 떠나 보다 경제적 삶이 나은 국가로 이주하는 "경제
적 난민"이 있다. 여기서 경제적 이주민과 난민의 차이를 설명하자
면, 개인이 전적으로 경제적 상황을 개선할 목적으로 자발적으로 본
국을 떠나 박해의 공포를 가지지 않는 경우에는 경제적 이주민이지
난민이라 하지 않는다.(UNHCR, 1997) 일곱째, 박해받는 국가로 돌
아갈 수 없고, 접수국에서 비호신청이 거부되어 접수국과 인접국을
떠돌면서 비호신청을 계속하는 궤도난민(Refugee in orbit)이 있다.
여덟째, 조국을 떠났다는 이유만으로 본국에 송환되면 정치적 처벌
을 받는 "Republikflucht"가 있는데, 이 의미는 동유럽공산국에서 그

체제에 적응하지 못하고 자신이 거주하던 공화국을 탈출한 자라고 직역된다.(임태근, 2000, 조용완, 2006에서 재인용)

3. 난민 국경이동의 주요 배경 및 요인
- 비합법적 국경이동을 중심으로

20세기 전까지는 '난민'의 개념은 크게 부각되지 못하였다. 그 이유는 20세기 초부터 서방국가들이 도구주의적 이민정책(Instrumentalist Immigration Policy)을 채택하면서부터 대개 '난민'으로 규정되는 개인들의 국제적 이동의 자유가 크게 훼손되었기 때문이다. 이는 경제, 기술, 군사적인 면에서 강대국과 다수의 빈곤국들 간의 차이가 크게 발생되었기 때문인데, 이에 따라 강대국들은 다수의 가난한 이주민들이 밀려드는 것에 매우 배타적인 태도를 갖게 되었다. 따라서 엄격한 국경통제를 실시하게 되어 국가 간 국경의 의미는 매우 중요한 요소가 되었다. 2차 대전 이후 유럽의 유민들을 보호하기 위해 '난민협약'과 '의정서'가 채택되었으며, 유엔난민고등판무관실의 설립과 함께 난민보호활동을 개별국가를 넘어선 국제적 의무사항으로 규정하였으나, 탈냉전과 동시에 국제적 보호대상이 급증함에 따라 서방국의 난민보호 역할은 점차 축소되기 시작하였다. 또한 사회주의권 붕괴와 함께 국가 간 정보교류 및 교역이 활발하게 이루어지면서 국경을 넘는 것이 더 이상 장애로 남지 않게 되었다.

국경이동은 이동의 동기와 환경에 따라 강제적 이동과 자발적 이동으로 구분하고 있으며, 국경이동의 법적 절차 준수여부에 따라서는 합법적 이동과 비합법적 이동으로 나누고 있다. 또한 시간적으로는 영구적 이동과 일시적 이동으로 분류할 수 있다. 그러나 현실적으로 이동자의 의지에 따른 분류로 강제이동과 자발적 이동 간의 구분을 명확히 규정하기 어려운 측면이 있는 것이 사실이다. 특정지역 및 자국의 환경이 체류주민들의 생존환경을 위협하여 이주하게 되는 경우 이들의 이동을 강제하는 무력수단이 개입하지 않더라도 떠나지 않을 수 없는 절박한 상황인 경우에는 강제적 이동으로 규정하는 것이 일반적이다. 따라서 이러한 강제이동은 합법적인 절차에 의한 국경이동이 아닌 불법적 이동인 경우가 대부분이다. 국경이동은 한 국가 내의 지역이동과는 달리 관련국들에게 미치는 사회경제적 영향이 국가 간의 주요한 정치적인 사안이 될 수 있다. 국경이동의 요인은 국적국 또는 영주 체류국의 거주여건이 적절치 않아 발생하는 배출요인(push factor)과 이동 현지국의 거주 여건이 국적국 혹은 영주 체류국보다 좋아서 생겨나는 유인요인(pull factor)으로 구분된다. 불법 국경이동의 배출 및 유인요인들은 매우 복합적으로 작용하게 하게 되는데 특정요소와 다른 요소들이 상승작용을 일으키며, 개인의 불법 국경이동을 지속시키게 되는 것이다. 주로 비합법적인 국경이동을 중심으로 이동의 배출요인과 유인요인을 살펴보면 다음과 같다.(Zolberg & Hyndman, Press; IOM·ICMPD, Press, 2004, Cohen & Deng, Press, 1988, 이금순, 2005에서 재인용)

1) 배출요인(Push Factor)

난민을 자국에서 나가도록 하는 배출 요인은 다섯 가지 정도로 정리될 수 있는데, 그 첫째가 분쟁 및 정치적 혼란, 둘째로는 처벌의 위험, 셋째는 구조적인 차별 및 박해, 넷째는 경제적 빈곤, 그리고 마지막으로 가족의 해체라 할 수 있다. 좀 더 구체적인 설명을 덧붙이자면 아래와 같다.

첫째는 분쟁 및 정치적 혼란으로 인한 요인을 들 수 있다. 이는 특정국가에 내전 등 분쟁이 발생하는 경우 대규모의 인구이동이 발생되는데, 분쟁은 적대적 집단에 대한 대량 살상을 의미한다. 따라서 국외실향유민(externally displace persons)은 '난민'에 준하는 보호를 받아 분쟁발생 인접국 국경지역에 설치된 '난민수용시설(refugee camp)'에서 보호를 받도록 되어 있다. 두 번째는 처벌의 위험 요인이다. 이는 국적국 또는 체류국에서의 범죄로 인해 '형사소추'의 위험이 있는 경우 처벌을 피하기 위해 국경이동을 선택하게 된다. 그러나 해당국의 법률이 인권기준에 부합되는 것인지, 법적용이 신분에 따라 차별적으로 적용되는 경우는 없는지 즉 '박해'로 규정될 수 있는 여부를 면밀히 검토할 필요가 있다. 세 번째로는 구조적인 차별 및 박해 요인을 들 수 있다. 실제로 많은 사회에서 집단 내 대우상 차이는 존재하기 마련이나, 개인이 생계를 유지할 권리, 자신의 종교를 신봉할 권리, 유용한 교육시설을 이용할 권리에 중대한 제약을 초래할 경우, 차별이 피해자 자신의 장래 생존에 위기감과 불안을 준다면 '박해를 받을 우려가 있는 상당한 공포'로 인정된다. 따라서 이러한 경우에는 '난민'에 해당될 수 있다. 네 번째 국경이동의 주요 원인 중 하나는 경제적 빈곤이다. 개인이 절대적인 생존을 위협하는 빈곤상황 혹은 인접국과 비교하여 열악한 경제여건에 놓여 있는 경우 새로운 생존방식으로 국경이동을 택하게 된다. 경제적 동기의 국경이동의 경우에는 가족단위 이주보다는 가족구성원 중 취업능력이 가장 뛰어난 개인이 단독으로 이동하는 것이 일반적이다. 따라서 농업관련 계절노동의 경우 남성세대주가, 가정부 및 유흥업 등 비공식부문 노등의 경우는 여성 특히 미혼 여성이 이동하게 된다. 마지막으로 가족의 해체 요인을 들 수 있다. 가족단위의 불법 국경이동에는 다양한 실질적인 부담이 따르게 된다. 따라서 가족단위의 안정적인 체류기반을 찾는 것은 현실적으로 용이치 않다. 또한 새로운 이주지역에서 가족을 부양할 경제력을 확보하는 것도 부담스러운 일이므로 가족구성원 중 일부가 불법이동을 통해 생활기반을 마련한 후 남은 가족구성원을 순차적으로 이동시키는 이주방식을 찾게 된다.(Cohen & Deng, Press, 1988, UNHCR, 1997, 이금순, 2005에서 재인용)

2) 유인요인(Pull Factor)

난민의 국경이동의 유인 요인들로는 네 가지 정도를 설명할 수 있다. 첫째는 신변안전에 대한 확보이며, 둘째는 체류기반 접근가능성을 들 수 있다. 세 번째로 취업기회의 확보 요인을 들 수 있으며, 마지막으로 교육기회 확대 요인으로 정리될 수 있는데, 설명을 덧붙이면 아래와 같다.

첫째로는 신변안전에 대한 확보 요인을 들 수 있다. 이는 이동국에서의 신변안전 확보가능성과 영주권 취득의 가능성이 열려 있는 경우 국경이동이 보다 증가된다. 따라서 현지국민과의 결혼을 통한 합법적 체류자격 취득이나 불법신분증 매입 등이 방편이 될 수 있다. 둘째로는 체류기반 접근가능성이다. 이동국에서 체류기반을 확보하는 데 도움을 받을 수 있는 길이 열려 있는 경우, 즉 불법 국경이동 이후 도움을 받을 수 있는 친척 및 동일 민족 등 우호적인 사회집단이 체류국에 존재하는가 여부가 결정적인 요인으로 작용한다. 그러나 현실적인 안정적 체류기반으로 사실혼관계와 같이 성을 매개로 한 관계를 확보하는 것이다. 셋째로는, 취업기회의 확보 요인이다. 특히 제3국에서의 취업은 관련법규정에 따라 엄격히 규제되어 있다. 단속되면 추방됨에도 불구하고, 노동시장에서는 값싼 노동력에 대한 수요가 지속되기 때문에 노동자들의 불법 국경이동이 지속된다. 이들은 주로 가정부, 간병인 같은 단속이 불가능한 개인 가정에 속한 활동이나 매춘 등 불법적인 영업활동에 연계된다. 넷째로는 교육기회 확대이다. 이는 본인이나 자녀들의 교육기회를 확대하여 이를 기반으로 체류국에서의 안정적인 생활터전을 마련하기 위한 방안이 열려 있는 경우에 해당된다. 불법이주자의 경우에는 불안정한 법적 신분으로 공립교육에 대한 접근 자체는 어려울 수 있으나 고비용을 지불하고 사립교육에 의존하는 경우도 있다. 상당수의 국가에서는 본인의 불법체류신분을 이유로 교육권을 박탈하지 못하는 것이 일반적인 관례이다.(Aleinkoff & Klusmeyer, 2000, IOM·ICMPD, 2002, 이순금, 2005에서 재인용)

위와 같은 배출요인과 유인요인은 새터민이 자국으로부터 탈출하여 중국이나 한국사회에 입국하게 되는 동기와 연결되어 이해될 수 있다. 이들은 생존 자체의 위협에서 자신을 보호하고, 나아가서 고통을 치유시켜 줄 수 있는 새로운 환경을 찾아 이동하는 것이다. 대부분은 접근가능성을 고려하여 인접국가인 중국을 거쳐서 한국에 입국하는 것을 선택하게 된다.

4. 난민의 정신건강

1) 이주 전(pre - migration) 난민들의 심리적 충격(trauma) 경험이 이주 후(post - migration) 삶에 미치는 영향

난민들의 전형적인 경험은 자국으로부터 탈출하여 새로운 정착지로 이주하기 이전(pre - migration)까지의 경험이 이주 이후(post - migration) 삶에 영향을 미쳐 흔히 심리 · 정서적 고통 및 충격(trauma) 후 스트레스 반응을 나타낸다고 제시되고 있다.(Khamphakdy - Brown, et al., 2006, Nicholl & Thompson, 2004, Schweitzer et al., 2006, Watters, 2001, Williams & Berry, 1991) 이러한 난민들의 이주 이전에 따른 일반적인 경험으로는 고문, 강제노동, 굶주림, 감시와 잔혹한 폭력행위 그리고 가족과의 이별 및 죽음 목격, 전쟁, 성폭행, 집단수용소 생활, 생명을 위해하는 질병에 걸림, 수용소에서의 영양실조, 신체적 상해 및 대량학살, 인질이 됨.(한인영 외 역, 2002, Khamphakdy - Brown et al., 2006, Herman, 1997, Nicholl & Thompson, 2004, Schweitzer et al., 2006, Nicholson & Walters, 1997) 군사전쟁, 세뇌, 고문,(A.P.A., 1980, 1987, 신응섭 외 1996에서 재인용) 기근 및 불법이주 생활로 인한 희생의 위험(Pumariega et al., 2005) 등을 포함한다.

따라서 이주 이후에는 이주 이전에 경험하였던 심리적 충격(trauma) 경험의 후유증과 더불어 새로운 사회문화에 적응하는 과정에서 경험하게 되는 심리적 고통이 연합되어, 우울이나 불안, 무기력감, 심리적 충격(trauma) 후 스트레스 반응, 약물남용 및 자살생각 등을 노출시켜 정신건강을 위태롭게 한다는 사실은 이미 많은 문헌을 통해 밝혀졌다.(이기영, 1999, 전우택, 2000, Allodi, 1991, Carlson & Rosser-Hogan, 1991, Kinzie et al., 1990, Mollica et al., 1987, Keys et al., 2004에서 재인용, McKelvey & Webb, 1997, Pernice & Brook, 1996, Sue et al., 1995, Watters, 2001) 난민들이 경험한 충격적인 심리적 충격(trauma) 경험의 증상적 결과는 신체적 각성 및 행동영역, 정신적 영역, 정서적 영역에서 심층적이며 지속적인 변화를 생산한다.

신체적 각성 영역에서는 불면, 신체화 증상, 쉽게 피곤함, 안절부절 못함, 그리고 과도한 경계 등을 나타내면서 행동적으로는 쉽게 놀라거나, 작은 자극에도 불안정하게 반응하며, 폭발적인 공격적 행동, 특정 장소나 상황을 회피함, 대인관계 철회 등으로 이어진다. 정서적 영역에서는 일반화된 불안 증상과 구체적인 공포 등이 연합되면서 안전과 보호된 삶 속에서도 부적응적인 반응을 보이게 되며, 우울, 상실에 대한 슬픔, 분노, 무감정, 생존자 죄책감, 신뢰의 상실, 자존감 상실, 무기력감, 타인과 정서적 철회, 과도하거나 극단적인 감정 그리고 만성적인 공허감 등을 나타낸다. 마지막으로 정신적 영역에서는 공포스런 사건들은 과거임에도 불구하고 마치 그 일이 현재에도 지속적으로 발현되는 것처럼 그 사건을 재체험한다는 것이다. 따라서 원치 않는 과거 기억의 반복적 침습으로 인해 현재의 일상적인 과정을 시작하는 데 장애를 초래하게 된다. 또한 집중곤란과 기억력 약화, 사격을 받거나 추적당하는 등의 악몽, 그리고 전체 맥락에 따른 기억을 이야기하기보다는 맥락 없이 파편화된 이미지 또는 감정에 초점을 맞추어 각인된 부분만 세밀하게 묘사하게 되며, 경우에 따라서 자신과 분리된 해리(dissociation)를 동반하기도 함으로써 마치 현실과는 분리된 것처럼 느끼거나 행동하는 것으로 보이게 된다.(신응섭 외 역, 1996, Herman, 1997)

이렇게 심리적 충격(trauma) 사건의 경험 또는 극단적인 심리적 고통이란 갑작스럽고 기대하지 않았던 충격적 사건의 결과이며, 예상하였다 할지라도 당시 비극적인 삶의 환경은 개인의 통제에서 벗어난 것으로써 일상적인 수준을 넘는 것이기에 만성적인 문제를 발생시키기도 하고 역행할 수 없는 부정적인 결과를 초래시킬 수 있다. 이렇게 개인 통제에서 벗어나 역행시킬 수 없는 변화들은 직접적이고 교정적인 조치를 거의 취할 수 없게 만드는 경향이 있다. 또한 개인의 삶 속에서 무기력함, 우울, 불안, 물질중독, 자살충동, 신체화 증상 및 자아 기능의 손상 등을 일으키게 하면서, 개인의 불행에 대해 다른 사람을 비난하게 되기도 한다. 하지만, 그로 인한 충격의 정도는 심리적 충격(trauma) 사건을 경험한 개인의 발달 단계(Developmental Stage)에 따라서 달라진다는 특성을 갖기 때문에,(신응섭 외, 1996, Green, 1990, Tenne & Affleck, 1990, Calhoun & Tedesch; 1999에서 재인용, McCann & Pearlman, 1990) 동일한 심리적 충격(trauma) 사건에 노출되더라도 개인에 따라서 심리적 충격(trauma) 후 스트레스를 경험하기도 하고, 다른 부류는 특별한 증상을 나타내지 않기도 한다.(Yehuda, 1998, 강성록, 2000 재인용)

그러나 일반적으로 난민의 심리적 충격(trauma) 경험은 미래의 스트레스원에 대해서 개인의 취약성을 증가시킴으로써 지속적이며 간접적인 영향을 주게 된다.(Mollica et al., 2002) 난민 이주자 연구에서 나타나는 공통적인 특성을 살펴보면, 가족과 관련된 심리적 충격(trauma)의 경우 스트레스 수준이 더 높다는 것(강성록, 2000, 홍창영, 2004, Schweitzer et al., 2006)이다. 그리고 난민의 심리적 충격(trauma) 경험은 단일 사건이 아니라 상호 연계된 일반적으로 누적된 경향이 있다는 특성으로 인해 깊은 슬픔과 관련된 증상, 삶에 대한 의미 상실과 같은 실존적 의미의 위기(Silove, 1999, Steel, 2001, Schweitzer et al., 2006에서 재인용), 정체성 상실 및 임파워먼트에 대한 인식에 대한 의심 등과 같이 정신건강에 더욱 부정적인 영향을 미친다.(Schweitzer et al. 2006) 그리고 심리적 충격(trauma)을 경험했던 시간도 연관성이 있는데, 동남아시아 난민과 같이 심리적 충격(trauma) 경험이 10~15년 정도로 장기화된 경우에는 정신건강에 더욱 치명적인 영향을 준다는 것을 알 수 있다.(Mollica, Wyshak & Lavelle, 1987, Kinzie et al., 1990, Sue et al., 1995에서 재인용)

2) 난민 이주자들의 문화적응 스트레스

난민들에게서 관찰되는 다양한 정신건강상의 결과를 일반적인 문화적응 관점에서 설명할 때 '문화적응 스트레스[5]'라는 용어로 명명한다. '문화적응 스트레스'란 첫째, 난민 및 일반 이주자들이 새로운 주류 사회와 접촉하게 될 때 그들은 새로운 언어, 다른 관습 그리고 사회적 상호관계에 대한 규범, 낯선 규칙과 법규, 그리고 어떤 경우에는 극도로 다른 삶의 변화에 적용해야 하는 많은 도전에 직면하

---

5) 국내 연구 문헌에서는 'Acculturation'을 문화적응(금명자 외(2004), 이소래(1997), 독고순(2000) 등 다수)과 문화변용(전우택, 2000) 두 가지로 번역하여 활용하고 있다. 문화적응이라 번역함은 문화변용의 결과가 '적응'의 한 형태를 나타내기 때문으로 간주된다. 따라서 본 연구에서는 'Acculturation'을 '문화적응'으로 일관되게 명명하고자 한다.

는 과정에서 경험하게 되는 스트레스 행동의 특정한 경향을 의미한다. 요약하자면, '다른 문화 간에 지속적이며 직접적인 접촉으로부터 발생하게 되는 문화변화(cultural change)와 적응(adaptaion)의 과정(process)'으로 정의될 수 있다.(Gibson, 2001) 구체적인 경험으로는 혼란, 불안, 우울과 같은 정신건강 상태, 주변화와 소외의 감정, 강한 심인성 증상, 그리고 정체성 혼란 등이라 할 수 있다. 둘째, '문화적응 스트레스'는 주류사회의 문화와 난민 이주자의 원국가(original country) 문화 간의 기후적, 지리적, 영양학적 및 다른 정신문화 간에 상이성에 의해 발생되는 것이라 할 수 있으며,(Berry, Kim, Minde & Mok, 1987) 결과적으로 개인의 신체적, 심리적 그리고 사회적 측면에서의 건강상태의 환원(reduction)을 말한다. 셋째, 문화적응 스트레스는 개인의 심리적 기능을 향상시키는 긍정적인 힘이 될 수도 있기 때문에 반드시 부정적일 필요는 없으나, 경우에 따라서 적응을 수행하려는 개인의 능력을 파괴하기도 한다. 따라서 개인은 문화적응과 스트레스 간의 상관성을 지배하는 다른 요인들에 의해 영향을 받게 된다.(Berry et al., 1989) 문화적응 스트레스라는 관점은 특히 Lazarus & Folkman(1984)의 스트레스 이론에 근원을 두고 있으며, 더욱 보편적으로는 문화충격(culture shock)이라는 대안적 관점에서 이해되기도 하였다.(Furnham & Bochner, 1986, Williams & Berry, 1991에서 재인용) 관련하여 문화적응 스트레스에 영향을 미치는 상호작용 요인을 아래 〈그림-1〉를 통해 설명을 덧붙이고자 한다.

첫째로, 새로 이주한 사회의 특성과 문화적응 양식이 이주자의 문화적응 스트레스에 영향을 미치는 요인들 중 일부임을 제시하였다. 특히, 새로 이주한 사회가 다양한 문화에 대한 포용력이 있는 다문화적 특성을 갖추고 있는지, 아니면, 단일한 문화 기준의 순응에 압력을 주는 동화주의자(assimilationist)의 특성을 갖추고 있는가를 고려해야 함을 강조하고 있다. 이유는 이주자의 정신건강문제가 동화주의자들 사이에 있는 것보다 다문화주의 사회에 있는 경우에 덜 발생할 것으로 파악하기 때문이다.

둘째, 다양한 난민연구를 통해 난민들은 압도적으로 다른 세 가지의 문화적응 양식 즉 분리, 동화 및 주변화보다 통합양식 즉 양문화주의의 선호를 지지하고 있음이 밝혀졌다.(Berry & Dona, 1994, Berry, 2001, Pumariega et al., 2005)

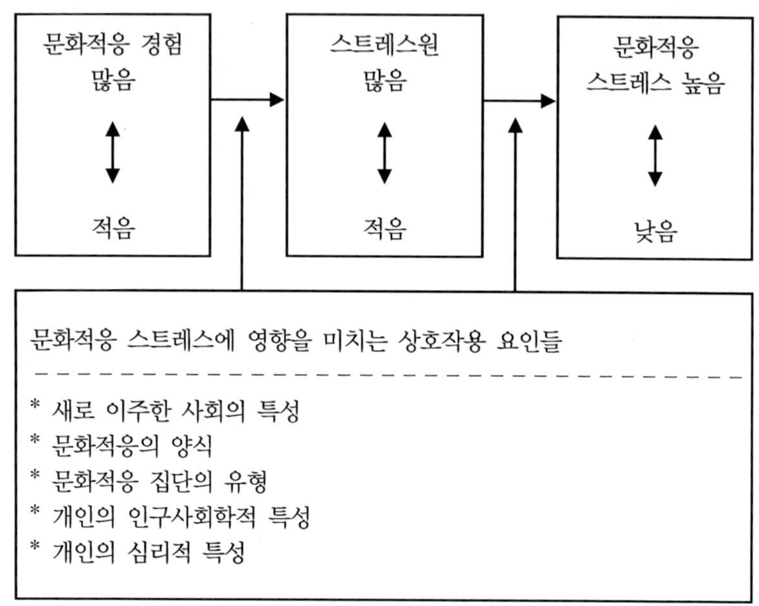

(Berry, Kim, Minde & Mok; 1987)

〈그림-1〉 문화적응 스트레스에 영향을 미치는 상호작용 요인들 그러나 개인이 취하는 문화적응전략은 그들을 받아들이는 주류사회의 문화적응 태도의 이해를 고려해야 한다. 즉 주류사회는 자국에 유입된 이주자들을 어떻게 다루길 원하는지 그리고 그 이주자들이 어떻게 행동하길 원하는지에 대한 구체적인 사상이 있다는 것이다. 이것을 문화적응 기대(acculturation expectations)라고 하는데 이것은 쌍방의 문화적응 발생에 있어서 우세한 집단에 의한 방식이 강력한 영향을 준다는 것이다.(Berry, 1974, 1980, 2001, Zagefka & Brown, 2002) 이는 대부분의 난민 이주의 근원을 배경으로 할 때, 이주를 받는 국가의 다수는 개인주의를 선호하는 선진국이며, 이주를 떠나는 국가는 집단주의가 우세한 개발도상국이라는 점에서도 (Bourhis et al., 1997, Seth, 2006에서 재인용) 영향을 받을 것이다.

셋째, 문화적응 집단의 유형과 정신건강의 관계를 설명하기 위해, 〈그림-2〉에서처럼 민족집단, 이주민, 토착인, 그리고 난민으로 분류하였다. 그리고 문화적응 접촉을 자발성과 비자발성, 그리고 이동성을 이주와 비이주의 변인으로 선택한 결과, 난민과 토착민 집단이 이주에 자발적으로 연계되었던 일반 이민자 집단에 비해 정신건강의 어려움을 더 많이 경험하는 것으로 보았다. 그 이유는 자국의 상황에 의해 어쩔 수 없이 국경을 넘어 새로운 이주국으로 들어온 난민의 경우에는 이주 여부에 대한 자발적인 선택 기회가 일반 이주자의 경우보다 상대적으로 적기 때문에 문화접촉에 있어서 일반 이주자의 초기 경험 및 변화에 비해 좀 더 부정적으로 해석되기 때문이다.(Berry, Kim, Minde & Mok, 1987, Berry & Kim, 1988)

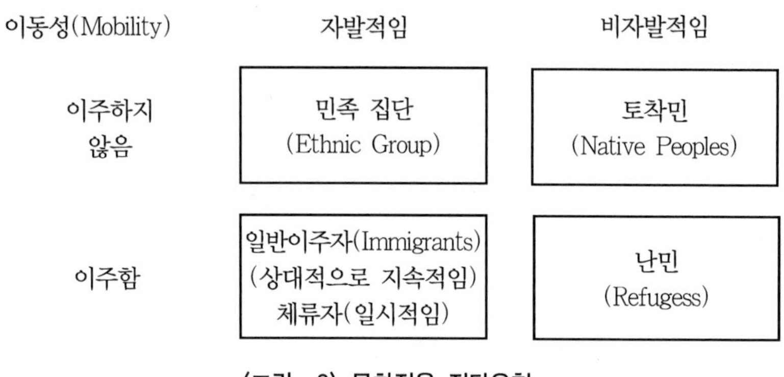

〈그림 -2〉 문화적응 집단유형

밖에 개인의 인구사회학적, 심리적 특성 즉, 대처양식, 교육, 연령, 성별, 인지 유형, 문화 간 접촉이전 경험, 그리고 접촉경험 등이 문화적응 스트레스에 영향을 주는 요인으로 설명되고 있다.8)(Berry, Kim, Minde & Mok, 1987)

난민들의 경우 이주 이전 심리적 충격(trauma) 경험은 이주 이후 문화에 접촉하게 되면서 시간 경과에 따라 환경적인 스트레스원에 반복적으로 노출하게 된다. 난민 이주자의 경우는 일반이주자와는 달리 자국에 다시 돌아갈 수 없음으로 인해 심리적으로 극단적인 복잡함을 경험하게 된다. 또한 난민의 심리적 충격(trauma) 경험은 앞서 언급한 것처럼 단일 사건이 아니라, 상호 관련된 그리고 일반적으로 누적된 경향이 있기 때문에 이러한 경험들은 이주 후 이주자를 둘러싼 사회심리생물학적인 문화적 스트레스원들의 영향과 연계되어(Pumariega et al., 2005) 문화적응 스트레스 수준을 높이는 결과가 발생됨을(Nicholson, & Walters, 1997, Watters, 2001) 외국의 난민연구를 통해 밝히고 있다. 나아가 이주국가에서 발생되는 이주자에 대한 차별과 선입견은 사회적으로 취약한 입장에 있는 그들의 정신건강에 대한 위험요인으로 인식되고 있다.(Finch, Kolody, & Vega, 2000)

3) 난민 이주자의 정체성

문화적응 연구의 경향성은 접촉에 있어서 두 집단이 연계되면서 상호변화(mutual change)되는 과정에 초점을 두고 있다.(Berry, 1997, Bourhis et al., 1997, Seth, 2006에서 재인용) 즉 두 문화 집단이 접촉하게 되면 문화변화가 두 집단 모두에 영향을 준다고는 한다. 그러나 현실에서 우세한 집단은 영향을 받지 않은 채로 남아 있으면서, 우세하지 않은 집단이 변화되는 경우가 흔하다.(Bhugra et al., 1999)

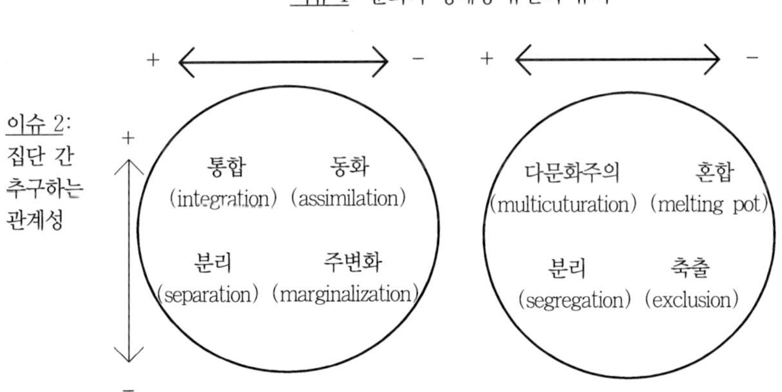

〈그림 -3〉 이민 집단과 이주사회에서 문화 간 전략의 다양성

　　이주자 또는 우세하지 않은 문화의 개인들은 문화적응태도(accul-turation attitudes)로 알려진 두 개의 차원 간 특성을 이해할 필요가 있다. 즉 두개의 이슈, 첫째, 다른 집단과 어느 정도의 접촉 또는 회피를 원하는지, 둘째, 원문화적 특성을 어느 정도 유지하거나 또는 포기하길 원하는가에 관련된다. 이것은 위의 〈그림-3〉에서 보여주고 있는 왼쪽 영역의 차원은 이주자들이 이 두 개의 이슈를 어떻게 다룰 것인가에 따른 특성으로 구분된다. 그리고 오른쪽 영역의 차원은 그들을 수용하는 사회가 그들을 어떻게 처우할 것인가와 관련된다. 따라서 이민자들을 받아들이는 사회는 이민자들을 수용하기 위해서 어떻게 변화할 것인가를 고려해야 할 필요가 있다. 그러므로 두 문화가 접촉하게 되면 필연적으로 상호과정(mutual process)이 있게 된다. 또한 그것에는 한 집단문화 고유의 태도와 행동, 그리고 다른 집단 고유의 태도와 행동에 대한 인식이 관여된다. 문화변용전략의 개념은 두 개의 강조되는 차원, 즉 자국문화유지와 다른 문화에 참여함에 기반을 둔다. 오늘날에는 개인이 자신을 어떻게 생각하는가 하는 것 역시 두 개의 영역에 따라서 구성된다는 것에 합의되고 있다. 이러한 영역의 첫 번째는 개인적 유산(heritage) 또는 민족집단에 따르는 정체성이고, 두 번째는 좀 더 크고 우세한 사회와 함께 하는 정체성이다. 따라서 문화적 정체성은 전자의 경우에는 민족정체성, 후자는 시민 정체성처럼 다양한 방식으로 언급되고 있다.(Kalin & Berry, 1995) 아울러, 이러한 문화차원은 일반적으로 서로 독립적(independent)이나, 원문화 정체성은 이주 사회문화의 정체성에 포함될(nested) 수 있다고 본다. 동시에, 이주 문화에 맞는 행동변화를 이해함에 있어서 가장 큰 관심은 이주문화의 언어지식을 알고 활용하는 것이라 할 수 있다.(Bourhis, 1994, Clement &

Noels, 1992) 이주문화의 언어지식과 활용은 문화적응태도와 긴밀하게 관련되기 때문이다.(Masgoret & Gardnet, 1999)

이주자의 정체성을 좀 더 세부적으로 논의해 보자면, 첫째, 개인정체성이란 개인이 채택하고 지키려는 목표, 가치, 신념을 의미하는데, 이것은 특정한 사회 또는 문화집단의 이상과 특별히 관련되기도 하나 그렇지 않을 수도 있다.(Phinney et al., 2001) 둘째, 사회적 정체성이란 개인이 특정한 내부집단(ingroup)을 동일시하는 것으로 그 집단의 가치, 신념, 사회적 관행, 관습, 분류를 포함시킨다.(Erikson, 1968) 이러한 동일시는 개인이 '내부 집단(ingroup)'에 대해 호혜를 갖는 정도와 '외부집단(outgroup)'으로부터 자신을 분리시키는 정도를 포함한다.(Tajfel & Turner, 1986) 셋째, 문화적 정체성이란 사회정체성의 특별한 경향이며,(Padilla & perex, 2003, Phinney et al., 2001) 개인과 문화의 맥락적 상호관계로 정의될 수 있다.(Bhatia & Ram, 2001) 그리고 원문화 집단에 대한 사상적 결속력, 그리고 그러한 결속력의 결과로써 원문화와 다른 문화에 대해 명백히 드러나는 태도, 신념 그리고 행동을 일컫는다.(Jenson, 2003, Roberts, Phinney et al., 1999) Serafini & Adams(2002)는 Adams & Marshall(1996)을 인용하여 정체성의 기능을 설명하는데, 개인을 규제하는 사회·심리적 구조로써 그 속에서 관심에 대한 방향을 제시해주고, 정보를 처리하며, 생각을 관리하며, 행동을 선택하게 하게 한다고 하였다. 또한 정체성은 첫째, 노방과 동일시를 통해서, 둘째는 새로운 문화에 대한 탐색과 구성 및 경험에 의한 특성화된 과정을 통해 채택된다. 집단주의 문화에서는 주로 전자에 의해서, 개인주의 문화에서는 후자에 좀 더 일치된다고 제시되고 있다. 나아가 Erikson은 자아정체성(ego identity)을 내적측면과 외적측면으로 구성하여, 내적측면은 시간적 자기동일성과 자기 연속성의 인식이라고 하였다. 반면 외적측면은 문화의 이상과 본질적인 패턴을 인식하면서 동일시하는 것으로 타인과 본질적인 특징을 공유하는 것이라고 하였다.(Erikson, 1968) 그는 사회가 양육의 패턴을 전수하고 교육기회를 제공하며 가치와 태도를 전달한다고 강조하였다. 따라서 문화적 목표와 개인의 열망, 사회적 기대와 요건, 문화가 개인에게 제공하는 기회 역시 중요한 요인으로 보고 있다.

그렇다면, 한국사회에 들어온 새터민의 경우 과거 시점부터 현재에 이르기까지 자기 연속성이 수반된 정체성 변화가 어떠한 요인들로 인하여 구성되는 것인지 이해하는 것은 새터민을 이해하는 핵심이 될 것이라 판단된다. 새터민의 정체성 변화에 대한 국내 문헌에서는 새터민 청소년을 대상으로 하나원 시절을 포함한 보호기간 4개월은 '동화'유형을, 4개월 이후 1년 동안은 '분리'유형을, 1년에서 2년 동안에는 '주변화'유형을, 그리고 3년 이후에는 '통합'유형을 보이고 있어 U자형의 적응 정체감 변화 과정을 겪는다고 제시하고 있으나,(금명자 외, 2004) 시간에 따라서 어떠한 요인들과 관계성으로 인해 이러한 유형변화가 이루어졌는지 알 수가 없었다. 또한 그들의 통합유형 역시 어떠한 실재를 담은 통합인지 양적 연구를 통해서는 유추하기 힘들며, 성인의 경우에도 청소년의 유형과 유사한 것인지 예측하기 어렵다. 다만, 새터민의 인식변화를 알아보기 위한 3년 추적 연구(전우택, 2006)에서 그들이 3년이란 시간이 경유했음에도 불구하고 새터민 간의 관계와 인식에 긍정적인 변화를 보이지 않는다는 점은 이들의 정체성을 예측할 수 있게 해주는 중요한 점이라 보인다. 그러나 어떠한 이유로 인하여 그러한 경향성이 나타나는지 알 수 없는 한계가 있다.

정체성을 개념화시키는 가장 현실적인 방식으로서 상황적 접근 (situation by situation)이라는 주장이 제기되었는데, 이것은 개인이 처한 상황에 따라서 자신의 정체성을 변화시키는 것이나, 실제로 그러한 방식의 접근을 하는 개인들은 심리사회적 적응이 낮다고 보고되는 경향이 있다.(Berzonsky, 1990, Schwartz, 2001) 이렇게 문화적 응과정에서 개인의 문화적 정체성을 어느 정도 수정할 것인가에 관한 이슈는 개인에게 적어도 혼란스러움을 제공하게 될 수도 있다. 그러나 문화변용 과정이 문화적 정체성의 변화로써 명백히 나타난다는 전제를 수용한다면, 문화변용과 정체성의 상관성에 대하여 검증될 수 있는 이론적 주장을 일반화하는 정체성 변화에 대한 몇 가지 원칙들을 고려할 수 있다.

첫째는, 개인과 그 개인의 사회적 환경에서의 변화를 통해 정체성이 발달된다고 하는 것이다. Berzonsky(1990)는 정체성을 결정하는 관점은 상당한 개인적 차이가 제시되는데, 어떤 이민자들은 적극적인 입장에서 문화적응을 취하는 반면 어떤 이민자들은 원문화적 유산에 의지하거나, 일관성 없이 문화적 정체성 변화를 상황에 따라 변화시킨다고 한다. 이러한 경우는 정체성이 발전되고 있는 중이거나 수정되는 과정에 초점을 두는 것으로 파악한다.

두 번째는, 발전되거나 수정되는 정체성의 구체적인 내용의 중요성은 개인과 사회·문화적 정체성 간에 다르다는 것이다. 즉 개인 정체성의 구체적인 내용은 개인적으로 특이(idiosyncratic)하다는 점이다.

세 번째는, 양문화주의의 타당성과 혜택이 원문화와 이주민을 받아들이는 문화에 따라서 다양하다는 것이다. 이주민들이 문화적응을 고려함에 있어서 각기 다른 나라와 민족집단에 의해 직면하게 되는 정체성 발달, 적응 그리고 사회적 진출에 대한 상이한 장애물의 현존을 인정해야만 한다는 점이다. 그리고 이주민들이 특히 소수민족인 동시에 집단주의적인 문화적 특성을 갖추고 있는 경우라면, 이주한 사회에서 그들은 외국인으로 인식되기 쉬울 것이다. 동시에 원문화의 개인들에게는 원문화를 잃어버린 개인으로 인식되기 쉽다는 점이다. 넷째는 이주문화만을 수용하는 '동화' 전략만을 강조하는 경우에는 물질남용(Gil, et al., 2000)이나 성적인 위험(Ford & Norris, 1993)과 같은 자기 파괴적인 행동(Mann, 2004)의 위험요인이 높다고 제시되고 있다. 고전적인 인류학과 사회과학에서는 동화를 통해 새로운 문화에 적응하는 것이 가장 효과적이고 건강한 적응방식이라고 제안하고 있지만, 이주자가 주류문화에서 인정받는 권한을 성취하였다고 해도 개인적 정체성에 위협을 주는 상실감은 흔히 경험될 수 있는 것으로 본다.(Rogler et al., 1991, Pumariega et al., 2005에서 재인용)

5. 난민 이주자의 심리적 충격(trauma)의 회복 경험에 관한 이해

난민 이주자의 심리적 충격(trauma)의 회복 경험에 관한 이론은 그들의 심리적 충격(trauma)의 회복 과정과 회복에 기여하는 요인들로 나누어 정리해 보고자 한다.

1) 난민 이주자의 심리적 충격(trauma)의
회복 과정에 관한 연구

난민 이주자들이 경험하게 되는 심리적 충격(trauma)들은 일반적인 심리적 충격(trauma) 스트레스 유발자 범주에 속할 뿐만 아니라, 과거의 심리적 충격(trauma)은 현실의 고통스런 경험과 뒤섞여 심리적 고통을 가중시킨다(Brough, et al., 2003)는 점은 여러 난민 연구를 통해서 입증되었다. 즉 난민의 심리적 충격(trauma) 경험이 정신건강에 부정적인 영향을 준다는 것으로 압축하고 있다.(이기영, 1999, 전우택, 2000, Beiser et al, 1989, Berry & Dona, 1994, Cerhan, 1990, Jensen, 1996, Keys et al., 2004에서 재인용, Kinzie et al., 1990, Mollica et al., 1987, Mouanoutoua et al., 1991, Pernice & Brook, 1996, Sue et al., 1995, Watters, 2001, Westermeyer, 1988)

그러나 난민 이주자들의 심리적 충격(trauma)으로 인한 정신적 고통은 비정상적인 상황에서 정상적인 반응으로 이해되고 있을 뿐만 아니라,(Jong al., 1999) 심리적 충격(trauma)으로 인한 악몽조차도 차후 회복과 장기적 적응을 예측하는 것(Cartwright & Lloyd, 1994, Ahearn, 2000에서 재인용)이라 해석함으로써, 심리적 충격(trauma) 경험이 정신건강에 반드시 부정적인 영향을 주는 것은 아니라는 관점(Harvey et al., 2003, Stroebe & Schut, 2003, Tennen, H., & Affleck, G., 1998, Tedeschi, R., & Calhoun, L., 1995, 1998, 1999, Tedeschi, R., Park, C., & Calhoun, L., 1998)이 대두되고 있다. 따라서 심리적 충격(trauma)으로 인한 부정적인 영향이 완전히 사라지지는 않을지라도, 회복적인 요인의 영향으로 회복이 가능하다고 보는 것이다.(Alcock, 2003, Herman, 1997, Papadopoulos, 2001) 난민의 심리적 충격

(trauma)을 경험한 대상자라 할지라도 심리적 충격(trauma) 경험에 의한 큰 상실 후에 따라오게 되는 문제의식과 정체성을 어떻해서든 재형성해보려고 한다는 점이다. 초기에는 많은 사람들이 심리적 충격(trauma)으로 인해 분쇄되어 버린 모든 기억들을 차단시킴으로써 대처해 보려고 한다. 즉 자기 방어적 태도를 취하는 것이다. 그러나 회복(recovery)이란 오히려 심리적 충격(trauma) 사건을 기억하고 (remembering) 처리하는 것(processing)을 의미한다. 그렇기 때문에 심리적 충격(trauma)으로 인해 '지속적인 존재로서의 자신(going on being)'이 깨어져버렸다면 다시 과거로 돌아가지 못할 것이다. 하지만 인간은 조각난 파편에서도 새로운 패턴을 만들 수 있는 능력이 있다는 점에서 분명한 방법은 없다 할지라도 회복의 가능성을 부정할 수는 없다. 즉 과거에 직면해서, 현실에 연계되고, 미래에 접근하고자 하는 개인은 회복에 이르게 된다는 점을 시사하는 것이다.(Alcock, 2003)

일반적으로 이주 이전의 심리적 충격(trauma) 경험의 부정적 영향은 이주 이후 새로운 문화에 유입되면서 경험하게 되는 이주 후 스트레스원(Post-migration Stressors)과 더불어 증폭되기 쉽다.(Alcock, 2003, Brough et al., 2003, Keyes & Kane, 2004, Khamphakdy-Brown et al., 2006, Mekki-Berrada et. al., 2001, Pumariega et al., 2006) 따라서 난민 이주자들의 심리적 충격(trauma) 경험은 과거, 현재, 그리고 미래로 이어지는 시간에 따른 경험이므로(Beiser & Hyman, 1997) 단일 사건이 아닌 누적되는 것으로 파악된다. 또한 심리적 충격(trauma)은 갑작스럽고 저항하기 어려운 위협적인 사건에서 비롯되기 때문에, 이러한 심리적 충격(trauma) 사건이 발생했을 때, 개인은 내적 혼란과 불안으로 인해 심리적 안정이 파괴되는 경험을 하게 된다. 따라서 심리적 충격(trauma) 상태는 관련된 사건을 재조직하고 분류하고 이해될 때까지 계속된다. 따라서 심리적 충격(trauma)의 회복은 하나의 과정(process)으로 이해될 수 있다.(한인영 외 역, 2002, Tedeshi & Calhoun, 1995) 심리적 충격(trauma)의 회복이 일련의 과정에 따라 이루어진다고 해도 그것이 선형적 과정이 아니라 비선형적으로 이루어진다는 점에서(Tedeschi & Calhoun, 1995) 성인 새터민의 심리적 충격(trauma) 회복 역시 어떠한 비선형적인 과정을 이루고 있음을 예측할 수 있다. 그러나 그 과정의 실재가 무엇인지에 대해서는 선행연구에서 밝혀진 바 없다.

이러한 심리적 충격(trauma)이 회복으로 전환되는 과정을 〈표-1〉에서 설명되고 있는 것처럼 단계별로 정리할 수 있다.(Herman, 1997, Kinzie, 2001)

〈표-1〉 심리적 충격(trauma)의 회복 단계의 발전과정과 구성내용

	단계/학자	증상	1단계	2단계	3단계	4단계
외상회복단계의 발전과정과 구성내용	Janet (1889)	히스테리아	안정화, 증상 지향적 치료	심리적 충격 (trauma) 기억의 탐색	성격통합, 회복	
	Scurfield (1985)	전쟁심리적 충격(trauma)	신뢰, 스트레스 관리, 교육	심리적 충격 (trauma) 재경험하기	심리적 충격 (trauma)통합	
	Brown & Fromm (1986)	복합적 심리적 충격(trauma) 후 스트레스 장애	안정화	기억의 통합	자기개발, 통합추구	
	Putnam (1989)	다중 성격장애	진단, 안정화, 의사소통, 협력하기	심리적 충격 (trauma)의 변형	해결, 통합, 후 기해결 대처 기술발전 시키기	
	Herman, (1992)	심리적 충격 (trauma)장애	안전	기억과 애도	다시 연계하기	
	Kinzie (2001)	난민의 심리적 충격(trauma) 장애	심리적 충격 (trauma)에 대해 이야기하고자 하는 내담자의 욕구: 치료자의 경청 능력	시간경과에 따라 지속성을 유지하고자 하는 내담자의 욕구: 머물 수 있는 치료자의 능력	기여하고자 하는 내담자의 욕구: 수용할 수 있는 치료자의 능력	악의 문제 그리고 내담자의 영성 탐색: 믿고자 하는 치료자의 능력

심리적 충격(trauma)에서 회복되는 단계는 학자마다 다소 차이는 있으나, 고전적인 심리적 충격(trauma)의 회복 연구라 할 수 있는 Janet(1889)의 hysteria부터 Kinzie(2001)의 난민의 심리적 충격(trauma)의 회복에 이르기까지 회복 단계는 3단계에서 8단계까지 세부적으로 구분될 수 있다. 그러나 세부내용을 크게 3단계에서 4단계 정도로 나눌 수 있다. 심리적 충격(trauma)의 회복 첫 단계에 공통적인 내용은 내담자로 하여금 개인의 심리적 충격(trauma) 경험을 털어놓게 함으로써 안정화(stablization) 내지 안전(safety)을 느낄 수 있도록 해 주는 것을 제일 목표로 한다. Herman(1992)은 이 단계에서 과거 문제를 회피하지 말고 분명히 명명(naming)하면서, 관련된 정서적 통제(control)를 회복시킴으로써 안전한 환경을 설정할 수 있게 된다고 강조한다. Kinzie(2001)는 심리적 충격(trauma)의 회복의 첫 단계에 주된 치료 접근은 심리적 충격(trauma) 희생자가 자신의 고통 경험을 이야기하는 것 자체에 두고 있다. 난민의 심리적 충격(trauma)의 회복의 경우 과거에는 그들이 경험한 고통을 다시 이야기하도록 하는 것을 몇 가지 이유에서 부정적으로 인식하였다. 이유는 첫째, 과거의 상처를 되묻는 것은 정신건강을 더 악화시킨다는 것이며, 둘째, 이미 경험한 심리적 충격(trauma) 경험에 대해 어떠한 조치도 해 줄 수 없다는 것이며, 셋째, 정신분석의 영향으로 심리적 충격(trauma) 전 개인 성격이 심리적 충격(trauma) 자체보다 더 중요한 조건으로 다루어졌기 때문이다. 그러나 오늘날 난민의 심리적 충격(trauma)의 회복 및 회복 방향은 다른 관점을 취하고 있다. 첫째, 심리적으로 더 악화되지 않으면서도 자신의 심리적 충격(trauma) 경험을 이야기할 수 있으며, 신체적인 호소를 하면서도 심리적 어려움을 이야기할 수 있기 때문에 그들의 심리적 어려움을 공감하면서 들어주는 것 자체도 치료적 효과를 지닌다고 하였다.(Jeon, et al., 2001, 전우택, 2006에서 재인용) 즉 이야기를 통해 난민대상자의 실존적인 독특한 경험을 공유함으로써 좀 더 친밀감을 형성할 수 있으며, 치료자의 공감적 경청은 난민 개인 자신이 이해받고 있다는 신뢰를 제공하게 된다는 것이다. 이러한 회복적 관계(healing relationship) 형성은 심리사회적으로 불안정한 상태에 있는 난민대상자에게 안전감을 제공하는 초석이 된다고 할 수 있다.(Herman, 1997, Mollica & Lavelle, 1988, Kinzie, 2001에서 재인용)

심리적 충격(trauma)의 회복에 두 번째 단계는, 고통스러웠던 심리적 충격(trauma) 경험을 의식적으로 다시 이야기하게 함으로써, 자신의 이야기 안에서 상황적 맥락, 사실, 정서 그리고 의미 구축을 시도하는 것이다.(Herman, 1997) 즉 이야기의 재구성을 통해 심리적 충격(trauma) 기억을 전환시키는 것이라 할 수 있다. 심한 고문을 받았던 사람이나, 자신의 신체적 증상의 완화가 없는 난민일지라도 개인의 어려움을 지속적으로 반복하여 이야기하는 경우가 있는데, 이것은 자기 이야기의 반복을 통해서 어떤 의미를 찾고자 노력하는 것으로 해석될 수 있다.(Jeon, et al., 2001, 전우택, 2006에서 재인용) 과거 심리적 충격(trauma)의 반복적인 이야기를 통해 깊은 상실을 복원시키려는 힘과 의미를 재구축하려는 능력은 회복에 중요한 한 과정이다. 난민 개인은 시간이 경과하게 되면서 자신의 반복적인 이야기를 통해 과거 심리적 충격(trauma)에 따른 강렬했던 감정들이 점차 약해지는 것을 경험하게 된다. 따라서 과거에 대한 기억과 애도로 보냈던 시간들은 점차적으로 축소된다.(Herman, 1997)

난민 대상자의 과거 심리적 충격(trauma) 경험으로 인한 고통 증상은 재발되기도 하고, 고요하고 안정된 시기를 보내기도 하면서 호전과 악화를 반복하게 된다. 이때 난민대상자는 일정한 치료자와 장기적인 상호관계를 유지하고자 하는 욕구를 갖게 되는데, 이러한 욕구충족은 그들의 심리적 안정의 지속성을 강화시킨다. 또한 이 시기에는 결혼문제, 금전문제, 자녀양육, 사회문화적 지지 상실 등의 일상적인 이슈들도 같이 등장하게 된다.(Kinzie, 2001) 따라서 정신건강전문가들은 난민 클라이언트의 심리사회적 기능에 부정적인 영향을 주는 정치적·사회경제적인 요인들은 인식하면서 그 개인이 현실에서 실질적으로 얻을 수 있는 혜택들을 다루어주는 역할을 무시해서는 안 된다.(Mahtani, 2003) 예를 들면, 보스니아 난민연구를 볼 때 병원을 근간으로 하는 건강체계와 약물을 지향하는 건강체계, 정신과적 돌봄은 만성적이고 심각한 경우로 국한시키고 지역사회정신건강담당자는 난민들에게 심리사회적 프로그램이 포함된 원조조직의 중요성을 강조하였다는 점이다. 즉 존엄성과 자기 통제, 이주국에서의 삶에 대한 조망을 좀 더 넓게 확대 적용하면서, 동시에 직업에 대한 지속적인 사후관리가 따라올 때 심리적 충격(trauma)으로 인한 정신건강 회복이 효과적임을(Jong al., 1999) 밝히고 있다.

셋째 단계는, 심리적 충격(trauma)에 대한 영향력에 대처하고, 심리적 충격(trauma)의 의미를 통합하고, 대인관계에 적극적으로 연계함으로써 심리적 충격(trauma)을 해결하고자 하는 것이다. 난민 개인은 회복에 기여하는 요인을 제공하는 대상자와의 관계 안에서 서로 주고받는 상호 공유되는 경험을 하게 된다. 이러한 경험은 개인의 심리적 성장과 공통된 인간애의 끈으로 발전되고, 나아가 자신과 같은 경험을 하고 있는 난민 대상자를 위해 자신의 경험을 개방함으로써 타인의 삶에 기여하고자 하는 이타심으로 발전된다. 정리하자면, 타인과의 적극적인 연계하기를 통해, 생존자로서의 임무를 실행하게 되는 것이 심리적 충격(trauma) 해결에 기여하는 요인이 된다는 것이다.(Herman, 1997, Kinzie, 2001)

학자에 따라서 넷째 단계로 해결될 수 없는 악의 문제, 즉 본국에서 자신을 고문했던 고문관처럼 아직도 지탱되고 있는 악한 존재에 대해서 어떠한 의미해석을 통해 회복에 이르도록 의미를 통합할 것인가를 좀 더 다루려는 단계라 할 수 있다. 이 단계에서는 의료적이며 과학적인 접근 방법으로는 해결될 수 없다. 오히려 영성(spirituality)의 개념으로 다루어지는 것이 합당하다고 보는 단계이다. 즉 난민 개인이 직면한 해결될 수 없는 어려움은 영성에 입각한 진리의 특성을 발전시켜 수용하면서 미래의 삶에 대한 발전을 기대하며 살도록 돕는 것에 있다고 볼 수 있다. 그러나 신앙적 측면에서의 진리 역시 분명한 해결을 제시하지 못할 수 있으며, 미래의 삶에 대한 발전 역시 불가능할 수도 있다. 그러나 난민대상자나 회복관계에 있는 전문가 모두 현실의 삶에 참여하여 지속적으로 기능할 수 있도록 하는 것에 초점을 두는 것이므로 영성의 공통된 길이 '신념(belief)'이라는 속성임을 강조한다.(Kinzie, 2001) 따라서 영성을 기반으로 하는 신념체계를 심리적 충격(trauma)의 회복과정에 활용함으로써 난민개인의 사회심리적 기능을 유지시킨다.

심리적 충격을 다루는 학자들 중에는 개인이 경험한 심리적 충격(trauma) 후에 성장과 적응이 뒤따르게 되는데, 이는 외부의 충격적인 삶의 사건과 고군분투하는 과정에서 발생된 결과라고 제시하고 있다.(Tedeschi, Calhoun, 1995, Park, Cohen & Murch, 1996) 그리고 심리적 충격(trauma) 후에 나타나는 긍정적인 변화와 성장은 대처양식으로서의 개인의 성격적 특성, 사회적 지지, 종교 및 영성(spirituality) 등에 의해 중요한 영향을 받으며,(Tedeschi & Calhoun,

1995, 1999) '심리적 충격(trauma)과 전환(transformation)'을 설명하는 모델을 통해(Tedeschi & Calhoun, 1995) 심리적 충격(trauma)이 회복에 이르는 과정을 아래 〈그림-5〉처럼 보여주고 있다.

이는 개인이 심리적 충격(trauma)을 경험했을지라도 성장을 향해 발전하고 있음을 설명하고 있다. 각 단계의 변화를 살펴보면 다음과 같다.

심리적 충격(trauma)을 경험한 개인의 전환 과정은 정서, 인지, 행동적 영역에서 특징 지워진다. 심리적 충격(trauma)의 초기 반응은 상대적으로 비효과적이라 할 수 있다. 정서적으로는 심리적 고통을 다루기 힘든 상태를 경험하면서, 비포괄적인 상태의 인지적 도식을 갖게 된다. 그리고 상황을 근본적으로 통제하는 데 실패하게 된다. 때문에 이차적 반응으로 어느 정도의 반추(rumination)를 경험하게 되는데, 이것은 기존의 인지적 도식을 교정하고 사건을 다룰 수 있도록 하기 위해서 새롭게 사고(renewed consideration)하는 것이라 할 수 있다. 이 기간 동안 활용되는 대처 전략은 주로 정서중심적인 것이라고 할 수 있겠다. 과정의 세 번째 기간 동안 타인들로부터 정서적 지지와 상황에 대처하기 위한 새로운 방법들이 활용되는데, (Panel 5) 타인들로부터의 지지적인 영향은 반추에서 초기 성장으로 가는 중요한 요인이 된다. 심리적 충격(trauma) 경험들이 수용되면서, 개인의 목표가 교정되고, 새로운 의미가 구성되면서 인지적인 도식들이 변화된다.

초기 성장 동안, 개인은 자신에 대한 강점을 신뢰하게 되고, 타인들의 협조에 대해 새로운 인식을 갖게 된다. 마지막 단계인 (Panel 7)을 심층적인 성장이라고 명명하였는데, 이 단계에서 성장의 긍정적인 영향이 내면화되고 안정화된다. 정서적으로는 고요(serenity)해 지면서, 인지적으로는 심리적 충격(trauma)적 사건에 대해 새로운 의미를 구축하면서, 새로운 삶을 이야기할 수 있게 된다. 그리고 행동적으로는 자기 효능감을 바탕으로 한 의미를 생성하게 된다.(Tedeschi & Calhoun, 1995, O'Leary, Alday, & Ickovics, 1998에서 재인용) 이렇게 심리적 충격(trauma) 처리는 의식과 무의식의 기능영역뿐만 아니라, 건강한 적응의 한 부분으로써 공통 경험의 통합을 조장하는 인지와 정서 모델들을 포함하고 있음을 알 수 있다.(Ahearn, 2000)

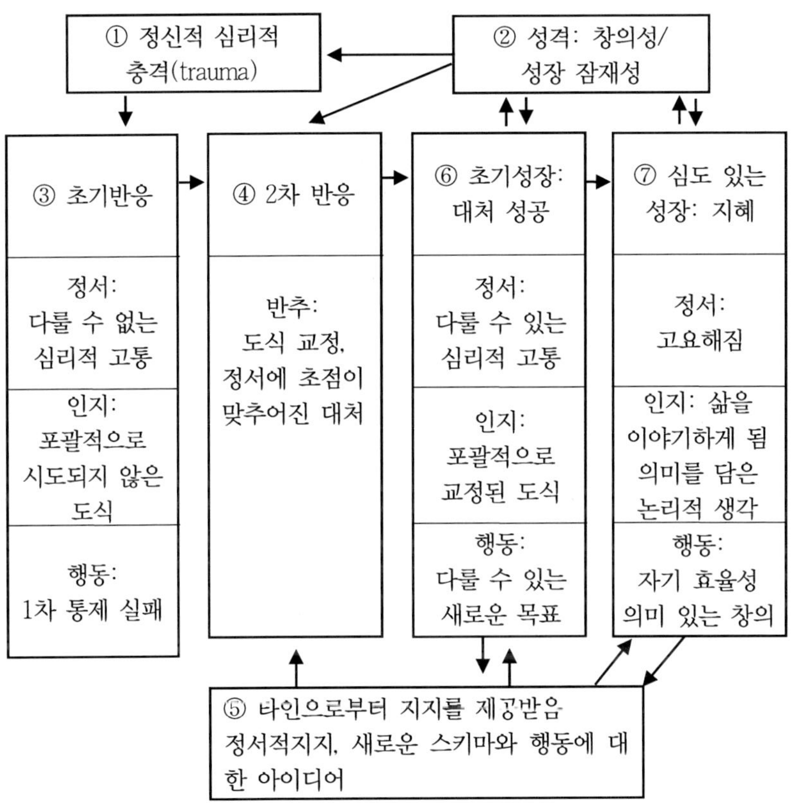

Tedeschi & Calhoun(1995)

〈그림 -4〉 심리적 충격(trauma)과 전환 과정

2) 난민 이주자의 심리적 충격(trauma)의
회복 요인에 관한 연구

심리적 어려움과 고통은 시간만 흐른다고 치유되는 것은 아니다. Lehman, Worthman, 그리고 Williams(1987), Calhoun & Tedeschi (1999) 역시 심리적 고통을 경험한 개인들에게 시간 자체는 전혀 치유제가 될 수 없으나, 특정한 고통을 다루는 기간 동안에 사용되었던 특정한 경험들과 대처 기제들이 회복과 성장을 생산하는 것이라고 제시하고 있다. 따라서 난민의 심리적 충격(trauma)을 회복시키는 데 기여하는 다양한 요인들을 밝혀내는 것은 새터민 정신건강 연구에서 상당히 중요한 부분이라 할 수 있겠다.

일반적으로 난민의 심리적 충격(trauma)은 개인의 안전, 대인 간 애착, 정의(justice)에 대한 인식, 정체성, 실존의 의미 등과 같은 영역에 부정적인 영향을 초래한다. 여기에 정착국에서의 심리사회학적 요인들은 즉 사회적 지지, 언어의 유창성, 교육, 고용 그리고 세계관은 정신건강에 영향을 미치면서 심리적 충격(trauma)과 삶의 스트레스로부터 개인을 보호하기도 하지만, 개인에 대한 취약성을 증가시킴으로써 정신건강에 영향을 주기도 한다.(Silove, 1999, Schweitzer et al., 2006에서 재인용) 실제로 심리적 충격(trauma)과 대처전략, 즉 심리적 충격(trauma)의 회복 요인과 결과 간에 상관성은 복잡하다. 심리적 충격(trauma)의 회복에 기여하는 요인들은 다양하나, 일반적으로 사회적 영역에서는 사회·경제적 측면에서의 지지를 들 수 있다. 그리고 개인적 영역에서는 성격적 특성, 상담에 대한 인식 및 도움을 구하고자 하는 자발적이고 적극적인 태도 및 대처 양식을 제시할 수 있다. 대처양식으로는 탄력성, 강인성 및 종교적 대처

등을 설명할 수 있다.

첫째, 사회적 영역 측면에서 사회적 지지는 난민의 심리적 충격(trauma)의 회복에 중추적인 회복 요인으로 꼽히고 있다. 고문을 경험했던 이라크 난민을 대상으로 한 심리적 충격(trauma) 연구에서 사회적지지의 부족이 장기간의 우울을 지속시키는 가장 큰 예측요인으로 꼽히고(Gorst-Unsworth., C. & Goldenber, E. 1998, Mahtani, 2003에서 재인용) 있으며, 고문을 경험한 터키출신 정치난민 대상의 정신건강 연구에서도 사회적 지지가 심리적 충격(trauma)으로 인한 영향을 경감시키는 요인이 된다는 것을(Basoglu & Paker, 1995, Schweitzer et al., 2006에서 재인용) 밝히고 있다. 보스니아 난민의 심리적 충격(trauma) 후 스트레스 장애를 연구한 결과 사회적 지지가 그 영향을 약화시키고, 변화를 용이하게 하며, 과거의 적절한 메커니즘으로 회복하는 데 가장 효과적인 요인 중 하나임을 제시하고 있다.(Strober, 1994, 강성록, 2000에서 재인용)

그러나 난민 대상자가 사회적 지지를 제공받는 순간 개방적이고 자발적으로 새로운 사회적 연계를 형성하는 것은 아니다. 대다수의 난민 개인은 처음 새로운 세계에 들어오게 되면 자신의 기대를 충족시키는 상호관계를 형성하려고 한다. 따라서 주류사회 구성원과 처음부터 긍정적인 사회적 관계를 형성할 수 있는 사람은 극소수라고 할 수 있다. 이는 난민 개인 내면에 과거의 고통으로부터 누적된 대인 간 불신이 전제된 것이라 볼 수 있다. 즉 누군가에게 이야기하게 되면 지역사회 또는 당국에서 알게 될 것이라는 두려움, 개인적인 신뢰 형성 후에는 결국 악의에 의한 위험을 당하게 될 것이라는 두려움 등이 내면화된 것인데, 이는 개인을 위한 것인 동시에 자국에 남은 가족을 위한 경계라고 이해될 수 있다. 그러나 시간이 경과

하면서 개인이 처한 사회적 체계가 자신과는 분리되어 있음을 인식하고 심리적 외로움으로 인해 주류 사회 사람과 새로운 연계를 형성하게 되고, 또한 자신의 입장과 유사한 난민가족들을 돕기 위해 참여하게 되는 사회적 연계를 재형성하게 된다고 본다.(Mekki-Berrada et al., 2001) 난민 개인이 자신과 유사한 경험을 한 난민 대상자와 사회적인 연계를 구축하는 태도를 보이는 것을 심리적 충격(trauma)의 회복에 중요한 요인으로 파악하고 있다. 생존한 난민 개인은 자신과 유사한 경험을 한 희생자가 더 이상 미래의 희생자가 되지 않도록 교육적, 법적, 정치적으로 노력하고, 대중적 인식을 향상시키는 데 헌신하게 됨으로써 자신의 심리적 충격(trauma)의 회복에도 기여하게 된다는 것이다.(Herman, 1997, Foa & Rothbaum, 1998, Bryant-Davis, 2005에서 재인용)

둘째는 정신건강상담에 관한 측면이다. 난민의 심리적 충격(trauma)의 회복에 관련된 정신건강 측면에서 공통된 사실은 난민 개인들이 이주국에 입국하기 전에 경험했던 고통에 의한 심리적 충격(trauma)을 무시하여 정신건강에 관련된 상담을 활용하지 않는다는 점이다. 난민 이주자는 정신건강상담가를 접촉하게 되면 대개가 '미친 상태'에 있기 때문이라고 생각하는 경향이 있다. 이유는 자국에서는 완전히 미친 상태에 있는 사람만이 정신과 전문가를 만나기 때문에 그러한 '낙인'이 일반적인 정신건강 전문가를 만나는 것에도 연계되어 실질적인 도움이 필요한 개인조차도 도움을 얻는 데 장애가 되고 있다.(Mahtani, 2003, Miller, 1999, Sue & Morishima, 1982, Goodkind, 2006에서 재인용) 또한, 난민들은 문화적으로 중립적인 상담가보다는 상담을 받는 난민의 원국가 문화를 어느 정도 이해하고 있어 반응할 수 전문가를 좀 더 신뢰하고 있는 데(Schoen, 2005) 반하여,

주류국의 대다수의 상담자는 난민 개인의 원문화를 이해하지 못하여 그들의 내면적 능력을 끌어내지 못할 뿐만 아니라, 상담치료/약물치료 모두 난민의 사회·경제적인 욕구의 언급 없이는 효과가 없다는 점을 놓치는 경향이 있다는 것이다. 이렇게 상담자가 난민 개인의 욕구에 맞는 필요한 반응을 적절하게 취하지 못하면서, 난민 개인을 흔히 병리적으로 해석함으로써 그들이 갖고 있는 강점과 자원들의 활용을 놓치고 있음을 인식할 필요가 있다.(Goodkind, 2006, Papadopoulos, 2001)

셋째는 난민의 심리적 충격(trauma)의 회복에 기여하는 요인들의 개인적 측면에서 성격 및 대처양식을 덧붙일 수 있다. 전자인 심리적 충격(trauma)의 회복에 기여하는 성격적 요인으로는 '외향적인 성격적 기질'을 언급하고 있는데, 이는 활동적이고 긍정적인 정서경험 및 내적 경험에 대한 개방성과 특별히 연계되는 것(Tedeschi & Calhoun, in press; Tedeschi & Calhoun, 1995에서 재인용)으로 파악되고 있다. 또한 후자인 대처양식으로는 난민 개인의 심리적 자원인 동시에 강점이라 할 수 있는 '탄력성(resilience)'과 '강인성(hardiness)', '심리적 충격(trauma) 경험에 대한 긍정적인 의미 해석' 및 '종교적 신념을 통한 의미 해석' 등이 언급된다.

'탄력성'은 위험상황의 영향을 수정하도록 하는 기제나 과정, 그리고 성공적으로 적응하는 발달적 과정을 이해하는 데 목적을 두고 있다.(Olssen, el al, 2003, 이상준, 2006에서 재인용) 그리고 탄력성을 역동적 과정으로 이해하면서, 위험에 처한 개인의 발달적 산물에 기여하는 긍정적인 요인들로 파악하고 있으며,(Rutter, 1990, 이상준 2006에서 재인용) 다가올 어려움에 대한 면역체로서의 사건으로 설명된다. 따라서 강점으로 연계된 보호적 과정인 탄력성은 장기화된

귀인(attributes)이나 경험이라기보다는 결정적인 전환점이 된다고 강조되고 있다.(Rutter, 1987, Tedeschi & Calhoun, 1995에서 재인용) 하지만 탄력성이란 개인 혼자 형성할 수 있는 것이 아니라, 그 개인을 도우려는 주변 타인에 의해서 형성되고 발전되는 것이다. 이는 역경에도 불구하고 삶이란 의미 있는 것이며, 결국 해결된다는 확신이라 할 수 있다. 따라서 탄력성은 오로지 개인 기질에 의한 결과가 아니라, 개인을 둘러싼 환경적 영향이 중요하게 반영된다고 볼 수 있다.(Werner, 1984, Tedeschi & Calhoun, 1995에서 재인용) 그러므로 난민 개인에 대한 심리사회적 지지는 그들의 탄력성을 강화시켜 심리적 충격(trauma)의 영향력을 회복 및 성장으로 연계시킨다는 것을 알 수 있다. 국내문헌의 경우 새터민 아동들이 새로운 한국사회에서 적극적으로 삶에 대면하는 능력과 긍정적인 문제해결 능력을 보여준다고 제시하면서 그들이 자신의 세계를 구축해 나가는 빠른 회복력을 강조하고 있다.(이부미, 2003년, 전우택 외, 2006에서 재인용) 이러한 측면은 성인 새터민의 경우에도 다르지 않을 것으로 예측된다.

그리고 삶의 역경과 상실을 경험한 대상자의 '강인성(hardiness)' 역시 심리적 충격(trauma)의 회복 요인으로 설명되고 있는데, 이 개념은 세 개의 상호의존적인 속성들로 구성되어 있다.(Lang et al., 2003) 강인성은 우선, 개인적 통제를 인식(Sense of personal control)함으로써, 고통스런 상황을 다스리기 위한 지식과 기술을 실천하는 태도를 통해 외적 충격을 다스릴 수 있다는 개인 능력에 대한 신념을 유지시킨다.(Frankle, 1967) 그리고 적극적 지향성(Active orientation)을 발휘하게 된다. 이는 고통스런 상황에 대처하기 위한 다양한 전략들을 고려하는 자발성(Willingness)을 포함하여 외적 지지를 구하고 활용하려는 신념이다. 마지막으로 고통스런 사건 후에 따라오게 되는 결과에서 의미를 구성하려는(Making sense) 경향성으로 설명될 수 있다. 따라서 '강인성'이란 심리적 고통과 관련된 심리적 회복 및 성장의 속성을 잘 반영하고 있다. 특히, 상실을 경험한 개인들이 심리적 고통을 극복하고자 고군분투하면서, "삶을 다시 배우기(relearning the world)"라고 언급되는 과정을 통해서 조각났던 개인의 삶을 다시 맞춤으로써,(Attig, 2001, Lang et al., 2003에서 재인용) 개인들로 하여금 삶과 대인 관계에서 새롭고 좀 더 깊은 의미를 찾는 것을 가능케 한다. 나아가 난민 개인이 자신의 심리적 충격(trauma)에 대한 의미를 구체적으로 탐색하는 것은 상담자나 치료자의 견해 제시보다 선행적으로 필요한 과업이다.(Mahtani, 2003) 고통 경험에 대한 의미를 탐색하고 해석하게 되면서, 개인은 자신의 패턴을 인식하게 되고, 행동과 정서에 대한 방향을 조정하게 된다.(Baumeister, 1991, Janoff-Bulman, 1992) 그러나 의미를 찾는 것이 반드시 고통을 경험한 사람만의 고유한 영역은 아니다. 하지만 실존주의자들은 사건이나 삶에 의미가 내재된 것이 아니라, 삶이란 각 개인에 의해 의미가 부여되는 것임을 가정한다. 따라서 심리적 충격(trauma)을 경험한 개인은 심리적 충격(trauma) 사건에 대해 새로운 의미를 부여하는 동시에 심리적 충격(trauma) 사건을 경험했을지라도 삶 자체에 의미를 둘 수 있도록 하는 좀 더 포괄적인 의미 찾기를 통해 심리적 충격(trauma)은 회복으로 연계될 것이라 본다.

심리적 충격(trauma)에 대한 의미 해석은 '종교적 신념체계'를 통해서도 가능하다. 심리적 충격(trauma) 사건에 종교적인 의미가 부여될 때 이차적 통제의 형태로 해석적 통제(interpretive controal)가 발생되는데,(Rothbaum et al., 1982) 이러한 해석은 심리적 충격

(trauma) 사건을 수용하는 데 기여한다고 파악되고 있다. 심리적 고통을 조절 또는 억제시켜주며, 결과에 대한 의미를 재해석할 수 있는 인지적인 틀을 제공하고, 사회적 자원에 대한 접근을 촉진시키며, 사회적인 통합을 진척시키는 것으로 제시되고 있다.(Ferraro & Koch, 1994, Koening et al., 1998, Sieget, Anderman & Schrimshaw, 2001에서 재인용, Newman & Pargament, 1990) 위협적인 상황에 노출된 개인들은 그 결과를 통제할 능력의 한계에 부딪치게 되는데, 이러한 상황에서 종교는 최종적인 통제의 희망을 제공하며, 종교의 회복적인 주제들은 위기로부터의 회복 또는 개선에 대한 개인의 관점에 희망을 부여하기도 하면서,(Ellison, 1994, Pargament, 1995, Sieget, Anderman & Schrimshaw, 2001에서 재인용) 개인을 유지시키는 원동력이 되기도 하며, 문제 해결에 대한 대안들을 생성시키고, 결정하는 기능을 제공하기도 한다.(Newman & pargament, 1990) 또한 높은 심리적 고통을 경험하게 되는 개인들의 종교적 실천이 지지적인 사회적 연계망에 접근할 수 있도록 해주어 사회체계의 지지를 통해 고립감을 감소시키고, 불안과 두려움, 적대감을 완화시킬 수 있으며,(Acklin et al., 1983, Sieget, Anderman & Schrimshaw, 2001에서 재인용, Maton, 1989, Weaver & Flannelly, 2004) 우울과 자존감을 향상시킬 수 있다고 제시되었다.(Maton, 1989) 종교가 방어적, 회피적, 수동적인 것으로 불리기도 하며, 도피주의와 부정의 형식이 되기도 하지만, 위기를 경험한 개인들의 종교적 신념 체계는 개인들을 성장시킬 수 있는 강점의 근원이 될 수 있다.(Gotterer, 2001) 따라서 종교적 신념은 부정적인 삶의 사건으로부터 발생된 고통과 분투하면서 강해지기도 한다.(Calhoun & Tedeschi, 1989~1990, Schwartzberg & Janoff-Bulman, 1991)

Allport와 Ross(1967)는 종교의 방향성을 내재적(intrinsic) 방향성과 외현적(extrinsic) 방향성으로 구성하여 설명하고 있다. 먼저 내재적인 방향성의 종교란 존재론적 의문을 다루는 상당히 복잡한 인지적 조직의 산물로써 상대적으로 엄격하고 전통적인 종교적 신념과 실천에 대한 헌신을 보인다. 또한 광적이거나 충동적이지 않으며, 삶에 대한 방향을 제시해주는, 지속적인 분별력과 끊임없는 재조직화의 부산물이라 할 수 있겠다.(Batson, Schoenrade & Ventis, 1992) 하지만, 외현적 방향성의 종교란 형식적인 참여로써, 자기중심적 방법으로 욕구를 채우기 위한 방편으로서의 종교를 의미한다. 즉 형식을 갖춘 사교 관계를 통하여 경제적·사회적 행복(well-being)을 얻기 위한 방편으로 활용되는 것이다. 종교와 심리적 고통에 관련된 성장과의 관계를 연구한 외국 문헌들을 보면, Park & Cohen(1993)은 대학생을 대상으로 내재적인 종교와 외현적인 종교가 친구의 죽음에 대한 긍정적인 재해석을 매개로 하여 개인적 성장에 연계됨을 밝히고 있다. 또한 Park, Cohen & Murch(1996) 그리고 Park & Fenster(2004)의 연구에서 심리적 고통을 경험한 대학생들의 내재적인 종교적 대처가 개인의 내적 성장과 유의미한 정적 상관관계가 나타냈음을 제시하였다. 또한 Tedeschi & Calhoun (1996)의 연구에서는 다양한 심리적 충격(trauma)을 겪은 개인들이 종교적 참여를 통해 내적 성장을 경험하였다고 보고하였으며, Milam et al.(2004)의 청소년을 대상으로 한 연구에서 역시 종교가 정신적 심리적 충격(trauma) 후 심리적 고통에 관련된 성장과 정적인 상관을 보였음을 알 수 있다.

이상과 같은 점에서 심리적 충격(trauma)을 경험한 난민의 경우에도 종교의 의미와 종교의 방향성이 그들의 심리적 충격(trauma)

의 회복에 긍정적인 영향을 미치는가는 본 연구에서 중요한 의미를 갖는다. 새터민의 경우 아직 종교에 대한 적절한 이해가 부족한 상태에서 종교를 통해 도구적·정서적 지지를 받을 수 있다는 인식이 있으므로 두 가지 측면이 적절한 균형을 이루어야 할 필요(전우택 외, 2006)가 있을 것이다. 선행연구에 따르면 새터민 연령이 높아질수록 외현적 종교성향이 높아지면서 동시에 내재적 종교성향도 증가한다는 점, 외현적 종교성향이 강할수록 남한 생활의 가치혼란이 증가한다는 점, 그렇다고 내재적 종교성향이 높아진다고 해서 가치혼란이 감소되지는 않는다는 점, 종교생활 여부가 이들의 의식 차이를 만들고 있지 않다는 점이 중요한 결과로 나타나고 있다. 그러나 제한된 선행연구의 결과들로는 종교의 의미가 새터민의 심리적 충격(trauma) 회복에 직접적으로 어떠한 상관이 있는지 유추하기 힘든 한계가 있다. 하지만 가치중립에 가치를 두고 있는 사회복지사들에게 종교는 고정관념적인, 제한성 있는 부정적인 것으로 판단될 수 있으나, 종교적 대처 방법은 삶의 위기 상황에 직면하여 의미를 전환시키고 유지시키기 위해 계획되었음을 이해할 필요가 있다고 보인다.

Ⅲ. 연구방법

1. 연구방법론 및 연구설계

본 연구에서는 국내 새터민을 난민이라는 관점에서 바라보면서, 과거 난민으로서의 경험자가 입국 후 현재에 이르기까지 시공간을 넘어선 그들의 심리적 충격(trauma) 경험을 어떻게 회복하는가에 대한 풍부한 이해를 하고자 하였다. 난민의 심리적 충격(trauma) 경험에 따른 회복 경험은 시공간상을 넘나드는 개인의 심층적 이해를 전제로 해야 한다. 따라서 종단적 연구의 필요로 인해 질적 연구방법이 합당하다고 생각하였다. 그리고 다양한 질적 연구방법 중에서도 그들의 과거와 현재 그리고 미래를 반영하는 사회문화적 맥락 안에서 난민으로서의 심리적 충격(trauma) 회복 경험의 본질적 모습을 있는 그대로 반영할 수 있는 현상학 방법을 선택하였다. 나아가 현상학 방법 중에서 대상자가 진술한 언어를 있는 그대로 기술하고, 기술 내용을 연구자의 학문적 용어로 전환시켜 시공간상의 전체 맥락에 따른 의미 구조를 도출해 내는 Giorgi의 현상학 연구방법을 적용해 본 연구의 주제인 '난민으로서의 새터민의 심리적 충격(trauma) 경험이란 어떠한 것이며, 그들의 심리적 충격(trauma)의 회복 경험이란 어떠한 것인지'를 이해하고자 하였다. 따라서 이와 관련하여 현상학 연구란 무엇이며, 그중 Giorgi의 현상학 연구방법론이란 어떠한 것인지 아래와 같이 설명하고자 한다.

1) 현상학 연구

현상학은 20세기에 후설(Edmund Husserl)을 기조로 하여 시작된

철학 사상이라 할 수 있다. 이것은 실험적 방법이 모델이 된 수학적 자연과학에 기초한 객관주의·실증주의적 관점에 대한 비판으로부터 시작되었다. 현상학은 현상학적 운동을 통하여 여러 학파로 발전하였으며, 동시에 연구방법으로 활용되고 있다.

현상학의 제일 목표는 대상자의 경험에 대한 현상을 이해함에 있어서 실험적 자연과학과는 달리 연구자가 인위적인 인과관계나 어떠한 전제 및 가정을 두지 않고 기술(description)하고 재해석하는 데 있다. 즉 현상학자들은 경험을 통한 새로운 의미 자체를 추구한다고 할 수 있다. 이러한 목표를 추구하기 위해서 현상학의 제일 원리는 하이데거가 처음 제시하여 후설이 인용한 '사태 그 자체로'가 표현하듯이, '사물이나 현상 그 자체로 돌아가는' 것을 의미한다.(여종현, 1996) 즉 현상에 대한 이념은 연구자가 이미 자신이 속한 세계 내에서 습득한 교육이나 가치관 등을 통해서 형성되기 때문에 대상이나 사물에 대한 인식은 이미 세속적인 편견과 전제들로 가득 차 있다고 보는 것이다. 따라서 선입견과 세속적 인식으로 가득 찬 연구자의 철저하지 못한, 즉 소박한 인식주의를 괄호 속에 넣어야 한다는 것이다. 그 방법이 바로 현상학적 판단중지(Epoche, 괄호침)라고 할 수 있다. 이러한 판단중지는 세상 속에서 대상에 대해 자연스럽게 형성된 태도에 대해 스스로를 비판하고 기존의 것과는 다른 새로운 사고를 전개시키기 위해 자신의 세속적 태도를 부단히 억제시켜 사물이나 대상을 있는 그대로 인식할 수 있도록 하기 위함이다.

따라서 현상학적 기술 방법은 이미 연구자에게 세계에 대한 모든 선입견으로부터 '중립적인 위치에 설 것'을 요구하여 엄밀한 의미에서 학적 탐구의 영역인 '현상' 그 자체만을 고려할 수 있게 하는 유일한 절차라 할 수 있다.(원승룡, 1992) 현상학에서 개인의 자연적 태도 즉 세속적 태도의 세계와 현상학적 태도의 생활세계의 관계를 다음과 같이 선(禪)의 비유를 통해 설명될 수 있다.

> 참선하기 이전에 산은 산이요, 물은 물이었다.
> 그러던 것이 선의 문턱에 들어서니
> 산은 산이 아니요, 물도 물이 아니더니
> 선의 궁극적 경지에 도달하여 깨우친 다음에는
> 전과 다름없이 산은 산이요, 물은 물이더라.

이 경우 깨닫기 전과 후의 산과 물은 실제로 다른 것일 수는 없을 것이다. 그러나 인식상 혹은 의미상 동일한 것은 결코 아닌 것이다. 깨우친 후에 보인 세계에는 많은 의미가 확장되어 있고 새로운 지평이 열려 있기 때문이다.(이종훈, 1992)

후설의 현상학이 의식을 통해서 재구성되는 선험세계를 강조하였다면, 메를로퐁티(1962)는 신체를 통하여 지각된 세계 즉 체험하는 주체로서 세계-내-존재(being-in-the world)로서의 대상을 강조한다. 따라서 그의 현상학은 의식 이전에 신체를 통해서 직접적으로 지각되는 체험적 세계를 기술하는 것을 목표로 한다. 메를로퐁티 역시 '현상학이란 본질에 대한 연구'라 하였는데, 사실(fact)이든 본질이든 둘 중 하나는 그 나머지 하나를 함축하고 있다고 하였다. 즉 사실은 본질로부터 떨어질 수 없는 것이며, 본질 역시 사실로부터 떨어질 수 없기 때문이다. 실존론적 현상학자인 메를로퐁티에게서 현상학적 심리학의 본질은 존재의 현상으로서 "사실에 입각한 본질(factual-essence)"이 되는 것이다. 다시 말해서, 실존화된 본질(existentialized essence)은 구체적이며 인간적 실존의 총체적 풍부성을 채택하기 위해 탐색되는 것이다.(Colaizzi, 1973) 이러한 영향으로 현상학적 연구주제는 '세계 안에 존재하는 방식'으로서의 체험의 핵심적 본질이란 어떠한 것인가를 질문함으로써 결정된다.(Van Manen, 1990) 따라서 현상학에서 진실이란 인간의 의식에 있어서 끊임없이 변화하는(growing) 실재(reality)라고 가정된다. 이러한 진실을 인간의 살아 있는 경험을 통해 직접적으로 파악하는 것이 현상학적 접근인 것이다.(Davis, 1978, Parse et a.l, 1985, Bruyn, 1986, 이영희, 1993에서 재인용) 그렇기에 현상학은 경험 혹은 이론에 의한 관찰이나 설명을 만들어 내지 않는다. 대신 주체가 경험한 시간, 공간, 신체, 인간관계 등에 대해 겪은 대로의 설명을 제공한다.

실증주의와 객관주의가 그러한 정신의 본질을 주체화시키지 못하였기 때문에, 후설은 객관주의적 세계를 객관과학의 판단중지를 통해 주관적인 생활세계로 옮기고자 하였다. 주관적인 생활세계는 인간 주관의 삶에서 구성되고 그 의미를 얻는 세계이다. 따라서 시공간이 나의 생활세계를 한계 짓는 보편적 형식이다. 물론 이 형식은 객관적·등질적이지 않고 주관적·이질적이다. 이러한 시공간은 나의 생생한 삶을 구성하는 나에게만 고유한 지금-여기(here and now)라 할 수 있다. 지금 여기를 떠난 나의 삶은 불가능하다. 나의 삶의 내용 전체는 나의 고유한 지금, 여기에 내재한다. 그러나 나의 지금과 여기는 고정되어 있지 않고 부단히 변화 유동한다. 그러기에 나의 삶과 그 터전인 생활세계는 고정적, 완결적이지 않고, 부단히 생동적이며 개방적이고 개연성을 갖는다. 니의 삶과 그 세계가 바로 이러하기에 나의 생활세계의 지각 역시 객관적이고 고정적일 수 없다. 대신 주관적이며 상대적인 것이다.(이종훈, 1992)

따라서 현상학은 사물이나 현상에 대한 경험의 본질(essence)을 탐구하는 것이다. 현상학에서 탐구하려는 본질은 대상이 '무엇(what)'

인지보다는 '어떻게(how)'에 관련한다. 이러한 인식은 현상학이 '존재'와 '실존'에 뿌리를 두고 있기 때문이라 할 수 있다. 즉 실존을 형성하는 다리(bridge)의 재료들(materials)이 무엇인지(what it is) 기술하기보다는 어떻게 만들어진 것인지(how it is)에 초점을 둠으로써 실존에 직면한 자기(self) 표현들에 관심을 갖는다. 그러므로 삶(life)과 실존(existence)은 구별된다. 삶의 내용들은 신체적, 생물학적, 심리적, 사회적, 경제적 및 기타 미리 결정된 기능을 갖고 있기 때문에 행위의 주체(the agent)는 비개별화된, 무기명의, 대치될 수 있는 대상이 된다. 즉 삶이란 죽음에서 벗어나고자 함이요, 인간의 유한성에서 벗어나려는 영역인 것이다. 따라서 대중적이며, 객관적 경향을 드러내기 때문에 삶은 그 내용이 무엇인지(what it is)에 초점을 둔다. 그러나 실존은 객관적 시간과 공간을 빠져나가서 탄생에서부터 죽음에 걸친 유한성이라는 시공간적 영역을 연결하는 다리(spanning bridge)에 비유될 수 있다. 이 영역은 또한 개인의 일시성(temporality)을 반영한다. 끊임없이 변화하는 실존은 객관적 존재(objective being)인 시공간 조정자의 논리적 틀에 맞추어지지 않는다. 실존은 모든 객관적 실체에서 벗어나 있기 때문에, 오로지 객관적 실체를 보려는 실증적인 시각에서는 파악될 수 없는 한계가 있는 것이다.(Colaizzi, 2002)

따라서 연구자는 연구참여자가 실존적으로 경험한 심리적 충격(trauma)들이 한국이라는 새로운 문화권에 유입되면서 어떻게 회복되는가에 관한 그들의 주관적 경험의 본질을 직관해야 한다. 그 본질 직관은 그들의 언어를 통해서 전달될 것이라는 전제를 고려하지 않을 수 없다. 연구참여자인 새터민들은 우리 문화권에 들어온 개인인 동시에 각자 자신의 세계를 갖고 있는 개인으로 간주된다. 그러한 그들의 경험 세계는 언어를 통해 구성된 세계이므로 이미 연구 대상자의 자기 이해를 바탕으로 한 자기 해석이 담긴 세계인 것이다. 따라서 개인은 언어와 문화적 전통 속에서 자신의 배경에 비추어 스스로를 해석할 것이다. 연구자는 그들이 해석한 경험세계에 대한 의미를 단순히 기술하는 것이 아니고, 그들이 언어로 드러낸 내용들의 의미가 무엇인지를 연구의 목적에 맞게 환원시켜 해석할 수밖에 없다. 본래 의미의 해석이란 어떤 것을 가리키는 것이지만, 다른 의미의 해석은 어떤 것의 의미를 밝혀내는 것이다. 그러한 관점에서 연구자는 해석학적 현상학의 논리를 연계할 수밖에 없다. 해석학적 현상학에서 비추어진 생활세계란 개인이 살고 있는 문화와 언어적인 관행과 역사 속에서 주어진다. 특히, 언어는 세계를 구성하며, 또한 개인에게 세계 내에 존재하는 자신을 밝혀주고 정체성이 드러나도록 해준다. 나아가 언어는 한 문화 내에서 의미가 통할 수 있는 특정한 느낌과 방법을 전달한다. 난민으로서의 새터민 역시 북한과 중국, 그리고 한국이라는 서로 상이한 시공간에 영향을 받으며 개인의 세계를 구성할 것이다. 따라서 '인간은 설명되는 존재가 아니라 이해되어야 하는 존재(딜타이, 1976)'라는 전제하에 난민으로서 새터민 개인이 자신의 생활세계에서 경험한 심리적 충격(trauma)의 회복 경험은 과거에서부터 현실에 이르기까지 실존을 통해 변화된 그들의 사고, 지각, 느낌에 대한 가치와 의미가 반영된 것이라 할 수 있다. 그러므로 현상학적 연구는 연구자가 탐구하려는 난민 개인의 심리적 충격(trauma)의 회복 경험의 의미를 포함하여, 살아 있는 경험의 구조를 기술하는 데 합당하다고 할 수 있겠다. 왜냐하면, 심리적 충격(trauma)의 회복 경험이라는 현상의 본질을 밝힐 수 있는 동시에, 현상 그 자체를 나타내는 '상황의 맥락'도 포함하기 때문에 난민 대상자의 지각과 판단의 모든 복합성을 반영할 수 있을 것으로 생각되기 때문이다.

2. 연구설계

1) 표집방법 및 연구참여자 선정

본 연구의 참여자는 유의적 표집방법인 눈덩이 표집(snowball sampling) 방법을 사용하였다. 연구주제의 특성상 새터민 개인이 과거에서부터 누적되어 경험한 심리적 충격(trauma)을 드러내어야 하는 관계로 풍부하고 깊은 정보를 제공해 줄 수 있는 참여자를 의도적으로 선정하는 것이 바람직할 것으로 생각되었다. 특히, 과거의 깊은 심리적 충격(trauma)으로 인해 삶의 해체를 경험하고 새로운 문화권에 들어선 새터민들의 특성상 특히, 새로운 문화권에 살고 있는 사람들로부터 자신을 보호하고자 하는 것은 자명한 일이다. 따라서 연구참여자와의 신뢰와 친밀감 형성 없이 깊은 내면의 경험을 표현할 것을 기대하는 것은 현실적으로 가능치 않다. 그러한 사실들은 이미 국외난민 연구에서도 밝혀진 것처럼, 난민의 경험을 한 대상자와 친밀감 형성 없이 인터뷰를 요청하는 경우에는 '왜 내가 당신의 연구를 도와야 하는가? 나한테 어떤 도움이 되는데 말해야 하는가?'라는 질문을 받게 될 것을 예상해야 한다는 것이다.(Mekki-errada et al., 2001) 이와 관련하여 본 연구자 역시 연구 시작 전부터 연구참여자 표집을 고민하지 않을 수 없었다.

따라서 연구자는 자원봉사를 통하여 연구참여자들과의 만남을 준비하게 되었다. 2004년 3월부터 인천지역 성당에서 한 명의 새터민 청년(이후 '가'라고 칭함)에게 학습자원봉사를 시작하여 지속적이지는 않았지만 꾸준한 만남을 유지하였다. 연구자가 박사 논문으로 새터민의 심리적 충격(trauma)의 회복 경험이라는 정신건강에 관심을 갖게 되면서 '가'로부터 그가 참여하고 있는 새터민 NGO모임을 소개받았는데, 가톨릭 대교구 서울 민족화해위원회에 소속된 '하나를 이루는 모임'이라는 '청소년 하이모'와 '청년 하이모'였다. 연구자는 그중 '청년 하이모'에서 2006년 3월부터 현재 대학생이거나 대학을 준비하는 과정에 있는 새터민 청년들을 중심으로 약 6개월간 격주로 영어를 가르쳤다. 모임 참여 대상은 특정 종교와는 무관하였다. 그리고 전 '하이모' 담당자 장인숙 수녀님을 통해 북한출신의 기혼여성을 소개받았다. 연구자는 그 여성에게 한국생활 적응을 돕는 자원봉사를 제공하면서 자신의 경험인 중국 조선족 남성과의 결혼생활 경험을 듣게 되었다. 또한 다양한 표집을 위해 '인천교구 민족화해위원회' 오용호 담당신부님의 협조를 얻어 월 1회 열리는 '새터민 모임'에 참여하면서 그들과 친밀감을 형성할 수 있었다. 본 연구의 인터뷰에 협조해 주라는 담당신부님의 요청이 본 연구에는 큰 도움이 되었다.

위와 같은 과정을 통해서 만난 다양한 연령층의 새터민들 중에서 한국에 입국한 새터민들의 연령분포를 고려하여, 상대적으로 연령분포가 높은 20대, 30대, 40대 성인남녀를 선정하였다. 그리고 '난민으로서의 심리적 충격(trauma)이란 어떠한 것'이었으며, '그 회복 경험이란 어떠한 것'인지를 풍부하게 전달할 수 있는 연구참여자를 선택하기로 하였다.

　연구자는 표집에 있어서 우선 고려해야 할 점으로서 난민의 경우 가족과의 동거 유무가 심리적 충격(trauma) 경험 회복에 어떠한 영향을 주는지가 상당히 의문시되었다. 따라서 가족 동거 자체가 난민 이주자의 심리적 충격(trauma) 회복에 어떠한 영향을 미치는지에 관해 고려가 필요하다는 전제하에 몇 개의 국내외 연구를 살펴보아 근거로 삼고자 하였다. 중남미 출신 성인 난민 이주자의 경우 동거 자체보다는 이주 후 가족기능이 주는 영향력이 정신건강에 밀접한 상관이 있음을 제시하고 있는데, 가족이 기능적일지라도 자살생각까지는 미치지 못하나 우울과는 정적상관이 있다는 점,(Hovey, 2000) 청년의 경우에도 낮게 인식된 가족기능은 상당히 높은 문화적응스트레스 수준뿐만 아니라 상당히 높은 우울과 유의미한 상관이 있으므로, 가족의 정서적인 친밀성은 물리적 친밀성보다 더욱 중요한 것으로 제시된(Hovey, 2000) 점, 국내 새터민의 정신건강 연구의 경우에 가족이 없는 경우보다 가족이 있는 새터민 개인이 우울과 더 높은 상관이 있었다는 점(한인영, 2001)에 근거하여 본 연구에서는 가족 유무 자체의 요인은 고려치 않기로 하였다.

　그리고 난민으로서 심리적 충격(trauma) 경험의 대표성을 반영하기 위해 자료수집초기에는 총 14명의 대상자를 포함시켜 진행하였다. 또한 입국 시점을 고려해야 했는데 국내 새터민 심리적 충격(trauma) 후 스트레스 장애 연구결과로는 하나원 입국시기부터 시작하여 3년까지 추적한 결과 초기검사에서 PTSD로 판명된 개인의 88.8%가 3년 시점에서 회복되었다고 한다. 그러나 개인의 심리적 충격(trauma)의 회복 시점이라는 것이 극히 주관적이기 때문에 본 연구에서는 심리적 충격(trauma)의 회복 시점에 치중하기보다는 각 참여자와의 면담결과를 중심으로 선정하고자 하였다. 우선 난민에 준하는 경험이라고 할 수 있는 가족원의 사망 및 해체, 수용소 및 구금 생활, 물리적 폭력, 굶주림, 인신매매, 국경이동경험, 및 제3국에서의 도피생활 등을 경험했는지 여부와 그러한 심리적 충격(trauma)적 경험이 현재 한국생활에 어느 정도 영향을 미치는지에 초점을 두었다. 본 연구의 주제가 '난민으로서의 심리적 충격(trauma) 회복 경험'임으로 심리적 충격(trauma) 경험의 영향이 사회적 기능 수행에 영향을 주지 않는 수준인지 첫 인터뷰를 통해 각 대상자에게 '그렇다'는 확답을 얻어 총 14명에게 인터뷰를 실행하였다. 인터뷰 결과를 통해 연구자에게 개인 체험의 풍부성이 전달될 수 있을 것이라고 판단된 8명을 선택하여 2차 인터뷰를 실시하였는데, 그중에는 약속을 정해놓고 연락도 없이 나오지 않은 대상자도 있었고, 드러냄의 한계를 유지하고 싶어 하는 대상자도 있었으며, 학업으로 인해 지방으로 가야 하는 대상자가 발생하여 최종 5명을 선택하였다. 이후 5명의 대상자와 전화 및 이메일 교신, 직접 만남을 통해 최소 6회에서 10회 이상 관계를 유지하여 더 이상 새로운 자료가 나오지 않을 때까지 자료를 수집하였다.

5인의 연구참여자들은 경인지역에 거주하는 20~30대 새터민들로서 그들의 인구사회학적 특성을 개별화하여 세부적으로 제시하면 다음과 같다.

〈대상자 가〉

현재 30세 미혼 남성으로 한국에 입국한 지 3년 되었다. 함경도 출신으로 여러 명의 형제가 있고 자신은 막내라고 한다. 북한에서는 중등학교도 졸업하지 못한 채 식량난을 피하기 위해 아버지의 권유로 5년간 정신병원에 들어가 살다가 20살에 나와, 지속되는 식량난으로 이듬해인 21살에 중국으로 홀로 넘어가 7년을 살았다. 중국생활 처음 4년을 보내는 과정에 한 번 북송되어 수용소 생활을 했으나 다시 중국으로 넘어가 농촌 한족 가정의 일손을 돕다가 그 가정에 죽은 아들의 호적에 입적되어 3년간을 보냈다. 한족 양아버지가 한족 여성과 결혼을 강요하여 한국행을 결심하고 북경대사관을 통해 들어온다. 한국에 들어와 직업을 구하는 과정에 동사무소 사회복지사의 지도로 대학진학을 결심하고 1년간의 검정고시 준비 끝에 29살에 대학에 입학했다. 국가가 배정해준 영구임대아파트에 거주하고 있으며, 천주교를 믿고 있다.

30대 초반의 미혼 여성으로서 한국에 입국한 지 2년 되었다. 함경도 출신으로 북한에서 의료인이었다. 국경지역 의료인이어서 식량난에 개인장사를 위해 중국을 자유롭게 드나들었다. 그 과정에서 한국 가는 사람을 만나 한국행을 결심하였으나 베트남 1번, 중국에서 1번 잡혀 2년간 중국 변방 수용소에서 생활하다 북송된다. 북한수용소에서 1개월 만에 중국간수가 보석금을 넣어주어 석방되어 다시 한국행을 결심하고 베트남과 태국을 거쳐 한국에 들어왔다. 현재 입시학원을 다니며 대학입학을 준비하고 있다. 국가가 배정해준 영구임대 아파트에 살고 있으며, 천주교를 믿고 있다.

현재 20대 후반으로 대학생이다. 한국에 들어온 지 6년 되었다. 북한에서는 중등학교도 마치지 못했으나, 한국에 온 지 2년이 지나 검정고시를 준비해 대학에 입학했다. 식량난에 작은누나와 중국으로 건너갔다. 중국 간 지 4일 만에 작은누나는 북한 길잡이와 중매인에 의해 한족에게 팔려가고 자신은 북한 길잡이를 따라 인신매매꾼이 되어 두만강을 80번을 넘었다. 마지막 80번째 국경경비대에 잡혀 북한수용소 생활을 하였다. 수용소 이동 중 탈출하여 북한에 친형과 함께 중국으로 건너가 조선족과 살고 있는 큰누나와 상봉했다. 이후 큰누나가 한국 방송국에 편지를 보내 한국 친척인 큰아버지와 연계가 되어 베트남을 거쳐 태국을 건너 한국으로 3형제가 같이 들어왔다. 한국에 와서 6년 만에 중국에서 헤어진 작은누나를 8개월간의 노력 끝에 찾아서 한국으로 데리고 왔다. 현재 국가에서 배정해준 영구임대 아파트에 사촌형과 동거하고 있으며, 기독교를 믿고 있다.

〈대상자 라〉

현재 30대 중반으로 상업에 종사하는 주부이다. 한국에 입국한 지 1년 6개월 되었다. 북한에서 전문대학을 졸업하였으며, 결혼하여 두 명의 자녀를 두고 있다. 그러나 사회토대가 좋지 않아 하층민 생활을 하던 중 식량난이 겹치게 되자 배우자가 한국행의 계획을 숨긴 채 대상자에게 중국에 식량을 구하러 가자고 하여 준비한 배를 탔다. 2시간 만에 서해안을 타고 한국으로 느닷없이 들어오게 된다. 자녀 둘은 북한에 있으며 현재 국가에서 배정해준 아파트에 배우자와 살고 있다. 자영업을 하고 있으며 천주교를 믿고 있다.

〈대상자 마〉

실제 나이는 30대 중반이나 한국호적상 20대 후반의 기혼 여성이다. 한국에 입국한 지는 4년 되었으며, 결혼 전에는 식당일을 주로 하였다. 북한에서 중등학교도 졸업하지 못했으며, 식량난으로 어쩔 수 없이 중국 농촌 조선족 남성과 사실혼을 맺을 수밖에 없었던 관계로, 중국에 1명의 자녀를 두고 있다. 한국에 입국해서 1년 반 만에 북한출신 남성과 재혼하여 현재 2명의 자녀를 두고 있다. 중국에서 한국으로 가다 베트남 국경에서 잡혀 베트남 난민수용소에 6개월간 지내며 NGO의 도움으로 UNHCR을 통해서 한국에 홀로 들어온다. 현재 다세대 빌라에 거주하고 있으며 세례는 받지 않았으나, 천주교를 선호하는 정도이다.

2) 자료수집 방법

자료수집 절차와 방법은 몇 가지 단계를 통해 이루어졌다.

자료수집의 풍부성을 고려하여 본 조사에 들어가기 전에 자원봉
사를 통해 여러 대상자들과 친밀관계를 형성하는 동시에 일상생활
안에서 비정규적인 사적 모임을 빈번히 가졌다. 예를 들면 〈대상자
라〉의 가게 개업식 날 연구자에게 참여해 달라고 연락을 해와 방문
하게 되면서 친밀감을 쌓게 되었다. 〈대상자 나〉 같은 경우에는 인
천교구 민족화해위원회 담당 신부님께서 봉사자로서 연구자를 소개
하여 친분을 갖게 되었다. 〈대상자 가〉와 〈대상자 마〉의 경우에도
수녀님의 소개로 봉사활동을 하면서 만나게 된 경우이며, 〈대상자
다〉의 경우는 '청년 하이모' NGO 단체에서 만난 경우이다. 따라서
일상적인 삶 속에서의 그들의 관심사와 심리적 고통 등을 나눌 수
있었으며, 삶을 구축해 나가는 과정 및 다른 새터민들과의 관계 등
을 관찰할 수 있었다. 그러한 과정 안에서 연구자가 궁금하거나 의
미 있다고 생각한 사항들을 메모하여 동일한 대상자 및 다른 대상
자에게 질문을 통해 확인해 나갔다. 그러한 점이 연구자의 이해를
도왔다고 할 수 있다.

두 번째는 심층 면담을 위해 참여자를 선정하는 단계라 할 수 있
다. 연구자는 본 연구를 위한 최종 참여자를 선정하기 위해 우선 20
대, 30대, 40대 대상자로 나누어 총 14명을 선택하였다. 그들에게 전
화 또는 구두로 연구의 취지를 설명하고 도움을 줄 수 있는지 여부
를 물어 일차 인터뷰를 실시하였다. 1차 참여자는 연구자가 자원봉
사를 했던 대상자들을 중심으로 했으며, 월례 모임에 참여키로 했으

나 나오지 못했던 사람 중에서 신부님의 소개를 통해서 알게 된 대상자들, 그리고 1차 참여자의 소개를 통해서 알게 된 대상자들이 중심이 되었다. 1차 자료수집기간은 2006년 6월부터 7월까지였다. 이들에게 실행된 1차 심층 인터뷰는 연구자가 개방형 질문을 마련하였다. 그리고 인터뷰 과정마다 연구자가 이해되지 않는 부분이 있는 경우나 생애사에 관련된 부분이 있는 경우에는 대상자와 비구조화된 인터뷰를 적용하였다. 인터뷰 내용은 참여자의 동의하에 녹음하였으며, 본 연구자가 인터뷰 당시의 언어, 비언어적 메시지들을 반영할 수 있도록 여러 번 반복 청취를 통해 직접 필사(transcript)하였다. 첫 인터뷰 시간은 약 1시간에서 1시간 30분 정도 소요되었다. 1차 인터뷰 내용 분석을 기초로 하여 2006년 8월 중순경에 2차 인터뷰를 위한 질문지를 구성하면서, 새로운 표집단계로 2차 대상자 8명을 선택하였다. 2차로 선정된 참여자들에게 심층인터뷰를 실행하면서 직접 필사하였다. 이 단계에서 심층인터뷰와 동시에 말보다는 글로 전하는 것이 수월하다는 대상자에게는 이메일 서신을 통해 추가 질문에 대한 응답을 받았다. 또한 주제와 관련하여 참여자가 직접 저술한 책이나 일기장 및 가족 소개를 받기도 하였다. 〈대상자 다〉의 경우에는 북한에서 식량난으로 인해 자발적으로 중국인에게 가게 된 큰누나와, 중국 한족에게 강제결혼해서 살았으나 6년 만에 자신이 중국에서 데려온 작은누나를 연구자에게 직접 소개시켜주었으며, 중국으로 팔려간 여성들의 삶에 대해서 자신이 아는 한 충실히 설명해 주어 본 연구에 도움을 주고자 하였다.

면담장소는 주로 대학의 빈 교실, 공원벤치, 연구자 및 참여자 자택, 조용한 카페 등에서 이루어졌다. 3차 인터뷰는 2006년 8월 말부터 9월까지 분석결과의 적용성을 판단하기 위해서 한 대상자의 이

야기를 다른 대상자에게 읽도록 하여 내용의 타당성을 평가해 보도
록 요청하여 피드백을 얻었다. 또한 분석 결과에 사실 가치를 확보
하기 위해 특히 〈대상자 나〉와 전화로 의견을 교류하여 결과 반영
을 수정하기도 하였다. 인터뷰 내용이 포화상태에 이를 때까지 대상
자에 따라서는 최대 10회 이상 교류를 가지면서 2006년 11월까지
내용의 검토를 진행하였다.

3) 연구참여자에 대한 윤리적 고려

질적 연구는 자료를 생성하는 대표적 방법이 인터뷰이기 때문에
윤리적 준거 틀에 근거하여 참여자의 동의가 선행되어야 한다. 기본
적으로 제공되어야 할 정보로는 연구자의 신분과 연락처, 연구목적
과 연구절차에 대한 소개, 연구참여의 자발성과 어떠한 제제가 없이
연구참여를 중단할 수 있는 권리보장, 비밀보장, 연구참여에 따르는
위험이나 혜택에 대한 설명이 있어야 한다(Padgett, 2001, 장혜경,
2006에서 재인용)는 것이다. 따라서 본 연구자는 연구참여자와 인터
뷰를 시작하기 전에 연구자가 소속된 학교, 연락처, 연구목적과 방
법, 인터뷰과정에서도 대답을 원치 않는 경우에는 응하지 않을 수
있는 권리와 자발적으로 언제든지 인터뷰는 거부할 수 있는 권리,
익명처리를 통한 비밀유지와 녹음된 인터뷰 내용은 학문적 용도로
만 활용하고 지울 것이라는 내용을 문서화하여 연구참여자에게 동
의를 얻었다.

본 연구의 주제가 난민의 심리적 충격(trauma)을 다루는 것이어
서 새터민의 경우 북한에서, 국경이동 중에, 중국에서, 한국입국과정
에서, 한국 내에서와 같이 시점별로 그들의 살아 있는 아픈 경험을

요구하기 때문에 더욱이 연구참여자의 자발성을 필요로 한다. 따라서 그들에게 참여과정에서의 무거운 주제를 털어놔야 하는 심적 부담감을 완화시켜 주기 위해 제제가 없는 참여중단에 대한 설명은 더욱 중요하다고 여겨졌으며, 심리적 고통이 된다고 느껴진다면 이야기 하지 않아도 좋다고 강조하였다.

그러나 대상자의 일부는 연구참여에 동의는 하지만, 녹음 자체에 불편감을 드러내기도 하였다. 그러한 대상자는 연구자가 녹음기를 꺼놓은 것을 확인하면 진솔한 내면의 경험을 이야기하다가, 연구자가 그 내용이 중요하다고 판단되어 녹음기를 켜면 경직되어 버리는 경우였다. 그러한 대상자에게는 본 연구자의 관심은 대상자가 경험한 내용이 연구자료로서 중요하기는 하지만, 연구자의 본질적인 관심은 다양한 대상자들의 이야기를 관통하는 현상의 본질 구조임을 설명하면서 이해를 구하였다. 대상자 중 일부는 자신이 북한에서 사고로 사망한 것으로 알려져 있어 개인 신분이 노출된다면 북한가족에게 직접적인 해가 될 것을 염려하였다. 따라서 그러한 대상자의 경우는 2차면담에서 제외하였다. 또한 대다수 참여자 개인이 중국에서 사는 것으로 알려져 있지, 한국에 온 것을 북한에서는 알지 못한다고 말하여, 오히려 연구자가 참여자의 개인 신상 노출을 염려해야 하는 상황이라 할 수 있다.

연구자는 대상자가 무거운 주제를 편안하게 이야기할 수 있도록 면담 전에 함께 식사를 나누고 면담과정에는 음료를 마시면서 심리적인 전환을 유도하였다. 그리고 대상자에 따라서는 면담 후 옷이나 화장품 등을 선물하거나, 함께 영화를 보면서 차후 가벼운 마음으로 만날 수 있는 심리적 기반을 다지려고 하였다.

4) 자료의 분석 과정

현상학 방법의 기본 철학은 현상학적 환원의 태도를 가정한다는 것이다. 그 첫 번째가 대상 및 사물에 대해 이미 세속적으로 습득된 연구자의 인식에 대한 판단을 중지시키기 위해 '괄호치기'를 하는 것이다. 연구자는 분석과정에서 과거에 경험했던 새터민에 대한 연구자의 선행 경험이 발휘되어 연구현상의 본질을 파악하는 데 장애가 되지 않도록 주의를 기울였다. 이를 위해 연구자는 새터민에 대해 자연스럽게 습득한 태도가 무엇인지 메모하였다. 예를 들면 연구자는 면담 약속 후 어떠한 연락도 없이 약속 장소에 나타나지 않는 각기 다른 참여 대상자를 2회 경험하게 되었다. 그러나 연구자는 앞선 그런 경험이 차후 다른 새터민과의 만남에 부정적인 인식이나 가정으로 작용하지 않도록 새터민들을 개별화시키려고 의식적인 노력을 하였다. 따라서 연구자가 이해할 수 없었던 대상자의 행동이나 언어적 의미는 또 다른 대상자에게 확인하여 그것이 문화적인 차이인지, 아니면 개인적 경향성의 차이인지를 확인해 나가려고 했다. 그러한 확인은 연구자가 차후 만나게 될 대상자는 '이럴 것이다'라는 앞선 가정들로부터 멀어지게 하는 데 도움이 되었다.

두 번째는 '실존적 가정을 유지'하는 것이다. '실존적 가정의 유지'란 연구자에 의해 경험된 대상으로 판단하는 것이 아니라, 연구자 앞에 실제로 존재하는 유일한 어떠한 대상으로, 즉 엄격한 의미에서 하나의 현상으로 받아들이라는 것이다. 생활세계 속에서 만났던 새터민 개인을 본 연구자와의 관계에 의해 판단하지 말고, 그 새터민 개인이 존재하는 방식을 하나의 현상으로 꿰뚫어 직관하고자 하였다.

5) 연구방법의 평가

질적 연구는 양적 연구와는 다른 가정과 세계관에 기초함으로 평가기준의 타당성과 신뢰성에서도 다른 개념들이 사용된다. 질적 연구의 평가기준은 학자들마다 관점에 다소 차이가 있다. 본 연구에서는 Guba & Lincohn(1981)이 제시한 질적 연구의 4가지 평가기준인 사실적 가치, 적용성, 일관성, 중립성에 기반을 두어 연구의 엄밀성(rigor)을 따르고자 하였다.

첫째, 사실적 가치(True Value)는 양적 연구의 내적 타당도인 신뢰성(credibility)이라 할 수 있다. 이는 연구의 발견이 얼마나 실재를 정확히 측정하였는가를 말하는 것으로써, 현상을 얼마나 생생하고 충실하게 서술하였는가를 말한다. 이는 연구참여자에 의하여 또는 독자들로 하여금 경험에 대한 서술과 해석이 얼마나 자신의 경험으로 믿을 수 있는가를 측정하는 것이다. 따라서 연구에 있어서 사실적 가치 측면의 반영을 위해 연구자는 북한 관련 매체와 연구물들, 그리고 대상자가 출판한 책, 기타 외국 난민서적 등을 꾸준히 접하면서 난민으로서의 대상자가 진술한 내용들과 비교하고 반영하는 과정을 거쳤다. 또한 대상자가 진술한 내용을 본 연구자가 자유로운 상상적 변형을 통해 제대로 반영한 것인지는 정신건강을 연구하시는 전문교수들의 검토를 받아 초기 19개의 구성요소를 6개의 구성요소로 재구성하였다.

둘째, 적용성(Applicability)은 적합성이라는 개념으로 양적 연구에서 외적 타당도에 해당한다. 외적타당도는 연구결과를 또 다른 상황에 적용할 수 있는가를 고려하는 것이다. 즉 그 연구결과의 일반성, 대표성을 말한다. 질적 연구에서는 참여자와 장기간의 관계를 가지고 심층면접을 하게 되므로 광대한 양의 자료를 분석해야 하므로 표본 수는 적다. 표본추출은 통계학적으로 하는 것이 아니므로 특수 집단에 소속된 어떤 대상자도 그 집단을 대표할 수 있다. 중요한 것은 연구참여자가 실세계에 대한 경험을 충분히 잘 묘사할 수 있고 제시할 수 있는가이며 그러한 가능성이 있는 사람이면 적합한 연구 참여자가 될 수 있다. 또한 연구결과는 연구가 이루어진 상황 밖에서도 적합한지 그리고 독자들이 연구결과를 읽고 자신들의 고유한 경험을 비추어 보았을 때 의미 있고 적용력이 있는 것으로 적합성을 평가한다. 연구의 적용성을 고려하여 연구자는 대상자가 자신의 난민으로서의 경험을 풍부하게 전달할 수 있는지에 초점을 두었다. 따라서 초기 14명의 대상자로 시작해 5명의 대상자로 압축하는 과정은 적용성을 염두에 두고자 한 것이었다. 연구자는 과거부터 현재에 이르는 자신의 경험을 세심하게 표현할 수 있는 능력이 있는 대상자를 선택하였다고 판단되며, 그들로부터 새로운 내용이 나오지 않을 정도로 가장 최근까지의 경험을 충분히 확보했다고 본다.

셋째, 일관성(Consistency) 평가는 양적 연구에서의 신뢰도를 말한다. 연구결과의 반복되는 정도를 의미한다. 그러나 질적 연구는 감각을 통해 검증할 수 없는 현실 속의 사람들의 경험과 환경의 독특성을 강조하므로 공통적인 반복이 아니라 경험의 다양성을 강조한다. 같은 방법을 활용한 연구자가 같은 결과를 얻을 수 있을 때 충족되며, 연구자의 자료, 견해, 주어진 상황에 대해 반대적인 결론을 내리지 않는 비교되는 결론을 내려도 이 기준을 충족된다고 하였다. Guba & Lincohn(1981)은 질적 연구의 일관성과 관련된 엄밀성을 판단하기 위해서 감사성(Auditability)을 제안하였다. 이는 연구자에 의해 사용된 '분명한 자취(decision trail)를 다른 연구자가 따라갈 수 있을 때를 말하며 다른 연구자도 연구자의 자료, 시각, 상황에 따라 비슷한 결론에 도달할 수 있을 때 일관성이 높다고 하였다. 본 연구에서는 연구자는 자료에서 발견될 주제와 범주에 대한 분석적 사고를 위해 지속적 비교방법을 통해 자료의 일관성을 유지하고자 한다. 본 연구에서는 연구의 일관성 측면을 높이기 위해 연구의 중심의미가 발췌되고 구조가 어느 정도 도출되었을 때, 간호학 전공 교수로부터 몇 회에 걸쳐 내용에 대한 자문을 받았다. 본 연구의 주제가 난민경험을 한 새터민의 심리적 충격(trauma)회복인 관계로 간호학에서 질적 연구를 전공한 교수의 자문은 효과적인 감사(auditability)가 될 수 있었다.

넷째, 중립성(Neutrality)은 양적 연구의 객관성을 의미하는 것으로 연구과정과 결과에 있어서 모든 편견으로부터 해방을 의미한다. 따라서 연구대상자에 대한 연구자 자신의 가정과 선이해를 검토해 보는 것은 연구실행 전에 실행해야 한 중요한 과정 중 하나라고 볼 수 있다. 본 연구자는 14명의 대상자와 일차 면담을 통해서 난민의 경험을 한 대상자라고 해도 각자의 독특한 경험체계가 주는 영향을 배제할 수 없다는 사실을 깨달았다. 즉 그들의 공통점만큼이나 상이성도 다양하다라는 경험은 연구자가 새터민에 대해 가졌던 스스로의 가정에서 벗어나 에포케를 유지하는 데 상당한 도움이 되었다.

IV. 결 과

본 장에서는 난민으로서의 새터민의 심리적 충격(trauma) 회복 경험에 따라 도출된 중심의미를 〈표-2〉와 같이 상황적 구조로 진술하고자 한다. 연구자가 제시한 상황적 구조의 진술문은 각 대상자들의 구체적인 경험적 진술과 더불어 에센스 진술로 제시된다. 그 다음 단계로 참여 대상자들의 공통적인 경험을 일반적인 구조적 진술을 통해 이해하면서, 전체 맥락에 따라 도식화한 난민의 회복 경험의 구조를 제시된 〈그림-5〉를 통해서 살펴본다.

☐ 난민으로서의 새터민 심리적 충격(trauma) 회복 경험의 상황적 구조의 진술

본 연구에서는 새터민의 심리적 충격(trauma) 회복 경험을 Giorgi의 현상학적 방법으로 분석한 결과 총 462개의 의미단위를 발췌하였다. 그것들을 개의 의미단위로 요약하였으며, 그 다음에 의미단위 요약을 포괄하는 보다 상위 개념인 41개의 하위구성요소로 묶을 수 있었다. 그리고 그렇게 묶여진 하위 구성요소들을 최종적으로 6개의 구성요소를 도출시켰다. 그 도출 과정을 설명하면 다음과 같다. 대상자의 진술문을 반복하여 읽으면서 사회복지학적 관점에서 의미전환이 이루어진 부분을 의미단위로 파악한 후, 5명의 전체 연구참여자들로부터 나온 의미단위들을 서로 비교하면서 동일한 의미를 나타내는 것들을 '에센스', 즉 '본질'이라고 간주하였다. 나아가 연구자는 본질이라고 파악된 구성요소들을 '자유로운 상상적 변형'을 통해 '일반적 구조'로 발전시켜 최종적으로 6개의 구성요소로 도출하였다.

❏ 난민으로서의 새터민 심리적 충격(trauma) 회복 경험의 에센스 진술

이 과정에서는 난민의 심리적 충격(trauma)을 경험을 한 새터민들이 심리적 충격(trauma)으로부터 회복되는 경험의 맥락적 구조가 연구참여자 다섯 명의 내러티브와 함께 제시된다. 경험자의 생생한 내러티브는 총 6개의 구성요소와 40개의 하위 구성에 따라 전개되며 이를 통해 연구자는 참여자 개인의 경험에 따른 차이, 그리고 다른 개인과의 경험에 유사성을 아울러 제시하였다.

1. 생존의 사투를 견디며 자의적 · 비자의적으로 신세계에 들어옴

난민의 고통은 1994년 김일성 사망 직후부터 시작된 식량난으로 시작된다. 사회주의 체제에 의해 배급이 일상화된 시민들에게는 기본적인 식생활 체계가 깨어지자 그 여파는 곧 사회혼란으로 이어진다. 그러한 사회혼란 속에서 민심을 규합하고자 국가는 영하의 추위와 굶주림 속에서 100여 일간 일본군에 저항하면서 봄을 맞게 되었다는 김일성 혁명구호인 '고난의 행군'을 10여 년간 부르짖게 된다. 그 과정에서 가족 간의 삶의 황폐화되고, 기존의 사회토대라는 정치적 구조까지 생활수준에 영향을 미침으로 인하여 개인들은 자신을 위해, 남은 가족을 생계를 위해 삶의 희망을 갖고 중국으로 건너간다. 그러나 난민으로 인정되지 않는 중국에서 개인들은 불법체류자가 되어 새터민을 속이게 되는 인신매매자가 되거나, 한족 가정에 들어가 양아들이 되어 농부로 살게 되거나, 중국 농촌 남성에게 외국인 신부로 팔려가게 되는 등 생존을 위해 자신의 정체성을 유지할 수 없는 심리적 고통을 경험한다. 나아가 그들이 불법외국인임을 이용하여 임금착취와 심리적 굴욕감 및 북송의 위협을 겪게 되면서 더 이상 중국에서도 체류할 수 없게 된다. 제3국에서 북송되어 수용소 생활의 정신적·육체적 고통을 치룬 후 더 이상 북한에서도 체류할 수 없음을 인식하고 한국행을 결심하게 된다. 하지만 한국에 들어오기 위해 거쳐야 하는 제3국 국경 통과의 고통이 남아 있음으로 인하여, 난민수용소 체류 중 NGO 단체의 도움으로 UNHCR의 심사를 거쳐 들어오거나, 중국 북경 한국대사관 심사를 거쳐서, 국경경비대에 충분한 뇌물을 줌으로써 해결된다. 그들은 한국에 오고자 하는 자신의 자발적인 동기를 갖고 입국하게 된다. 그러나 〈대상자 라〉처럼 제3국 국경의 어려움을 인식한 경우 배를 구입하여 서해안을 따라 2시간 만에 한국으로 들어온다. 대상자는 중국으로 식량원조를 위해 가는 것으로 알고 남편을 따라나서 자녀 둘을 북에 그대로 남긴 채, 한국행인지도 모르고 느닷없이 한국에 들어오게 되었다.

ⓐ 식량난으로 대파란이 일어남

난민으로서의 고통의 시작은 북한사회체제가 지닌 결함에서 발생된 식량배급구조에서 시작된다. 사회주의 배급체계로부터 공급되는 식량을 제공받고 정해진 일터에서 기대된 일을 하며 살던 개인들의 일상은 1994년을 기점으로 대혼란을 경험하게 된다. 그러한 혼란에 대한 근본대책을 제공할 수 없는 북한정부에서는 민심을 규합하기 위해 '고난의 행군'이라는 혁명구호를 내 걸었으나, 이것은 '고난의 강행군' 그리고 '또다시 고난의 강행군'으로 이어지면서 민심을 잃게 되고 개인과 사회는 혼란 속에서 생존해 나간다. 식량난으로 표현되는 그들의 일상에서의 대처는 양식을 훔치기도 하고, 개인이 시장을 형성하여 매매를 통해 생계를 유지를 하기도 하였다.

1994년 김일성 사망 직후 식량 공급체제가 불안정해졌어요. 사회주의 공급체계라는 게 배급을 받고 정해준 직장에서 노동에 종사하는 건데……. 사람들이 자기 목숨을 부지하기도 힘든 배급량이 나오니까…… 직장엘 나갈 수가 없는 거예요. 죽을 먹더라도 일정양은 먹어야 배가 부르잖아요……. 그래야 직장에 나가서 일을 할 거 아니에요. 그렇게 되니까…… 국가가 식량난으로 인한 사회혼란을 수습할 수 없게 된 거예요. 궁여지책으로 '고난의 행군'이라는 구호를 내걸었어요. 어린 시절 학교에서 김일성 사상 교육시간에 배운 내용이라, 우리는 '고난의 행군'하면 무슨 뜻인지 다 알아 들어요. 고난의 행군이란, 1938년 겨울에서 1939년 이른 봄까지 100여 일간 김일성 장군이 이끄는 항일유격대가 일본군의 추격을 뿌리치기 위해서 중국 지린성에서 압록강 연안 국경지대인 장백현 북대정자까지 대원들을 이끌고 행군을 한 건데…… 그때 영하 사오십 도에 추위에 가슴까지 차오르는 눈길을 헤치고…… 굶주림에 시달리면서도 대원들을 보살피면서 가죽허리띠를 삶아 먹고…… 그러면서 행군을 했다는 거예요…… 그런 역경을 이겨냈다는 혁명정신이 담긴 구호에요. 〈대상자 가〉

내가 의사였어도 한 달에 2kg 배급받았어요. 그렇게 되니까 나도 환자 보는 일에 전념할 수가 없는 거예요. 원래 사회주의는 개인이 장사해서 이윤을 얻고 그런 게 안 되거든요. 그래도 앉아서 굶어 죽을 수는 없으니까 시장에 나가서 장사를 했어요. 나는 송이, 나물, 하마개구리기름…… 그런 북한 계절에 맞는 먹을 것을 중국 나가는 상인에게 내다 팔아서 돈을 벌었어요. 그걸로 쌀을 사고……. 그런데 '고난의 행군'이란 구호를 내 거니까…… 우리도 조금만 견디면 굶주림을 이겨낼 수 있다는 희망을 가졌어요. 그런데 고난의 행군이 '고난의 강행군' 그 다음에 '또 다시 고난의 강행군'으로 이어지는 거예요……. 10여 년간 고난의 행군이 지속됐어요. 그렇게 되니까 사람들이 집단 농장인 옥수수 밭에 들어가서 옥수수 이삭을 뽑아 오고……. 원래 옥수수 밭은 국가 거니까 옥수수가 익어서 배급을 줄 때까지는 건들이면 안 되거든요. 군수미로도 써야 돼요……. 그런데 먹고 살기 다 힘든데 옆집 텃밭 옥수수를 뽑아 먹으면 그 집도 먹을 게 없으니 안 되거든요. 그럼 마을에서도 욕해요. 국가 거야 국가가 잘못한 거니까…… 아깝지 않거든요. 특히 애기 엄마들은 자식들 먹여야 하니까…… 안 되는 거 알면서 밭에 그냥 들어 갔어요. 〈대상자 나〉

굶주림을 심리적으로 해결할 수 있는 방법은 없거든요……. 배가 고프니까 산나물 캐서 소금에 찍어 먹고 살았는데…… 맥이 없으니까 자연히 가족들이 직장엘 안 나가게 되는 거지요. 엄마가 집에서 재봉틀로 만든 옷을 큰누나가 시장에 내다 팔아서 겨우 쌀 조금 얻어가지고 와서 죽을 쑤어서 사는 정도였어요. 근본적인 방책이 없으니까…… 제도적으로도 사람들을 통제할 수가 없는 거예요. 한마디로 생계유지형 범죄가 들끓게 됐어요. 〈대상자 다〉

북한농촌 사람들한테는 개인 채소밭이 있어요. 텃밭인데…… 아파트 사는 사람은 텃밭이 없지만, 큰 집에 사거나 농촌 사는 사람들은 최대 20평까지는 가질 수 있거든요. 모든 경제활동에서 나온 이윤은 국가 것이지만, 개인 채소밭에서 일구어낸 작물은 개인소유가 인정돼요. 우리 집도 추수한 곡식을 농민시장에 내다 팔아서 생계를 이었어요. 그런데 작물이 항상 나는 게 아니잖아요. 〈대상자 마〉

ⓑ 전시와 같은 사회 분위기

식량문제에 대한 대안을 마련하지 못한 북한정부는 그로 인한 여파를 수습하기 위해 자국민을 오히려 더욱 과도하게 진압함으로써 개인의 삶을 압박한다. 실탄을 든 사복경찰관이 현장에서 생계유지형 범죄를 저지른 시민을 현장에서 사살하는 과도한 치안유지는 자국민을 대상으로 한 전쟁으로 인식되고 있다. 이렇게 기본 생존권을 유지하기 힘든 사회분위기는 타인에 대한 이해나 배려를 기대할 수 없는 삭막함과 무자비성을 드러낸다.

대안이 없으니까 궁여지책으로 국가에서 1997년 6월 4일에 사회혼란수습방책을 냈어요. 치안유지를 위해서 특별 기동대를 조직했어요. 옥수수 하나를 훔친 사람이라도 재판이 없이 현장에서 총을 쏠 수 있는 권한을 준 거예요……. 그래서 옥수수 밭에 들어간 애기엄마를 정말 쐈어요. 동네사람들이 다들 불쌍하다고 했지…….〈대상자 나〉

전쟁을 방불케 하는 사회가 된 거지요.〈대상자 가〉

사회가 남을 배려하고 사랑을 줄 수 없는 분위기였어요.〈대상자 다〉

기동대원들은 사복 입고 다니니까…… 사람들은 몰라요……. 재판도 없이 그 자리에서 내 백성을 쏘는 사회가 어디 있어요? 그런데다가 국가가 사람들을 통제한다면서 배급도 안 주고 직장에 나오라고 해요. 화가 나서 안 나갔어요. 못 나간다고 했어요. 맥없어서……. 결국에는 6개월간 교화소로 보내는 거예요.〈대상자 마〉

ⓒ 가족생활이 붕괴됨

식량난의 여파는 〈대상자 가〉와 〈대상자 다〉처럼 가족구성원들이 서로 몰래 음식을 감추어 먹게 되는 정도에 이르게 되고, 〈대상자 나〉와 〈대상자 라〉의 제시처럼 기본욕구조차 해결할 수 없는 상황에서 겨우 자신의 생계를 이어가게 됨으로 인해 가족 간에 돌봄의 여지는 기대하기 힘들게 된다. 또한 전염병의 확산으로 가족구성원이 질병에 시달리게 되거나, 그중 〈대상자 다〉의 경우는 영양결핍으로 인한 어머니의 죽음을 경험한다. 덧붙여 한국에 친인척이 있는 〈대상자 다〉나 간첩행위로 인정받은 친인척으로 인해 가정이 몰락하게 되는 〈대상자 라〉 경우, 의과대학에 진학했어도 토대로 인해 미래에 불안을 예상할 수밖에 없는 〈대상자 나〉의 경우를 포함하여 사회적 토대는 개인의 생활수준에 뿌리 깊게 작용한다는 것을 알 수 있다.

나도 형제들 몰래…… 어머니 몰래…… 음식을 숨겨두고 먹기가 일쑤였거든요…… 그러니까 배가 고프니까…… 형제도 부모도 모르고……. 오직 내 이익만 추구하게 되는 거예요. 그때부터는……. 〈대상자 가〉

의사인 나도 먹고 살려니까…… 무거운 봇짐을 머리에 지고 국경을 넘나들었어요. 나야 국경지역 의사여서 경비대원들하고 잘 지냈거든요. 그래서 중국으로 물건 팔러 들어가는 사람들을 만나서 힘들게 돈 벌어오게 되니까…… 내 부모형제들 살기 힘든 거 알지만 쌀이나 조금 보태주면 모를까…… 내가 번 돈에 10%도 부모형제 위해서 선뜻 내주고 싶은 마음이 안 생겼어요. 가족 간에 보살핌…… 사랑 그런 건 느낄 수가 없어요. 내 기본적인 욕구조차 해결할 수 없으니까……. 부모 형제 힘들다고 누구한데 돈을 꿔서 빌려 준

다…… 그런 건 완전히 바보나 하는 짓이구요……. 그런 맘이 안 생겨요. 〈대상자 나〉

북한 어머니도 자식 낳은 똑같은 어머니인데…… 자녀는 배 터져 죽어도 부모는 굶어 죽는다고 하잖아요. 그런데 배급이 안 나오니까…… 자식한테 손해를 보는 어머니들도 살아야 하니까…… 자녀들 몰래 음식을 감춰서 혼자 먹게 될 정도가 된 거예요. 어머니도 '나두 니네들한테 손해 보지 않고 이득 볼 수 없나? 왜 나만 뭐든 음식이 있으면 나누어 먹어야 되는 거냐?' 어머니도 눈이 푹 들어가시고, 뼈에 가죽만을 씌우셨거든요. 어머니가 석 달을 굶으시면서 돌아가셨어요. 처음에는 파라티프스병인가 했는데 그건 아니었구요. 영양실조에 과로가 겹치신 거예요. 먹지도 못하는데 국가에서 불러대니까…… 일을 했어야 했거든요. 〈대상자 다〉

어머니가 영양결핍 상태에서 면역이 약해지니까 장티프스에 걸려서 나중에는 귀가 잘 안 들리시는 거예요. 사고력도 예전처럼 회복되지도 않고……. 이는 많은데 비누도 없으니까 제대로 닦지를 못해서 발진티푸스에 걸리기도 쉽구요…….〈대상자 나〉

내가 의사라고 해도 우리 집에 토대가 나빴어요. 사람들 북에서 의사를 하면 그래도 토대가 좋았을 텐데…… 하는데, 김정일이가 토대 상관없이 실력으로 대학에 붙도록 한 시기가 있었어요. 내가 어렸을 때 수재라는 말 많이 들었거든요. 그래서 의대에 들어간 거예요. 대학 들어가니까 담당 교수가 '너 토대로 어떻게 의과대학에 들어왔니? 그게 의심스럽구나' 그러는 거예요. 그때 정말 충격 많이 받았어요. 그 말 듣고 내 앞날이 밝지는 않겠구나 싶었어요. 〈대상자 나〉

우리 집이 이렇게 가난하게 살았던 이유가 한국에 큰아버지가 계세요. 그게 토대에 미치는 영향이 상당했어요. 토대가 나빠서 우리 집이 바닥계층이었어요. 토대란 것이 직접적으로는 식량배급으로 이

어졌지만, 생활 모든 것에 영향을 미쳐요.〈대상자 다〉

남편의 이모가 간첩으로 인정이 돼서 하루아침에 남편 집안이 간첩 집안으로 전락을 한 거예요. 그것 때문에 남편이 살면서 고생 엄청 했어요. 남에 밑에서 일하는 걸 벗어날 수가 없고…… 최하층 생활을 했어요.〈대상자 라〉

ⓓ 기회의 땅인 인접국을 접하게 됨

북한 자국의 식량난으로 인한 경제적 빈곤과 사회 구조적인 차별은 북한으로부터 인접국가인 중국으로 관심을 돌리게 하는 중요한 배출요인이 되고 있다. 실제로 사회가 개인이 생계를 유지할 권리와 차별로 인해 피해자 자신의 장래 생존에 대한 위기감과 불안을 초래한다면 '박해를 받을 우려가 있는 상당한 공포'로 인정되어 '난민'에 해당될 수 있다.(난민협약법, 1951, UNHCR, 1997에서 재인용) 또한 이들을 인접국으로 유인하는 요인들 중 일부로는 신변안전의 확보와 체류기반의 접근가능성 고려를 들 수 있다. 중국의 경우에는 북한과의 외교적 이유로 새터민을 난민으로 인정하지 않기 때문에 중국으로 가고자 하는 경우 여성의 경우에는 현실적인 안정적 체류기반으로는 사실혼관계와 같이 성을 매개로 한 관계를 확보하는 것이다.(Cohen & Deng, Press, 1988, UNHCR, 1997, 이금순, 2005, pp.13. 재인용) 참여자들의 경우에도 절대적 빈곤에 직면하게 되면서 인접국인 중국에 대한 정보를 듣게 된다. 인접국은 자유로움이 있으며 생계수단의 기회를 얻을 수 있으며, 나아가 인간다운 삶이 한국에 대한 소식을 접하게 된다.

〈대상자 가〉의 경우에는 성인들이 북한과 중국국경지역에서 자행했던 범죄와 인신매매 소식을 듣게 되고,〈대상자 나〉는 국경지역

근무라는 직업적 혜택을 누리며 중국에서는 북한출신의 인권이 보장되지 않아 한국행에 대한 관심을 갖게 된다. 〈대상자 마〉의 경우에는 미혼 여성들이 중국농촌 남성과 사실혼을 통해 북한가족에게 경제적인 도움을 줄 수 있다는 소식을 듣게 된다.

북한에서도 중국이 북한보다 잘 산다는 건 이미 다 알고 있어요. 북한 량강도의 직할시가 해산시인데 그곳이 압록강 국경 지역이에요. 식량난이 터지게 되니까…… 북한 사람들이 안에서 뭘 할 수가 없으니까 해산시를 건너 중국으로 많이 넘어갔어요. 돈이 될 만한 건 모두 중국에 팔아먹었어요. 그래서 그곳에서 온갖 범죄가 발생하게 되고 마약도 넘어가고 인신매매도 성행했거든요. 〈대상자 가〉

나는 두만강 지역에서 일했기 때문에 중국 국경지역하고 가깝거든요. 그러다 보니까 다른 세계 사람들은 어떻게 사나 궁금해지기 시작했어요. 그래서 중국에 한 번 가봐야겠다 생각하고 두만강 국경을 넘어 간 거예요. 그때 중국이 역시 다른 곳이구나 하는 걸 느꼈어요. 체제가 개방됐으니까 자유롭고, 불도 번쩍번쩍하고, 그때 한류열풍이 상당했어요. 중국 가야 우리들은 호적이 없으니까 신분보장이 안 돼요. 그래서 차라리 북한이 나한테는 더 자유롭구나. 사람으로 호적이 있으니까……. 그래서 중국에서 살 생각은 안 했어요. 그런데 장사하려구 중국을 자꾸 넘나들다 보니까 그 과정에서 한국 들어가는 사람들 이야기를 듣게 된 거예요. 한국에 가면 이렇게 고생 안 하고 잘 살 수 있다 그래요……. 〈대상자 나〉

남자들이야 중국 가서 쓸모가 없으니까 북한에서도 국경 길잡이들이 주로 여자들을 모집했어요. 중국 가면 돈 벌게 해준다고 해서 데려가기도 했어요. 그런데 막상 가면 일이란 게 술집에서 하는 일이거나…… 중국인한테 시집보내거든요. 〈대상자 라〉

식량난이 터지고 그러니까 북한 농촌에서 중국 남자한테 시집갈 북
한 여자들을 모집했어요. 중국 농촌 남자한테 시집가면 북한식구
입도 덜고, 친정도 잘 살게 해준다고 하니까…… 북한 여자들이 할
수 없이 지원해서 중국으로 가게 됐어요. 〈대상자 마〉

ⓔ 가족 해체를 딛고 중국으로 건너감

연구참여자들은 직면한 자신의 상황이 절대적인 생존을 위협하는
빈곤에 처하여 더 이상 가족공동체를 유지할 수 없어 해체됨을 인
식하게 된다. 각 개인들은 경제적 동기를 갖고 국경을 넘어 가게 되
는데, 〈대상자 가〉는 식량난을 피하기 위한 방책으로 아버지가 참여
자를 정신병원에 들어가도록 권유하여 청소년기에 5년이란 세월을
그곳에서 보낸 후, 자신을 위해 중국으로 건너가게 된다. 〈대상자
나〉는 식량난 이전에 경험했던 한국에 대한 환상과 중국에서 접한
한국소식을 듣고 자신을 위해 한국행을 목적으로 중국으로 건너간
다. 〈대상자 다〉는 실질적 가장이 된 큰누나가 중국으로 간 후 돌아
오지 않게 되면서 가족해체에 직면하여 작은누나와 함께 중국으로
건너간다. 〈대상자 라〉는 가장인 남편이 가족 생계를 짊어지고 단순
노동을 목적으로 중국으로 건너가게 되었으며, 〈대상자 마〉는 미혼
여성이었던 참여자가 북한가족의 생계를 위해 어쩔 수 없이 중국
농촌 남성과 살 목적으로 중국으로 떠나게 된다.

국경이동의 경우 대체로 단독으로 이동하는 경우가 일반적인데,
이유는 가족단위로 불법 국경이동을 할 경우에 가족단위의 안정적
인 체류기반을 찾는 것은 현실적으로 용이치 않을 뿐만 아니라, 새
로운 이주지역에서 가족을 부양할 경제력을 확보하는 것도 부담스
러운 일이 되기 때문이다.(이금순, 2005, pp.13. 재인용) 따라서 〈대

상자 다〉에 큰누나가 가족생계를 책임지고 단독으로 중국으로 건너
가고, 〈대상자 마〉처럼 가족구성원 중 능력이 가장 뛰어난 개인이
단독으로 이동하는 경우가 일반적이다.

식량난이 지속돼서 아버지가 정신병원에 계시는 친구 분한데 얘기
를 해서 나를 거기로 보내기로 했다는 거예요. 아버지가 그래도 병
원은 국가에서 하는 거니까…… 세끼 밥은 나올 거다…… 밖에 나
오면 그나마 굶어 죽으니까…… 그러시는 거예요. 15살부터 5년을
정신병원에 살다 보니까…… 어느덧 20살이 되어버렸어요. 더 이상
은 이렇게 살아서는 안 되겠다……. 나는 미치지도 않았는데……
언제까지 여기서 살아야 되겠나 싶어서 아저씨한테 말했어요 나가
고 싶다고……. 아저씨가 아버지하고 의논하라고 해서 결국 병원을
나오게 됐어요. 그런데 집에 오니까 당장 먹고사는 게 힘든 거예요.
병원에 있을 때는 그래도 굶지는 않았는데…… 그래서 21살에 아버
지 몰래 두만강 넘어서 중국으로 들어갔어요. 〈대상자 가〉

내가 식량난 이전에 북한 개성 산에 간 적이 있었는데…… 그 산에
서 아래를 내려다보면 남한의 63빌딩이 보여요. 그리고 기구에서
삐라하고 양식들이 터져 나와서 그거 줏어다가 먹고 그랬어요. 그
때 라면이란 거 처음 봤거든요. 여기 와서 보니까 그게 사발면이에
요. 그래서 남한에 대한 두려움과 환상이 생겼어요. 그런데 식량난
이 겹치게 되니까 환상이 더 커지더라구요. 그리고 중국에서 한국
으로 간 사람들이 한국에 가면 공부도 그냥 시켜준다고 그러는 거
예요……. 그래 가지고 그때부터는 어떻게 하면 한국에 오겠는가
그 목적 하나를 이루려고 중국에 간 거예요. 〈대상자 나〉

어머니 돌아가시고 나서 남은 가족들 눈은 점점 안으로 오목하게 들
어가고…… 배에서는 쪼르륵, 쪼르륵 소리가 그칠 새 없고…… 그렇
게 죽길 기다리면 사는 거였어요. 그러다가 큰누나가 식량 가져오겠

다고 중국엘 갔는데 두 해가 넘도록 안 오는 거예요. 형도 배고프니
까 언젠가부터 집에 안 들어오고……. 집에 작은누나하고 나만 남은
거예요. 그래서 궁리 끝에 우리도 중국 가자…… 어차피 배곯아 죽을
거라면 앉아서 죽으나 가다 죽으나 마찬가지니까……. 〈대상자 다〉

우리 집이 너무나 힘들어지니까 오빠가 나보고 중국에서 잘사는 사
람하고 결혼하면 우리 가족들이 편안하게 살 텐데…… 하면서 엄마
한테 나에 대해 뭐라 하는 거예요. 남자는 중국 가야 쓸모도 없
고…… 그렇다고 결혼한 언니를 보낼 수도 없으니까 나밖에 갈 사
람이 없는 거예요. 그때 나야 20대였으니까……. 엄마가 오빠말만
듣고 나한테 중국에 잘사는 남자한테 시집가라구 자꾸 강요를 해
서…… 결국 내가 중국 남자한테 시집가기로 결심하고 북한 농촌에
서 중국 가는 여자를 모집하는 데 지원을 해서 중국으로 가게 된
거예요. 〈대상자 마〉

ⓕ 불법체류자가 되어 정체성을 상실함

두만강에서 중국 국경을 건너는 과정은 〈대상자 가〉, 〈대상자 다〉,
〈대상자 마〉처럼 목숨을 건 사투라고 할 수 있다. 〈대상자 나〉는 국
경지역 의사라는 직업적 특혜를 누려 편히 국경을 통과한 경우이다.
〈대상자 가〉는 혼자서 국경을 넘은 경우이며, 국경경비대에 붙잡혔
으나 정신병원에서 살았던 과거 이력이 목숨을 구하는 데 일조하였
다. 이러한 새터민를 통해 북한사회에서 정신병을 앓는 사람에 대한
사회적 낙인의 심각성을 발견할 수 있다. 〈대상자 다〉, 〈대상자 마〉
는 길잡이의 도움으로 국경을 넘은 경우이다.

나야 국경 근무 의사였으니까 초소에 있는 군인들하고 친하게 지냈
어요. 그들이 내가 중국 나갈 때 배웅도 해주고 들어올 때는 마중
도 나와 주고 그랬어요. 〈대상자 나〉

밤에 나 혼자 두만강을 건너는데 국경 경비대원한테 걸린 거예요.
그냥 달려가면 총 맞아 죽어요. 그래서 가만히 섰어요. 경비대원이
나를 수용소로 넘기겠다고 하는데 내가 막 난리를 쳤어요. 나는 정
신병원에서 5년간 살다 나왔다고 하면서 굶어죽을 수 없어서 건넜다
고⋯⋯. 그렇게 난리를 치니까 귀찮았는지 그냥 가라고 하더라구요.
북한에서는 정신병원에 있었다고 하면 인간취급을 안 해요. 그래서
간신히 살았는데⋯⋯ 그때 정말 죽는 줄 알았어요. 〈대상자 가〉

깜깜한 밤에 길잡이 따라서 작은누나하고 내가 두만강을 넘었어요.
처음에는 물이 무릎 정도 차더라구요. 물이 차서 이가 시려서 딱딱
부딪치는 소리가 났어요. 그런데 물이 점점 목까지 차오르는 거예
요. 무서워지더라구요. 물이 더 차오를 까봐⋯⋯. 그래도 참고 조심
스레 나갔어요. 어느 정도 가니까 물높이가 다시 줄어드는 거예요.
강을 건너면 산이 나와요. 아무것도 보이지도 않는 깜깜한 산을 한
30분 걸었나⋯⋯. 그렇게 해서 국경을 넘은 거예요. 〈대상자 다〉

국경을 넘을 때 5명이 함께 건넜는데 그중에 한 명이 길잡이였어요.
두만강 넘을 때 물살이 굉장히 심했었어요. 그날 비가 되게 많이
와서 건너기가 힘들었어요. 가져갔던 짐 보따리 절반은 그냥 떠내
려가구⋯⋯ 간신히 두만강을 넘었는데⋯⋯ 강 넘으면 산이거든요.
그 산속에서 하루를 잤어요. 비를 맞으면서⋯⋯. 사람이 너무 많이
걸으면 어느 순간부터 걸음이 나가질 않아요. 걷고 싶은데 그게 앞
으로 안 나가는 거예요. 꿈속에서 발이 안 떨어지는 것처럼. 그래서
그대로 주저앉았어요. 〈대상자 마〉

국경건너 새로운 세상인 중국으로 들어갔으나 그들을 기다리고
있는 것은 자신을 지킬 수 없는 정체성의 상실로 이어진다. 중국에
서 새터민은 불법체류자에 지나지 않기 때문에 대체로 여성의 경우
에는 〈대상자 마〉, 〈대상자 다〉의 신변안전을 확보하기 위해 중국

농촌 남성과 사실혼을 통해 중국에 정착하게 된다. 그러나 〈대상자 마〉의 경우는 자신이 중국 남성과 살기 위해 간다는 사실을 알고 온 경우이고, 〈대상자 다〉에 나타난 참여자의 누나의 경우에는 중국 남성과 살아야 한다는 사실을 모르고 온 경우이다. 이러한 경우를 강제결혼으로 구분하고 있으나, 명료하게 판단한다면 〈대상자 마〉의 여성도 가족의 생계를 위해 자신의 삶을 포기하고 중국 남성에게 온 것임으로 자발적 결혼이라 할 수도 없는 애매한 상황이다.

남성의 경우에는 〈대상자 가〉처럼 숙식을 해결하기 위해 농촌에 인력을 제공하거나, 〈대상자 다〉처럼 북한 여성을 중국으로 끌어들이는 길잡이 역할임을 알 수 있다. 〈대상자 가〉의 남성은 걸식으로 들어간 한족 농촌가정에 일꾼으로 들어갔으나 운이 좋게 양아들로 입적되어 3년을 살게 된다. 그러나 한족 여성과의 결혼을 강요받아 북한인으로서의 정체성 상실로 고민한다. 〈대상자 나〉는 주변인에게 의료인으로서가 아닌 북한과 중국을 오가며 장사를 하는 장사꾼으로 인식되고 있다. 〈대상자 다〉는 중국행에 동행했던 작은누나를 한족 남성에게 강제 결혼시키는 것을 무기력하게 바라볼 수밖에 없었던 대상자가 오히려 길잡이와 중매인의 강요에 의해 인신매매꾼으로 변하게 되어 북한 여성을 중국으로 유인하는 역할을 맡게 된다. 〈대상자 마〉는 대상자가 머물게 된 중국농촌마을에 이미 대상자처럼 팔려온 북한 여성들이 수십 명이 있으나, 모두 속수무책으로 그곳에서 살 수밖에 없는 비참한 삶 자체였다.

어느 날 밥 빌어먹으려고 한족마을을 지나게 됐어요. 그러다 지금의 중국 양아버지를 만나게 된 건데……. 나와서 나한테 밥을 줬어요. 그게 인연이 돼서 농사일을 하루 이틀 돕다가 그 집에 주저앉은 거예요. 그 집에 아들이 죽어가지고 일할 사람이 없었어요. 딸만 둘이었거든요. 나중에는 한족 아저씨가 나를 양아들로 입적시켜줬어요. 그래서 내가 갑자기 북한 사람에서 한족이 돼버렸어. 호적을 세운 거지요. 중국은 땅이 커서 나라에서 인구조사를 일일이 못하거든요. 자녀가 죽었을 경우에 사망 신고를 해야 하는데 안 하는 사람도 많아요. 그래서 내가 양아버지의 죽은 아들 대신 그 이름으로 살아가는 거였어요. 그렇게 주민증도 발급받고 3년을 그 집에서 지냈어요. 중국 양아버지의 죽은 아들 역할하면서…… 머슴처럼 거친 농사일 다 도맡아서 하는 농부로 살아갔어요. 그러다 중국 한족 양아버지가 나보고 결혼하라면서 한족 여자하고 선을 보였어요. 그렇게 되니까 내 마음이 너무나 무거워지는 거야. 이제는 중국 사람으로 살면서 이 중국 가족들을 평생 먹여 살려야 하나…… 그런 생각이 드니까 두려워지는 거예요. 그리고 내가 한족 여자하고 살아서 자식을 낳아도 '나는 중국인이다.' 그렇게 말할 수도 없는 상황이구. 북한말을 쓰고 싶은데 쓸 수도 없구……. 먹고 살려고 북에서 중국 사람 집으로 들어가다 보니 내 정체성이란 것이 없었어요. 〈대상자 가〉

중국은 돈만 있으면 국적도 살 수 있고 호적도 살 수 있고 뭐든 다 할 수 있어요. 의사면허증도 살 수 있어요. 허가된 도에서만 진료할 수 있는 면허가 있고 전국 면허도 따로 있어요. 그런데 면허증을 살 돈이 없으니까 나는 북한과 중국을 오가며 장사를 꾸준히 해서 돈을 모았어요. 그리고 환자한테 개인진료 해주고 돈 받고……. 그러니까 의료직에 전념할 수가 없었어요. 주변사람들이 내가 지나가면 '저 여자는 의사가 아니라 장사꾼이라고……' 그렇게 수군거리고 그랬어요. 〈대상자 나〉

마을이 나오면서 길잡이가 소개하는 집으로 들어갔어요. 그 집서 차려주는 밥을 먹고 나니까 집주인 여자가 작은누나를 시집보내야 한다는 거야. 원래는 작은누나하고 나하고 중국에 와서 돈 벌면서

같이 살려고 온 건데……. 결국 중국 온 지 4일 만에 집주인 여자
가 작은누나를 길림에 사는 한족한테 시집보냈어요. 누나를 보내면
서도 내가 할 수 있는 일은 아무것도 없었어요. 처음엔 중매인이
남동생 딸린 여자를 데려갈 사람이 없으니까 나 보고 북한으로 다
시 가라는 거야……. 내가 길을 어떻게 알아서 가겠어요. 정말 충격
이지……. 그러더니 나한테 중국에서 살고 싶으면 북한 여자를 중
국으로 데려오는 일을 하래. 한마디로 인신매매하라는 거지. 작은누
나가 나보고 북한으로 가지 말고 차라리 시키는 대로 하라는 거야.
어쩔 수 없는 상황이었어요. 북한 사람이 북한 사람 속여 먹는 거
야. 결국엔 나도 살려니까 어쩔 수 없이 길잡이를 하게 됐지만…….
〈대상자 다〉

그렇게 국경을 넘어서 중국에 도착해서 1주일 있으니까 중매인이
나한테 선보라고 하더라구요. 시집 안 가면 중국에 거처가 없으니까
중국공안에 잡혀서 그대로 북송되는 건 불 보듯 뻔하지요. 중매인은
중국 남자한테 돈 받고 나를 소개시켜 주는 건데……. 결국 선을 봐
서 조선족 남자한테 가게 됐어요. 그 남자는 소를 팔아서 나를 데려
왔다고 하더라구요. 중국남편 따라 마을에 도착했는데…… 나 말고
도 북한 여자가 20여 명 더 있는 거야. 그런 여자들 중에는 정신 나
간 여자도 있었어요. 팔려온 여자들은 얼굴도 이상하게 변해요. 올
때는 예뻤는데 점점 일그러지게 되고…… 도망가야 또 잡히니까 처
음에는 엄두를 못 내요. 사람이 처음에 함정에 빠졌을 때는 빠져나
오려고 안간힘을 쓰게 되는데, 어느 순간 그게 소용없구나 알게 되
면 그냥 포기하게 되거든요. 밖에서 누가 도와주지 않으면 평생 빠
져 나오기 힘든 곳이에요. 목숨만 달렸지 내가 없는 거야. 내가 중국
남자하고 살면서 아들을 하나 낳았어요. 그런데 내가 중국 남자하고
산다고 해서 중국에 내 호적을 만들 수 있는 게 아니니까…… 자식
도 법적으로는 사생아인거예요. 중국에서는 내 자리만 없는 게 아니
라 자식 자리도 없는 거지요. 〈대상자 마〉

ⓖ 보호받을 수 없는 무국적자 삶의 불안과 위험

　식량 난민이 되어 중국으로 건너간 북한인은 중국에서 난민으로
인정받지 못하는 이유로 인해 기본적인 안전의 욕구를 누릴 수 없
다. 취약한 북한인의 입장을 이용하여 조선족이 임금을 착취하는 등
일상의 배려가 부족한 조선족의 태도는 배우지 못한 중국농촌사람
들에게까지 퍼져있다. 또한 〈대상자 다〉, 〈대상자 마〉는 외국불법체
류자인 북한인에게 북송의 위험으로 인해 수용소 생활을 하게 될지
도 모른다는 일상적 불안을 노출하고 있다.

　　처음 중국 가서는 할 일이 없으니까 깡통 주우면서 살았어요. 인생
　　밑바닥이었지요. 그런데 신변 안전에 대한 보장이 없으니까 누가
　　오라고만 해도 겁이 덜컥 나구……. 중국 민가에서 밥 빌어먹고 왕
　　청으로 갔어. 그곳에서 조선말 쓰는 사람을 만났는데 너무 반가운
　　거야……. 그래도 탈곡기 만드는 공장 사장이었어. 그런데 그 사장
　　이라는 새끼가 1960년대 북한에서 중국으로 가서 중국 국적도 있는
　　조선족이었는데, 중국 사람은 20원부터 40원 주는데 나한테는 하루
　　에 10원 준다고 했거든……. 그런데 마지막 날 노임 계산하는데 잠
　　재워준 값, 밥 먹여준 값 모두 제하는 거야. 그러니까 뭐 남겠어요.
　　그날 밤에 도망쳐 나왔는데…… 중국에서 조선말 쓰는 사람이 더
　　무섭다는 생각이 드는 거야. 〈대상자 가〉

　　북한 사람이 못 살아서 국적도 없이 중국으로 계속 넘어오니까 중
　　국 농촌에 배우지 못한 사람들까지도 북한 사람을 무시하고 깔봤어
　　요. 나라가 못 살다 보니까 개인들도 무시를 당하게 되고……. 〈대
　　상자 나〉

　　중국에서는 배는 부르지만 내 목숨을 유지하기가 힘들었어요. 거지
　　가 돼서 중국으로 넘어간 거니까 중국인들이 북한 사람을 천대하고

멸시하거든요. 여권도 신분도 없이 중국에 오게 되니까……. 중국에
서 사는 개만도 못한 신세가 되는 거예요. 그러니까…… 이번에는
배불리 먹어도 중국 경찰들의 눈이 무서운 거예요. 한국에서도 외
국인 불법체류자들을 외국으로 돌려보내듯이 중국에서도 북한 사람
들을 잡아서 북한으로 돌려보내거든요. 북한으로 돌려보내지는 것
이 문제가 아니라…… 북한의 교화소나 감옥에 갈 수 있다는 것 때
문에 그것이 가장 두렵고 큰 심리적인 고통인 거예요. 〈대상자 다〉

중국 마을에 한 민반을 책임지는 사람이 있는데…… 부녀주임이라
고 해요. 여기로 말하면 마을 반장 정도라 할 수 있겠지요. 그런데
중국 남편이 술질이 나빴어요. 술만 먹으면 꼬장했어. 술만 먹으면
나가서 동네 사람들 때려주고 행패부리고…… 집에 들어오면 나도
때려주고…… 나도 참다 참다 같이 싸우고 그랬어요. 그런데 동네
시끄럽게 하면 부녀주임이 욕먹거든요. 혹시 마을사람한테 신고당하
지 않을까 늘 마음이 불안했어요. 왜냐면 북한 여자 중에 마을 사람
한테 신고당해서 북송된 걸 나도 들었거든……. 그리고 조선족 남편
하고 살면서 조선족을 경험해 보니까 교육을 못 받고 그래선지 상
당히 바라졌어요…… .그저 내꺼…… 내꺼…… 내꺼만 움켜 쥘 줄
알았지…… 남을 배려하고 나누고 그런 걸 몰라요……. 〈대상자 마〉

ⓗ 고통스런 수용소 생활

　대상자들은 중국에서 북송되어 수용소 생활을 경험하게 된다. 그
들은 자국에서의 생활고에 대처하기 위해 중국으로 건너갔으나, 일
반이주민과는 다르게 출입에 심한 처벌이 적용되어, 자국에서 수용
소 생활을 해야 하는 정신적 · 육체적 고초를 겪는다. 즉 '자국의 보
호를 받을 수 없어 박해를 받을 우려가 있는 공포'를 느낀다는 점에
서 그들은 난민인 것이다.
　북송 경험은 다양한데 〈대상자 나〉는 2회의 한국행을 시도하다가

제3국인 베트남과 중국에서 각각 잡혀 1년씩 2년간을 중국 변방 구류소에서 지낸 후 북송되었다. 〈대상자 다〉는 인신매매를 하기 위해 두만강을 넘나들다가 80회째 뇌물을 받지 않는 국경경비대원에 걸려 북송되었으며, 〈대상자 마〉는 술주정이 심한 조선족 남편이 마을 사람들에게 행패를 부리고 대상자를 폭행하는 가운데 마을 부녀주임의 신고로 북송되었다.

중국에서 한국 가려다가 베트남에서 1번 잡혀가지고 1년을 중국에 있는 국제수용소에서 살았어요. 그런데 두 번째는 중국에서 잡혔어요. 그래서 내가 죽을 거란 생각이 들었지요. 두 번째라도 중국에서 잡힌 거라 한국 가려고 한 게 아니라고 우기면 되는데…… 첫 번째 한국 가려다 잡혀서 1년 수용소 생활했기 때문에 내가 할 말이 없어진 거예요. 두 번째 한국 갈 때는 잡히면 무기도형 아니면 죽을 거란 생각을 이미 했기 때문에 약을 준비해 갔어요. 진통제랑 해열제를 수십 알 가져갔거든요. 잡히면 약 먹을 거다. 각오 하고 갔으니까……. 그런데 잡힌 거예요. 그래서 순간 약을 다 먹어 버렸어요. 그래서 이삼일 쇼크에 빠져 있었다가 주사 맞고 살아 난 거예요. 그 다음에 중국 국제수용소로 다시 들어가서 1년을 더 살게 된 거지요. 〈대상자 나〉

중국에서 내가 북한 여자를 중국에 넘기는 인신매매에 발을 들이게 됐어요. 그래서 두만강을 80번이나 건넜어요. 우선 두만강을 건너려면 물길을 잘 알아야 돼요. 물높이, 물살 정도, 건너는 데 걸리는 시간을 미리 계산해 둬야 하고……. 1시간에 한 번씩 경비가 돌거든요. 일단 걸리면 먹을 걸 먼저 건네줘요. 걔네들도 배고프거든요. 배고픈 사람한테는 돈보다는 먹는 게 더 급해요. 돈 있어야 당장 뭘 살 수가 없으니까요. 그렇게 하면 거의 그냥 가라고 하는데…… 그게 안 되면 그 다음에 돈을 건네줘요. 그럼 거의 100% 보내줘요.

나는 먹는 것하고 담배하고 돈을 준비해 다녔어요. 그래서 무사히 국경을 넘나들 수 있었어요. 중간에 두 번 걸렸었는데…… 그래도 해결이 됐어요. 사실 상당히 위험한 일이에요. 걸리면 중벌을 면치 못하거든요. 그런데 마지막 80번째에 걸린 거야. 그 경비대원은 뇌물을 안 받아……. 그래서 북송돼서 수용소에 들어가게 됐어요. 〈대상자 다〉

중국에서 3년도 채 못 살았는데…… 마을 부녀주임이 중국남편하고 나를 고발했어요. 남편이 술 마시고 나 때려주고 해서 내가 같이 해대고 그랬거든요. 동네가 시끄러웠어요. 그래서 그렇게 한 거지요. 그런데 바쁜 건 나야. 내가 녹거든……. 중국남편은 조선족이었으니까……. 경찰들이 때려주고 벌금내고 끝났지만…… 나는 북한 사람이잖아. 부녀주임이 내가 북한 여자라고 고발해 버렸어요. 그래서 북송됐어요. 사람이 국적이 없으니까 사는 게 늘 위태롭구…… 억울해도 말할 곳이 없어……. 그렇게 북송돼서 수용소 생활을 했어요. 〈대상자 마〉

대상자들은 조사과정에서부터 심각한 성적수치심과 구타로 인한 육체적 고통을 경험한다. 특히 〈대상자 나〉나 〈대상자 마〉처럼 한국 가려다가 잡힌 경우와 〈대상자 다〉처럼 국경길잡이를 하면서 인신매매를 한 경우에는 그 수준은 더욱 심각하다. 중국에서 잡힌 경우 개인에 대한 문건이 북한으로 전달되지는 않지만, 대질신문으로 이어진다. 특히, 중국 변방구류소에 있었던 기간이 한 달 이상이 되면 한국행으로 간주되어 엄중히 다루어진다. 조사과정에서 개인은 공포와 충격을 경험하게 된다.

북한에서는 중국 감옥에 있는 기간이 길어질수록 죄가 더 무거운 걸로 생각하거든요. 그런데 한국가다 잡힌 경우에만 그렇게 오래 있게 해요. 왜냐면 중국에서 한국 가는 데 브로커가 끼잖아요. 그 사람들을 중국법으로 판결한다구요. 그래서 우리가 증인으로 남아 있어야 해요. 그런데 그 판결이 6개월 이상 있어야 나오는 거예요. 그러니까 우리는 판결이 나올 때까지 기다려야 하는 거예요. 증인을 서야 하니까……. 그걸 북한에서도 아는 거예요. 그래서 중국수용소에서 오래 있는 사람은 한국가려다 잡힌 거라고 확신하는 거지요. 그렇다고 문건이 따라 가지는 않아요. 그래도 중국서 30일 이상 수용소에 있었다면 북한에서는 대대적으로 조사하고 그래요. 나는 한국가려다가 3국에서 두 번씩이나 잡혀서 중국 국제수용소에서 각각 1년 있다가 북송돼서 조사받았거든요. 중국서 문건이 따라가질 않으니까 앞서 중국수용소에서 나온 여자들한테 나에 대해서 물어본 거예요. 나는 한국에 가고 싶어서 간 게 아니구 한국에 애 못 낳는 부부가 애 낳아주면 돈 준다고 해서 간 거라고 거짓말을 했어요. 그런데 먼저 중국수용소에서 같은 방에 있던 여자들이 나에 대해서 나쁘게 진술을 한 거예요. 그래야 그 여자들도 조사과정에서 한 대라도 덜 맞을 테니까 그랬겠지요. 그 여자들이 나를 기독교사상범으로 진술을 한 거예요. 내가 성경에 대해서 말해주고, 기도하고, 성가도 불렀다고 그러니까 조사관들이 '너는 대학까지 나온 여자가 먹는 게 바빠서 넘어간 게 아니고 사상에 문제가 있어서 넘어갔구나.' 그러는 거예요. 북한에서 사상범은 조사관들한테 승진 노른자거든요. 한 번 치면 나올 게 많다고 생각하는 거지요. 그러면서 서로 다른 3명의 조사관이 번갈아서 나를 조사해서 형량을 정하겠다는 거예요. 보통은 조사관 1명이 심문하고 마치거든요. 그러니까 살아남을 생각을 하지 말아야 하는 거예요. 조사과정에서 엄포를 놓으면서, 얼굴을 휘갈기며 때리고……. 〈대상자 나〉

중국에서 북송돼서 구류장으로 갔어……. 거기서 9일 동안 갇혀 있으면서 내 잘못을 다 고발하는 건데…… 그게 9일, 30일, 90일로 나뉘어져요. 나는 석 달을 구류장에 있으면서 조사를 받았는데…… 거기서 조사받고 판결을 받으면 교화소로 갈지, 노동훈련소로 갈지,

감옥에 갈지, 무기도형인지, 사형에 처할지 그런 걸 결정해서 내보
내거든. 6개월 판결나면 교화소로 간다든지 그런 기준이 있어요. 중
국에서 북송될 때 북한으로 문건이 따라가질 않아요. 그래서 북한
에서는 내가 중국에서 어떻게 살았는지 몰라요. 조사과정 중에 때
리면서 취조를 하는 거지요. 불게 하려구……. 북송돼서 처음 조사
받을 때 중국 남자하고 살다가 잡혔다, 그렇게 말하지 않았어요. 그
렇게 말하면 내가 알고 죄를 지은 거니까……. 도강죄에다가 조국
의 배신자라고 엄중하게 다루거든요. 중국에 있는 친척한테 식량
원조받아 오는 길이었다고 거짓말해서 덜 맞았어요. 그런데 나중에
는 한국 가려다가 중국 기차검열에서 잡혀가지고 북송됐어요. 그때
조사과정에서 죽도록 맞았어요. 한국 가려고 할 때 한 여자하고 나
하고 같이 있었거든. 둘 다 중국 신분증이 없으니까……. 내가 골
바꾼 한국 여권을 보여줬어요. 그런데 중국공안이 조회를 해본 거
예요. 거기서 걸렸어요. 북송돼서 보위부 조사를 받는데…… 같이
간 여자가 한국 가려 했다고 솔직하게 다 말을 한 거야. 보위부 사
람이 그 여자가 쓴 기록을 가지고 와서 나한테 들이 미는 거야. 그
런데 나는 끝까지 아니라고 우겼어. 그러니까 각목을 다리 사이에
껴 놓고 허벅지고 뭐고 가리지 않고 때리는데……. 그때 이가 부러
졌어요. 온몸이 퉁퉁 붓도록 맞았는데…… 혼자서 걸을 수도 없어
요. 죽기 바로 직전까지 맞았어요……. 조사받고 호실로 들어가기
전에 여자들도 팬티에 브라자까지 다 벗겨요. 그런데 남자 교도관
이 들어와서 그렇게 하거든요. 그러면서 젖가슴도 주무르고 음부에
숨긴 건 없는지 손가락 넣어서 속까지 다 찔러봐요. 그거보다 더
나가기도 해요. 〈대상자 마〉

나는 인신매매를 했기 때문에 죄질이 무거웠어요. 그래서 조사과정
에서 개머리판으로 10여 차례를 무자비하게 때리는 거예요. 얼리던
달래던 그건 조사관 마음이니까……. 내가 거짓말로 진술하다 보니
까 나중에는 내가 앞에서 뭐라고 말했는지 기억이 나질 않아서 다
른 진술하게 되고 그랬거든요. 그래서 또 맞구……. 조사를 마치고

나를 후송하는 데 7명이나 달라붙는 거예요. 내가 뭐 그렇게 대단
한 인물이라고……. 차가 없어서 7시간 정도 걸어서 본부라는 곳에
도착했어요. 거기서 옷 다 벗기고 혹시 돈 숨겼나 해서 창피하게
실이 똥구멍까지 다 벌려보라고 해요……. 처음에는 독방에 갇혀서
3일 있었어요. 이틀에 주먹밥 1개 나왔는데 춥고 배고파서 도망가
라고 해도 맥이 없어서 갈 수가 없을 정도였어요……. 〈대상자 다〉

또한 수용소 생활에서 기본적인 세안을 할 수 없어 생기는 악취
와 이가 득실거리는 비위생적인 환경, 영양결핍으로 인한 쇼크, 좁
은 공간에서 수감원들로부터, 간수로부터 겪게 되는 구타와 몰매,
체벌로 인한 육체적 고통뿐만 아니라, 미래가 종결된 절망감이 가득
한 무의미한 일상 속에서 정신적인 고통을 경험하게 된다. 수용소
생활은 약육강식의 세계로 해석된다.

호실 배정받아 들어갔는데…… 조그만 방에 7명이 같이 있었어…….
방문에 창살 있는 작은 문이 있는데 창살 문 앞에 사람들이 뒤로
일렬로 쭉 앉아요. 그런데 내가 제일 늦게 들어왔으니까 창살 문
바로 앞에 바짝 앉았거든요. 무릎 꿇고 손을 무릎 위에 놓고 30분
동안 가만히 있는 거예요. 창살 문 바로 앞에 앉은 사람은 간수가
보니까 움직일 수가 없다구……. 바로 뒤에 있는 사람들은 그래도
다리도 좀 펴고 앉고 해도 잘 안 보여. 그렇게 30분 앉아 있다 보
면 온몸이 저리고 굳어요. 좁은 공간에 공기는 희박하지요……. 먹
는 거는 옥수수가루 한 덩어리씩 주니까…… 비타민도 부족해지
고……. 그래서 사람들이 쇼크로 넘어지고…… 죽기도 하고 그래요.
좁은 방에 6~7명 정도가 있어요. 밤에 잠을 자는데 자리가 있어도
고통을 주느라 일부러 사람들을 앞뒤로 바짝 붙어 서라고 해요. 그
러면 앞 사람한테 촘촘히 붙잖아요. 그러면 그 상태에서 앉으라고
해요. 그럼 다리를 벌리고 안게 되지요. 다리를 약간 벌리게 하고

내 바로 앞 사람의 머리를 내 배 위에 올려놓고 자게 해요. 그런 식으로 모두 줄지어 자는 거예요. 사람 머리가 무겁다는 건 알았지만 그렇게 무거운 줄은 그때 알았어요. 나중에는 아랫배 뼈가 배겨서 너무나 아픈 거예요. 그래서 내 옷을 깔아 주고 그랬어요. 그렇게 하고 자게 해요. 내가 중국국제수용소에서 2번을 잡혀서 2년간 있었으니까…… 북한에서 볼 때 상당히 긴 기간이라고 생각할 수 있어요. 북한 가면 살아서 나갈 거라는 생각은 하지 않았어요. 그런 걸 알고 감옥에 있게 되니까……. 인간이 죽지도 못하면서 세상하고 격리돼서 사는 그 고통이 얼마나 큰 건지 알게 됐어요. 그 속에서 사느니 차라리 빨리 죽을 수만 있다면 그걸 선택했을 거예요. 죽고 싶어도 죽을 수 없는 그 고통이 더 혹독해요. 시계도 없이 지내면서 세 끼 먹을 거 나오면 오늘 하루가 갔구나…… 또 세 끼 나오면 오늘도 하루가 가는구나…… 하는 걸 알지요. 시간이 어떻게 흐르는지도 몰라요. 죽음을 기다리면서 느끼는 그 고독감은 혹독했어요. 그런데 무기도형받으면 평생을 그렇게 살아야 한다는 생각이 드니까……. 〈대상자 나〉

방에 들어갔더니 썩은 냄새는 코를 찌르고…… 사람들이 무릎을 꿇고 양손을 무릎에 올려놓고 앉아 있어요. 내 자리가 배정돼서 나도 무릎을 꿇고 두 손을 무릎에 얹고 앉아 있었어요. 한 시간은 괜찮게 보냈는데 몸을 움직이지 않고 손만 올려놓고 있으려니까 허리가 아프고 온몸이 쑤시고 아팠어요. 몸을 움직이면 방장이라는 사람이 기다란 약한 몽둥이로 내려치고……. 10분간 위생사업 시간이 있는데 그때 이를 잡는 거예요. 그 안에 들어오면 세수도 못하고 기본적으로 닦지를 못해요. 그러니 이는 우글거리고……. 나는 추운 겨울에 들어갔는데…… 방장이 새벽 2시에 느닷없이 깨워요. 겨울에 땔 나무가 왔다고 날라야 한다고 해서 깨웠는데…… 한 겨울 저녁에 밖에서 장갑도 없이 나무를 내리려니까…… 영하 50도는 될 거예요. 내가 사채기에 손을 좀 넣고 있었더니 갑자기 삽 등으로 내 머리를 때리는 거야. 무자비하게 때렸어요……. 처음에 오면 바로 수용소 문 앞에서 자야 돼요. 그래서 밤이 되면 창살 사이, 문틈 사이로 바람이 들어와……. 후에 들어온 사람들이 추위를 이기지 못해 나의 자리를 뺏는 거야. 30대 40대 사람들이었는데…… 내가 "야~ 이 개새끼야 이거 내 자리야 늦게 들어와 가지고 남의 자리 탐내지 말라……. 나도 그 자리에서 며칠을 떨면서 잤어." 내가 소리 지르니까 그 사람은 다른 사람들이 깨날까봐 아무 소리도 못하고 그냥 내 머리를 한 대 치고는 자기 자리로 돌아갔는데……. 수용소 생활이란 것이 나를 비롯해서 모든 사람들에게 나이 차이란 게 있을 수 없어요. 강자가 약자를 먹는 약육강식의 세계거든. 나는 상대적으로 나이도 어리고 강자도 아니었지만, 수용소에 먼저 들어왔다는 조건으로 강자가 되는 거지. 약육강식의 세계에는 예절도 나이도 모든 것이 필요 없어. 수용소 하루 일과는 아침 5시에 기상에서 11시에 취침이에요. 아침에는 5시에 기상해서 밖에 나가 달리기를 하는데 방에 들어올 때는 꼭 외워야 할 준칙이 있어요. "위대한 수령 김일성 동지께서는 다음과 같이 교시하시였습니다. 법을 어긴 사람은 누구나 다 법적 제제를 받아야 합니다. 공민은 누구나 다 법적 제제를 받아야 하며 자기잘못을 고치고 새 삶을 살아야 한다" 그런 내용인데……. 이곳에서 살아나갈지 죽어서 나갈지 모르지만 잘못을 뉘우친다면 나에게 차려지는 새 삶이란 과연 무엇인가? 나에게 물어봐도 그것의 의미를 모르겠고……. 그들이 말하는 새 삶의 조건은 무엇인가? 새 삶을 살려구 해도 새 삶을 살수가 없어요. 새 삶을 살게 나에게 터전을 만들어다오. 속으로 외치면서…… 교시문을 외웠어요. 〈대상자 다〉

문에 달린 창살들 사이로 사람 손이 들어가요. 간수가 창살 문 앞에 머리를 갖다 대 그러면서 창살 사이로 총 쏘시개를 밀어 넣어서 머리도 때리고, 얼굴 갖다 대 그러면서 손바닥으로 얼굴 갈기고…… 어떨 때는 벽에 머리 갖다 대라고 해요. 창살 사이로 긴 막대기를 넣어서 그걸로 머리를 벽에 탁탁 부딪치게 해서 때리는데…… 골 아파 죽어……. 간수가 때리는 데 이유가 없어요. 나는

중국에서 몇 년을 살다 오니까 갑자기 중국말이 튀어나올 때가 있
었어요. 간수가 구령을 붙이라고 하는데 순서대로 하나, 둘, 셋……
그렇게 하면 되는데, 내가 갑자기 셋을 말한다는 게 중국어로 '쓰안'
하고 튀어나온 거야. 그러니까 간수가 나보구 '중국 가서 살더니 북
한말도 잊었냐?'고 하면서 발길로 차고, 얼굴 갈기고……. 간수가
두 시간에 한 번씩 바뀌니까 간수에 따라서 규칙도 바뀌는 거야.
방장이라는 여자가 먼저 들어온 사람들하고 나를 자꾸 몰매주고 괴
롭히니까…… 내가 간수한테 고발했거든요. 그러니까 간수가 방 사
람들한테 다 나오라 해서 때려줬어요. 문은 허리를 구부려서 뒤로
해서 엉덩이부터 나가고, 들어갈 때는 허리를 완전히 숙여서 머리
부터 들어가는 개구멍 같은 크기에 문이에요. 그런 문으로 간수가
나오라 하면 한 명씩 드나들어요. 그런데 2시간 있다가 다른 간수
가 왔는데. 방사람 중에 어떤 여자가 나를 고발했어. 그 간수하고
무슨 관계가 있었는지……. 서로 잘 지내는 관계야. 그러니까 그 간
수가 이번에는 나를 나오라고 해서 때려주고…… 그 좁은 문으로
들어가면서 방 안에 있는 여자들이 내 머리채를 휘어잡고……. 그
렇게 방 사람들끼리 서로 괴롭히고 몰매주고 싸우고 그렇게 지냈어
요. 〈대상자 마〉

ⓘ 선택의 여지가 없었던 한국행

북송돼서 수용소 생활을 경험한 개인은 수용소 생활 안에서 삶의
자유가 얼마나 소중한지 경험하게 된다. 또한 수감생활 이후에도 자
국에서는 자신의 미래가 없음을 인식하고, 다시 중국으로 건너가 한
국행을 결심하게 된다. 〈대상자 가〉는 한족 여성과의 강요된 결혼을
피하여 자신의 정체성을 찾기 위해 한국에 가려고 북경한국대사관
으로 향한다. 〈대상자 나〉는 북한 수용소 수감 중에 중국간수의 도
움을 받아 중국으로 건너가 한국 갈 계획을 진행하며, 〈대상자 다〉
는 수용소 이송 중에 포승줄을 끊어 탈출에 성공하여 집으로 가 형

과 함께 급히 중국으로 건너가 중국에서 농촌 남성과 살고 있는 큰 누나를 만나게 된다. 큰누나가 한국 이산가족 프로그램을 진행하는 방송국에 연락하여 한국에 계신 큰아버지를 찾아 도움을 받고 삼형제가 동시에 한국으로 들어오려 한다. 〈대상자 마〉는 첫 번째 북한 수용소 생활 후 친정집에서 몸조리를 하게 되나, 친정어머니가 대상자가 살 곳은 중국이니 이번에는 오빠까지 중국 남편의 집으로 데려가라고 요구한다. 처음 중국에 가게 된 계기가 북한 가족을 위한 일이었기에 거절하지 못하고 오빠를 중국으로 데려가나 4년 만에 만나게 된 어머니와 크게 싸우고 헤어지게 된다. 그 후 친정오빠까지 더부살이를 하게 됨으로써 중국 가족의 지속적인 학대로 인해 가출하여 한국행을 선택한다. 〈대상자 라〉는 배우자가 참여자에게 한국행 계획을 숨긴 채 작은 배를 한 척 구입하여 중국에 가는 것으로 속여 한국행을 실행하게 된다.

내가 양아버지 만나기 전에 중국에 4년간 살면서 잡혀가지고 한 번 북송된 적이 있었어요. 수용소 생활하면서 고생 많이 했으니까……북한 가고 싶은 마음은 조금도 없었거든요. 내가 북한에다가는 오줌도 누고 싶지 않다고 했으니까……. 내 나라에서 살기 힘들어서 중국 간 건데 잡아가지고 맞고 울고 그랬잖아. 그런데 양아버지가 자꾸 중국 여자하고 결혼하라고 하니까…… 차라리 한국으로 가야겠다고 결심을 한 거예요. 그래서 나는 중국 양아버지한테 중국 광주에 가서 장사해 오겠다고 거짓말 하고 여비를 받아가지고 광주에서 북경으로 갔어요. 북경에 있는 한국대사관으로 가려고……. 〈대상자 가〉

중국감옥에서 북송돼서 북한수용소에서 1달 만에 나오게 됐는데, 나오고 나서야 누가 나를 도와줬는지 알게 됐어요. 중국수용소 간수가 내가 북송됐을 때 어디로 갔는지 알아보고 돈을 넣어 준 거예요. 그 간수는 중국 조선족이었는데…… 나하고 동갑이었어요. 2년을 같은 수용소에 있으면서 환자 생기면 내가 봐 주고 그랬거든요. 내가 의료인이어서 그나마 인격적인 대우를 받았어요. 그 간수하고 얘기도 많이 나누고 했는데……. 아무튼 그 간수가 내가 있던 북한 감옥으로 들어온 어떤 여자를 5천 원에 빼 주면서, 1,400원 더 써서 나를 같이 빼준 거예요. 중국서는 5만 원이 있어야지 보석으로 나가지만, 북한에서는 보통 5천 원이면 빼주거든요. 그런데 중국간수가 내 인생이 안됐다고 생각했는지 사비를 내서 나를 빼준 거예요. 나는 중국수용소에서 자살하려고 1주일간 물 한 모금 마시지 않았어요. 밥덩이 들어오면 다른 사람들한테 밀어주고 그렇게 1주일을 지냈는데…… 비틀거리면서 내가 걸어 다니는 거예요. 어떻게 그런 곳에서 살아났는지……. 다른 사람들은 잘도 죽어서 나가던데……. 수용소에서 죽어 나가는 사람 많이 봤거든요. 그런데 난 죽는 것도 쉽게 되질 않는 거예요. 그렇게 수용소에서 죽는 것도 쉽지 않다는 걸 알게 되면서부터 그때 인간에게 자유는 목숨보다 더 필요한 거구나 하는 걸 감옥에서 알게 됐어요. 그래서 내가 만일 여기서 나갈 수만 있다면 나는 또 한국 갈 거다. 꼭 간다. 절박하니까 더 간절해지더라구요. 그런데 감옥에서 나오게 된 거잖아요. 중국간수가 나보고 어디로 갈 거냐고 물어 보기에 내가 다시 한국에 갈 거라고 했지요. 북한에서 살 수도 없고……. 그러니까 그 간수가 보위부 사람들한테 돈을 따로 줘서 나를 북한에서 중국까지 다시 데려다 줬어요. '앞으로 잡히지 말고 한국에 잘 가라' 북한에서 미래는 없으니까……. 그렇다고 중국에서 자기도 돈이 푼푼한 사람이 아니니까 나를 빼내준 돈은 꼭 갚으라고 하면서…… 꼭 연락하라고…… 그랬어요. 그 사람이 도와줘서 한국에 올 수 있었어요. 〈대상자 나〉

청진교도소로 이송하던 중에 간신히 포승줄을 끊었어요. 탈출하지 않으면 사는 건 끝장이라고 봐야 돼요. 포승은 옆사람 한 손 나의 손 하나를 묶어 놓아서 한 손은 남아 있었어요. 내가 손으로 포승

끈을 잡아 당겼더니 생각처럼 쉽게 끊어지진 않았어요. 내가 남은 한 손을 움직이니까 경찰이 움직이지 말라고 고함을 치더라구요. 그런데 같이 갔던 내 앞에 있던 여자들은 어디서 주웠는지 유리 조각으로 끈을 자르고 있었어요. 나도 이것을 보고 입으로 끈을 몇 십 번을 물어뜯었더니 끈이 끊어졌어요. 드디어 목적지에 도착해서 차에서 내리는 순간 우리 앞에서 유리조각으로 끈을 끊던 여자 두 명하고 나 그리고 몇 명의 사람들은 사방팔방으로 뿔뿔이 도망을 쳤어요. 나도 그 속에 끼어서 뒤도 돌아보지 않고 뛰고 또 뛰었거든. 30분을 뛰고 나서야 뒤를 돌아보니 따라오는 사람이 없었어요. 드디어 탈출에 성공한 거지요. 탈출해서 집에 돌아오니까 형이 있었어요. 그래서 형한테 내가 경찰들에게 우리 집 주소를 사실대로 말했으니 우리는 지금 중국으로 다시 가야 된다고 해서 다시 중국으로 간 거예요. 그런데 내가 수용소에 가 있던 사이에 거의 3년 동안 소식도 모르고 지냈던 큰누나가 우리 보고 싶다고 몰래 도강을 해서 북한 집에 주소를 남겨두고 갔어요. 그래서 중국 가서 큰누나하고 연결이 된 거지요. 작은누나는 인신매매돼서 빠졌지만 우리 3형제들이 중국에서 다시 만나게 된 거예요. 거기서 한국에 가야겠다 생각하게 된 거지요. 큰누나가 중국집에서 TV를 열심히 보다가 한국방송국에 이산가족 찾는 곳에 편지를 보냈어요. 한국 가고 싶어서……. 한국에서 그 편지 내용이 읽혀지고 그랬나 봐요. 근데 다행히 큰아버지 친구 분이 큰아버지한테 연락을 해서 큰아버지가 수천만 원을 들여서 우리 형제들을 한국에 오도록 도와주신 거예요. 〈대상자 다〉

남편은 중국으로 수산물을 나르는 선박 일을 해서 배를 많이 봤어요. 배를 타기도 했구요. 그런데 워낙 배 멀미를 많이 해서 배 안에서는 점심도 못 먹을 정도로 유명했어요. 주변 사람들이 남편이 뱃일에 적합하지 않다고 생각했다는 거예요. 그랬는데…… 오래전부터 한국행을 결심하면서부터 유심히 배를 어떻게 움직이는지 어떻게 고치는지 그런 걸 사람들이 눈치 채지 못하게 눈여겨봤다는 거예요. 마음속으로는 오랫동안을 준비해 온 거였어요. 그래서 한국 서해안을 타고 오려고 배를 하나 마련했다는 거예요. 그런데 난 그런 사실을 전혀 몰랐어요. 〈대상자 라〉

처음 수용소 생활 마치고 친정집에서 거의 20일 만에 몸을 좀 추스르게 되니까 엄마가 내가 있을 곳은 중국이니까 다시 중국으로 가라는 거예요. 내가 살던 습관도 있지만 애도 있고 그러니까…… 다시 가래요. 그런데 이번에는 친정오빠까지 데리고 중국에 있는 우리 집엘 가라는 거예요. 식량 사정이 4년 전이나 차이가 없다고…… 먹고 살기는 여전히 힘들다는 거예요. 먹고살려고 어린 나이에 내가 아무도 없는 중국까지 가서 중국 남자하고 살면서 얼마나 마음고생을 했는데, 그 심정은 알아주지도 않구…… 또 가라고 하는 거예요. 그래서 4년 만에 만난 엄마하고 대판 싸우고 헤어졌어요. 할 수 없이 오빠를 데리고 중국에 있는 우리 집엘 갔어요. 그런데 중국에 와서 오빠가 집 밖을 나가서 2~3일에 한 번씩 찾아와서는 중국 남편한테 돈 받아 가고 그랬어요. 그렇게 2년을 더 살았는데……. 나도 나중에는 남편한테 정말 미안해지는 거예요. 그러니까 옆집에 사는 중국 시어머니가 찾아와서 나를 깨물고 때려주고 그랬어요. 오빠까지 와서 살기 힘들게 만들었다 그거지요. 남편도 처음에는 말려주고 그러더니 나중에는 같이 때리는 거예요. 도저히 살 수가 없었어요. 그 상황에 중국 시누이들이 시어머니가 아프다고 나보고 모시고 살래……. 그래서 야밤에 몰래 집을 도망쳐 나왔어요. 도망쳐 나오기는 했는데 갈 곳이 없는 거예요. 빈집에 숨어서 잤는데…… 누가 들어올까 봐 신발을 꼭 신고 잤어요. 정말 산다는 게 목숨만 달렸지 사는 게 아니었어요. 북한에서도 중국에서도 내 인생은 더 이상 없는 거였으니까……. 그래서 한국엘 가야겠다는 생각을 하게 된 거예요. 전에 중국 마을에서 한국으로 가는 북한 사람들을 모집한다는 걸 들어서 알고 있었는데, 수용소에서도 한국 나가다 잡힌 여자가 해준 얘기가 있었어요. 갑자기 그게 떠오르는 거야. '아! 이런 방법도 있었구나……' 그래서 한국엘 가야겠다 생각한 거지요. 〈대상자 마〉

ⓙ 제3국 통과의 시련을 거쳐 자의적·한국입국을 모른 채
   비자의적으로 입국함

대상자의 북한에서 한국으로 입국하는 경로는 제3국을 통과하는 방법과 북한에서 한국으로 직접 들어오는 방법으로 나뉜다. 〈대상자 가〉는 중국 북경에 위치한 한국대사관으로 찾아가서 자신이 중국 서류상으로는 한족이나, 사실은 새터민임을 밝혀야 하는 어려움에 봉착한다. 첫 심사에서 통과하지 못하여 대사관 앞에서 3일을 노숙하며 불안한 시간을 보낸다. 〈대상자 나〉는 중국에서 베트남을 거쳐 태국으로 들어온다. 중국에서 베트남을 건너는 과정에서 메콩강 유역을 거치게 되는데 국경순찰대원에게 불법입국자임이 발각이 되어 산으로 피신하게 된다. 그러나 위협사격과 함께 수색대에 쫓기게 된다. 〈대상자 다〉 역시 베트남에서 태국을 통과하는 과정에서 베트남 국경에서 걸려 이튿날 북송될 것이라는 통지를 받고 건물에 갇히게 된다. 〈대상자 마〉는 중국에서 꼬치집과 노래방 등에서 브로커비용을 벌어 한국으로 출발했으나 베트남 국경에서 걸려 난민수용소에서 6개월간 생활하게 된다. 〈대상자 가〉, 〈대상자 나〉, 〈대상자 다〉와 〈대상자 마〉는 제3국을 거쳐 한국에 들어오게 된 경우라 할 수 있다. 제3국 통과 과정 역시 대상자들에게 또 다른 심리적 충격의 원인이 된다. 〈대상자 라〉는 식량 원조를 받기 위해 중국으로 가자는 배우자의 제안에 아무런 의심도 없이 따라 나선 경우라 자신이 한국으로 오는지 사전에 알지 못한 경우이다. 이 새터민의 경우는 북한에서 한국의 서해안을 타고 2시간 만에 직접 들어온 경우라 할 수 있다.

북경 한국 대사관에 문이 두 개가 있는데 첫 번째 문을 통과해야 두 번째 문 안에 있는 한국영사를 만날 수 있어요. 그런데 첫 번째

문을 통과하는 게 쉽지가 않아. 내가 첫 번째 문에 있는 사람들한테 '나는 북한 사람이다 그런데 한국에 가고 싶다.' 그렇게 말했어요. 한족 신분증이 있지만 북한 사람이라고 하니까 첫 번째 문을 통과시켜 줬어요. 들어와서 대사관직원들하고 이야길하는데 나보고 정신환자라는 거야. 내가 중국서 중국 양아버지 가족들하고 3년 살다보니까 중국어를 진짜 한족만큼은 아니어도 의사소통하는 데는 지장 없이 잘했어요. 그러니까 더 안 믿는 거야. 나보고 '조선족이냐' 그래서 '아니다. 나는 북한 사람이다. 한국 가게 해 달라 그랬어요.' 직원들이 뭘 조사했는지 내가 한족이 분명하다면서 문 밖으로 나가라는 거예요. 내가 싫다고 하니까 경찰을 불렀어요. 그래서 문 밖으로 쫓겨났어요. 경찰이 나보고 한 번만 더 대사관 앞에 있는 거 보이면 그대로 북한으로 데려가겠다는 거예요. 북경 대사관 앞으로 강이 흘러요. 그 옆에는 캐나다 대사관이 있고……. 대사관들이 몰려 있어요. 그래선지 아침이 되면 강을 끼고 저기서부터 중국 경찰 소대가 검열을 하러 와요. 총도 갖고 있어요. 어떤 사람은 가짜 여권 들이대다가 대사관 심사에 떨어져서 그 자리에서 북송되는 사람들도 봤어요. 난 그런 건 아니었지만…… 문 앞에 있는 직원들이 '너 아직도 안 갔니?' 그러잖아. 내가 3일을 대사관 앞 강가에서 잤거든요. 경찰들도 왔다갔다 하고……. 혹시 나도 북송될까봐 걱정은 됐지. 〈대상자 가〉

한국에 오려고 하다가 베트남에서 한 번, 중국에서 한 번 잡혀서 2년 1개월 수용소에서 살았으니까…… 세 번째는 각오를 단단히 했어요. 한국 올 때 태국으로 왔는데, 중국 운남성 거쳐 라오스 베트남 삼각지대를 거쳤어요. 그때 메콩강 지역에서 잡힐 뻔했거든요. 배를 타고 메콩강을 건널 때 배가 고장났어요. 메콩강이 엄청 커요. 정말 바다 같아요. 얼마나 크냐면 강안에 섬들이 있을 정도니까. 그래서 섬에 머물렀어요. 그때 배주인만 원주민이었는데 순찰정이 올라왔어요. 배주인 원주민이 우리들이 관광객이라고 하니까 가버렸는데, 순찰정이 다시 오는 게 보이는 거예요. 배주인이 '수상하다. 다시 내려오는 일이 없는데……' 하는 거예요. 그래서 그 섬에서 뭍으로 옮겼어요. 배가 오는 게 보였으니까 뭍에 연결된 산으로 올라가야 하는데 그 산이 한국에 있는 그런 평범한 산이 아니에요. 야산인데 풀이 빼곡해서 갇혀 버릴 수 있는 그런 수풀이었어요. 엎드리면 위에는 가지가 덮여서 헤치고 나가기가 정말 힘겨운 그런 숲이었거든요. 어느 정도 갔는데 밑에서 위협사격을 한 발 쏘는 거예요. 더 올라가지도 못하고 한 30분 숨죽이고 가만히 있었어요. 그런데 원주민이 여러 명 올라오는 소리가 들리더라구요. 그 사람들은 산 잘 타는 원주민이라 그런지 올라오는 소리가 빨라지더라구요. 〈대상자 나〉

한국에 올 때도 수월하게 온 건 아니었어요. 베트남 국경에서 걸려서 북송될 뻔했어요. 베트남에서 태국을 거쳐 가는데 그때 잡혔어요. 브로커한테 돈 다 주고 오기로 했는데…… 경비대에 잡혀서 아파트 같은 데 갇혀 있었어요. 내일 아침에 북송시킨다는 거예요. 내 속으로 만일 북송되면 여기서 뛰어내려 죽어야 하나 아니면 무조건 도망가야 하나……. 이렇게 북한에 가면 이번에는 가짜 여권이고 문건들이 있으니까…… 잡히면 완전히 사형이겠구나 싶었지요. 〈대상자 다〉

중국 가서 한국에 가려니까 돈이 없잖아요. 그렇다고 한국에서 나 도와줄 사람도 없구……. 그래서 브로커한테 한국에서 말 먹은 사람이라도 소개시켜 달라고 했어요. 너무나 한국 가고 싶어서……. 그랬는데 진짜로 한국에서 말 먹은 사람이 온 거예요. 막상 선을 보니까 내가 한국에 가더라도 이런 사람하고 살아야 하는 구나 하는 생각이 들더라구. 그래서 싫다고 했어요. 그래서 돈만 벌 수 있다면 가리지 않고 다 했어요. 노래방에서도 일하고, 술집에서도 일하고…… 꼬치집에서도 일하면서 돈 벌 수 있다면 가리지 않고 다 했어요. 그렇게 해서 중국에서 출발했는데, 베트남에서 잡혀서 난민 수용소에 6개월 있었어요……. 하얀 놈…… 까만 놈…… 못 보던 놈들이 다 있어……. 그런데 베트남 날씨가 너무나 더운 거야……. 비좁은 방에 100여 명 정도가 자는데…… 너무 좁으니까 옆으로 자

야 돼. 숨이 확 막히지. 서로 가방으로 치고 때리고……. 그런 데다
피부병 있는 사람이 있어서 나도 옮았어. 날씨는 더운데…… 수용
소 방 안에 화장실 1개 있고 수도꼭지 한 개 있는데 제대로 닦지도
못하고……. 얼마 지나니까 열이 나고 온몸이 가렵고…… 거의 죽
다시피 했지……. 베트남 날씨에 내가 지친데다가 한국에 언제 가
게 될지 모르겠구……. 못 가면 다시 북송될까봐…….〈대상자 마〉

나는 국정원에서부터 북에 다시 간다고 했어요. 나 같은 경우에는
한국에 오는 걸 모르고 왔으니까…… 계속 간다고 했지요. 그래서
국정원에서도 보름 정도 밥을 일체 안 먹었어요. 직원들이 내 생전
못 보던 고급 음식에 과일들을 내 놓는데도 일체 안 먹었어요. 다
시 북에 보내 달라고 계속 졸랐어요. 북에 다시 가야 했던 이유는 2
살, 5살 된 아이들을 시어머니한테 맡기고 남편 따라 나선 거라 한
국에 있을 이유가 없었던 거예요. 2시간 전까지만 해도 남편이 한
국으로 갈 줄 누가 알았겠어요. 알았으면 아마 안 왔을 거예요. 나
살자고 어떻게 자식을 둘이나 놓고 올 생각을 했겠어요. 몰랐으니
까 따라 나섰지요. 남편이 중국 나가서 식량 얻어 오려고 작은 배
를 하나 샀다고 해서 그런 줄 알고 탔던 거예요. 도착하게 되면 알
려준다 해서 그런 줄 알고 잤어요. 나는 중국에 가본 적이 전혀 없
었지만, 남편은 몇 번 갔다 왔거든요. 그래서 믿었지요.〈대상자 라〉

　제3국에서 어려움에 봉착하게 되나 〈대상자 가〉는 드디어 한글로
자신이 북한 사람이라는 편지를 써 영사에게 전달되도록 부탁한다.
담당영사의 면밀한 면접에 통과하여 인천공항으로 직접 들어오게
된다. 〈대상자 나〉는 산에 숨은 대상자를 찾기 위해 올라오는 원주
민수색대원과 눈이 마주치게 되자 뇌물을 주어 내려가도록 하여 간
신히 베트남을 통과하여 태국을 거쳐 한국으로 들어온다. 〈대상자
다〉 역시 베트남 국경 경비대원에게 뇌물을 주어 해결했으며, 〈대상

자 마〉는 베트남 난민수용소에 종교단체 NGO들이 대상자가 조선족이 아닌 새터민임을 증명할 수 있는 면접 절차를 밟아 UNHCR을 통과할 수 있도록 해주어 〈대상자 라〉를 제외한 4가지 사례는 한국에 자발적인 의지로 들어오게 된 경우라고 할 수 있다. 그러나 〈대상자 라〉는 자신이 한국에 들어오는지조차 알지 못한 채 중국으로 간다는 배우자의 제안에 자녀 둘을 시어머니에게 맡기고 따라나선 경우이다. 따라서 2시간 만에 느닷없이 한국에 들어오게 된 비자발적 입국형식을 띤다. 따라서 입국 후 대성공사에서부터 다시 북한으로 보내줄 것을 강력히 요구하는 것으로 한국생활을 시작한다.

북경대사관에서 첫 심사에서 쫓겨났지만 그 앞에서 3일을 지내다가 마침내 내가 종이에다가 한글로 '나는 정말로 한국에 가고 싶습니다. 한족이 아니라 북한 사람이 맞습니다.' 그렇게 써서 대사관 첫 번째 문 앞에 있는 사람한테 내 편지를 안으로 넣어달라고 했어요. 그 사람들은 중국 사람이니까 한글을 못 읽어. 그러니까 그 종이를 거꾸로 봤다 옆으로 봤다 그러다…… 대사관 직원한테 전해 줬어요. 얼마 있다가 직원이 첫 번째 문 안으로 들어가라는 거예요. 들어와서 한참 기다렸는데 드디어 두 번째 문이 열렸어. 한국영사가 나보고 종이에 쓴 글 정말 내가 쓴 거 맞냐는 거야. 그래서 그렇다고 그랬지. 두 번째 문이 열려도 영사한테 직접 가는 것이 아니고 선(line)이 그어져 있는데…… 영사가 선 안으로 들어오라고 해야 들어 갈 수 있어. 한국에 가고 싶은 마음이 있으면 선 안으로 들어가면 되는 거야. 그래서 들어가겠다고 했어. 막상 영사하고 만나서 면접 심사를 보는데…… 북한말이 안 나오고 자꾸 중국말이 나오는 거야. 긴장되니까…… 더 중국말이 나오는 거야. 그랬더니 영사가 얼굴을 찌푸리더라구. 그러면서 면접내용을 한글로 타이핑 쳐서 종이를 주셨어. 질문 내용을 한글로 다 쓰라는 거야. 그리고 중국어로도 다 써보래. 한국어가 얼른 나오지는 안아도 말은 다 알아들으니까…… 정말 솔직하게 썼어요. 그래서 한국행이 결정된 건데……. 그 과정이 정말 피 말리는 시간이었어요. 심사에 통과해서 나는 비행기 타고 인천공항으로 곧장 왔어요. 〈대상자 가〉

산에서 수색대원들 중 한 사람과 우리하고 눈이 딱 마주친 거예요. 그 사람도 놀라는 표정이었는데, 일행 중에 한족 아저씨가 있었어요. 접경지역이라 한족들이 많이 살았나봐요. 중국어를 잘하더라구요. 그 원주민한테 오라고 손짓을 하니까 겁먹을 표정을 하면서 다가오더라구요. 물어보니까 아래 있는 경찰들이 우리를 잡아 오라고 했다는 거예요. 그래서 '우리는 나쁜 사람이 아니다. 배고파서 여길 넘어가려는 거다. 북한 사람은 아니다. 그러니까 내려가면 우리 못 본 걸로 해 달라.' 그렇게 말하고 갖고 있는 중국 돈을 모아서 500원을 줬어요. 그랬더니 그 사람이 내려가면서 같이 올라온 사람들을 모두 부르더라구요. 조금 있으니까 경찰들이 모두 가버렸어요. 그때 정말 죽는 줄 알았어요. 심장이 정말 콩알만 해지고…… 정말 간신히 살아서 한국에 들어오게 된 거예요.〈대상자 나〉

그런데 베트남 국경경비대도 다 돈 받고 하는 일이라 결국 해결돼서 넘어갔는데…… 그 조마조마했던 하루가 십년은 되는 거 같았어요.〈대상자 다〉

난민수용소에 여러 종교단체 사람들이 와서 내가 한국갈 수 있도록 면담하고 종이를 주고 가요……. 거기에 질문이 많이 있는데 내가 진짜 북한 사람인지 아니면 조선족인지 그거 가려내려고 북한에서 인민 초등학교 때 배운 노래 불러봐라…… 북한말 써봐라…… 그런 거 시켜 보고…… 질문지를 놓고 가요. 질문지에 답을 해서 그 종이를 편지함에 넣어 두면 그 사람들이 가져가고…… 찾아와서 다시 질문하고 내가 대답하고…… 질문지는 편지함에 또 넣어두고…… 그렇게 해서 UN난민사무소 심사를 거쳐서 한국에 들어온 거예요. 수용소에 있는 6개월 동안 베트남 날씨 때문에 내가 지친데다가,

한국에 갈 수 있는지 없는지 신경 쓰는 게 보통이 아니었어요. 〈대
상자 마〉

새벽쯤 되니까 저기 멀리서 한국 국기가 보이는 거예요. 그때까지
만 해도 그게 태극기인지도 몰랐어요. 북한은 갇힌 곳이라 바깥세
상 본 적이 없었기 때문에 볼 일이 없었거든요. 알고 보니 남편이
서해안 따라서 한국으로 들어온 거였어요. 정말 충격이었지요. 〈대
상자 라〉

2. 예상하지 않았던 충격과 혼란

ⓐ 입국 직후부터 하나원 교육시기:
　보호된 세계에서 직면한 충격과 희망의 엇갈림

　난민으로서의 새터민들은 새로운 세계에 들어서게 되면서 북한이
나 중국에서 살았던 삶의 수준을 한국과 비교하게 됨으로써 심리적
인 충격을 받게 된다. 대체로 이주를 받는 국가의 다수는 개인주의
가 우세한 선진화된 국가인 반면 들어오는 이주자는 집단주의가 우
세한 개발도상국 출신들이라 할 수 있다.(Bourhis et al., 1997) 새터
민의 경우도 예외는 아니다. 〈대상자 가〉는 인천공항에 내려서면서
부터 한국의 외현적 문화수준에 충격을 받는다. 대상자는 향후 한국
생활을 감당해 나갈 수 있을 것인지에 대한 불안감을 감지한다. 〈대
상자 라〉는 갑자기 북한에서 2시간 만에 한국에 들어와 보니 전혀
다른 세계에 놓여진 자신을 발견하게 된다. 북에서는 한국의 영세민
수준이 상류층이라 한국이 잘산다는 것은 이미 알고 있었지만 영세

민 수준 이하 사람이 없는 것으로 생각해 왔었다고 한다. 〈대상자 마〉는 북한에서 살기 힘들어 그나마 경제적 수준이 나은 중국 조선 족과 생활하였으나 그 생활수준은 상당히 비참함을 발견할 수 있다.

중국 건너가서 몇 년을 인간 최하 밑바닥 생활을 했었어요. 그러다 농촌에 들어가서 맨발로 농사지으며 3년을 살았었거든요. 한국이 잘산다는 건 중국서도 들어서 알았지만 현실이 어떤지 몰라서 북경 대사관 심사 때 직원들한테 물어봤는데…… 아무 대답이 없는 거예요. 내가 영향을 받을까 봐 그랬는지…… 비행기에서는 사람들이 한국가면 생활비도 주고, 집도 주고 그런다면서……. 북한이나 중국 하고는 비교할 것도 없이 살기 좋을 거라고 하는 거예요. 그래도 실감은 안 났는데……. 결국엔 내가 인천공항에 내려서 직접 보구 알았어요. 인천공항에 처음 내렸는데…… 사람들이 핸드폰 들고 왔 다갔다하면서 이야기하고, 자동차들은 계속해서 지나가고, 사람들이 입은 옷 보면서 '아! 나한테는 남한이란 곳이 정말 살기 힘든 곳이 겠구나. 내가 이런 곳에서 살아갈 수 있을까! …… 그런 생각이 탁 드는 거예요. 〈대상자 가〉

북한에서 살았다 해야…… 지금 한국에 영세민 생활 정도가 상층급 이라 할 수 있어요. 북에서도 한국이 잘산다는 건 다 알고 있어요. 그런데 일반주민들이 잘사는 정도의 높이를 알 수가 없으니까…… 한국이 어느 정도 잘 사는지를 모르는 거예요. 생활의 높이를 보고 들은 게 없으니까 상상을 할 수 없는 거예요. 북한생활 정도를 기 준으로 해서, 영세민 수준 이하 사람이 없다는 거겠지…… 그 정도 로 생각한 거예요. 나 같은 경우에는 중국을 거쳐 온 경우가 아니 고 남편 따라 서해안 타고 2시간 만에 여길 왔으니까…… 완전히 북한 사람이라고 생각할 수 있겠지요. 중국 거쳐 온 사람들은 거기 서 도시 생활했으면 아마 한국 와서 충격받지 않았을 거예요. 중국 서 봤을 테니까……. 그런데 나는 한 번도 본 적이 없었어요. 그런

126

데 갑자기 자동차들이 다니고, 밤에 잠이 안 오니까 창 밖을 보는데 불빛들이 꺼지질 않는데 정말 놀라웠어요. 그 불빛에 놀랐어요. 그리고 나는 국정원에서 조사 안 받았거든요. 남편이 중국 간다고 속여서 온 거니까…… 그 과정에서 직원 분들이 음식하고 과일도 갖다 주셨는데 다 고급인 거예요. 북에서는 보지도 못했던……. 그때 '아! 대한민국이 잘산다고 하더니 그게 이런 거였구나. 정말 내 상상 밖에 세상이구나……'.〈대상자 라〉

중국 조선족 남편하고 살았을 때 집에 문도 없어서 담요 같은 거를 문 대신 걸쳐 놓고 살구…… 먹는 거는 소금 조금 넣은 옥수수가루 죽하고 밀빵이 다구…… 반찬 같은 건 없어. 마을에 공중전화 1대 있고, 집안에 흑백 TV 아주 아주 옛날 거 한 대 정도 있는 정도였어요……. 밀농사를 주로 지으니까…… 나도 나가서 농사일 돕고 살았구요. 그런데 한국에 오니까 대성 공사에서도 화장실, 샤워실 모두 다 잘 꾸며졌고, 건물에 설비들이 정말 내가 생각했던 기준을 초월할 정도였어요.〈대상자 마〉

한국 영토에 들어서면서부터 새터민들은 안도감을 느끼게 되나, 대성공사에서의 심사를 통과하여 하나원에 들어서면서부터는 긴장감이 완전히 해소되면서 심리적으로 더욱 편안함을 느끼게 된다. 이때부터 자신의 현 상황을 뚜렷이 인식하게 되면서, 두고 온 자녀에 대한 상실감과 자기 자신에 대한 상실감을 느끼며 애달픔과 서글픔에 젖게 된다.

그런데 하나원에 있을 때…… 북한노래를 부르는데…… 자식들이 보고 싶어서 나도 모르게 눈물이 흐르는 거예요. 다시 갈 수만 있다면 남편이고 뭐고 상관없이 그냥 가고 싶은데…… 그럴 수도 없으니 괴롭기만 하고…… 베게를 머리에 갖다 대면 그때부터 눈물이

나오고…… 잠을 잘 수가 없었어요. 내가 북에서 둘째 아이를 품안
에 데리고 잤거든요. 그런데 갑자기 품 안이 허전하구 그러니까 단
하루를 살기도 힘들었어요. 이게 현실이라는 게 믿을 수가 없
고…….〈대상자 라〉

한국에 들어오기 전까지는 내가 살지 죽을지 모르니까 자식이고 뭐
도 생각할 수도 없었는데 하나원부터는 긴장이 풀려 그런지 아침
작업하기 전에 국기에 대한 경례를 하는데 갑작이 눈물이 주르르
나오는 거야 한국에 온 거는 좋은데…… 중국에 두고 온 아이가 생
각나서…… 살면서 애를 데려올 수 있을까 그런 생각이 스치고……
하나원에 가족 방이 있거든요. 거의 큰 애들이지만 그래도 자식하
고 같이 온 사람들 보면 나도 중국에 두고 온 아이가 떠오르구…….
〈대상자 마〉

하나원에 들어와서부터는 정말 마음이 푹 놓이고 너무 좋은 거예요.
그런데 어느 날 거울을 유심히 보게 됐어요. 내가 너무나 삭막해
보이는 거예요. 2시간이면 올 거리를 4년이나 걸려서 왔거든요. 수
용소에서 2년 넘게 살면서 고생을 너무 많이 해서 그런지 동안이었
던 내 모습은 늙어 보이고……. 4년이란 시간을 허비하면서 고생고
생해서 한국엘 들어온건데……. 지나간 시간이 너무나 아깝고 허망
한 거예요…….〈대상자 나〉

　개인이 살고자 하는 국가에 대한 충분한 정보와 준비기간을 갖고
자국을 유연하게 출입하면서 미래를 준비할 여유가 있는 일반 이주
민과는 달리 자국의 경제적·정치적 사안으로 생존의 공포를 느끼
며 떠난 난민의 경우에는 살고자 하는 나라에 대한 충분한 준비를
할 수가 없었다. 난민이었던 새터민들은 3개월간의 하나원 교육을
통해 한국의 내면을 들여다보면서 미래에 대한 두려움과 희망을 동

시에 느끼게 된다. 낯선 문화권에 들어와 그들이 느끼는 삶에 두려움은 자본주의식 삶에서 요구되는 물질적 성공, 적응의 어려움, 신용과 약속에 대한 의미 및 남북한 말씨의 상이성 극복임을 드러내고 있다.

하나원 교육시간에 그래도 남한에서 성공했다고 하는 새터민이 와서 성공담을 말해주는데…… 여기가 자본주의라 그런지 돈 많이 벌어야 성공한 걸로 들리는 거예요. 그게 정말 정신적으로 부담되더라구요. 차라리 북한출신 사람들에 장단점을 아니까 하나원에서 나가면 이렇게 사는 것이 정신적으로 좋다. 이렇게 하면 방황하지 않는다. 뭐 그런 교육내용이면 실제로 사는 데 지침이 되니까 도움이 될 텐데…… 그저 나도 저 사람처럼 저렇게 돈 많이 벌 수 있을까…… 그런 생각이 드니까 걱정부터 되는 거지요……. 〈대상자 가〉

하나원에서 우리에게 경각심을 주려고 해서 그런지 모르겠지만 '한국 사람도 이 사회에 적응하기 힘들다. 북에서 온 사람들 중에서 여기서 적응해 잘 사는 사람 별로 없다. 살기 힘들다.' 그런 식으로 너무 겁을 주니까…… 열심히 살아야 한다는 말이라 이해가 되는데…… 한국 사람도 한국에서 적응해 살기 힘들다고 하니까 도대체 왜 그런지 몰라서 두려워지는 거예요. 내가 괜히 왔나 싶고……. 〈대상자 나〉

시간약속과 신용을 잘 지켜야 한다고 했어요……. 한국 사람들은 그런 데 민감하다고……. 북한에서는 김정일 지시만 따르면 나머지는 무시해도 돼요. 그래서 상대방하고 생각을 타협하거나 조율하고 그런 거를 모르고 살았어요. 사람들 간에도 약속에 대한 의미가 약해요. 나간다고 해 놓고 내가 가기 싫으면 안 나가고……. 약속 안 지켜도 그 사람 다시 볼 것도 아니고…… 먹고 살기만 하면 되니까……. 너 없어도 나는 농사지으면서 먹고 살 수 있다…… 그런 생각으로 살았어요. 기차도 출발하고 도착하고 그런 정해진 시간이 없어요……. 기차가 오늘 온다고 해서 기다렸어도 내일 온다고 하면 그런 거고…… 또 기다렸는데 안 오면 그런 가보다…… 또 기다리는 거구 그렇게 살았어요. 사회가 한국처럼 타이트하게 움직이지 않거든요. 그런데 사람 습관이라는 게 하루아침에 고쳐지는 게 아니라서 부담스러운 거예요.〈대상자 다〉

큰누나하고 형하고 같이 하나원에 들어왔으니까 일단은 너무나 좋았어요. 어느 날 수업시간에 한국 음식을 배우는데 치킨, 돈까스…… 그런 게 나오는 거예요. 우습지요. 전에 들어보지도 못했던 말들이 쏟아져 나오는데…… 표상도 떠오르지 않는 말들이어서 내가 마치 외국에 온 것 같은 착각이 들더라구요. 사회에 나가면 내가 오리들 속에 거위가 되지 않을까 근심이 되더라구요.〈대상자 다〉

하나원에서 새터민들은 왕따 될 각오를 하고 사회에 나가라고 했어요. 우선 북한 말씨부터 고치지 않으면 사람들하고 심리적 교류가 되지 않을 거라고 하는 거예요. 그런데 30년 가까이 쓴 말씨를 어떻게 바꿀 건지…….〈대상자 마〉

그러나 드리워진 미래에 대한 두려움 안에서도 각자 삶에 희망을 발견한다. 북에 두고 온 자녀를 다시 데려올 수 있다는 가능성 발견, 한국에서는 자신의 의지가 반영된 삶을 누릴 수 있다는 신선한 충격, 및 자유경쟁이 뒷받침되는 사회에서 자신의 능력을 한껏 펼치겠다는 삶에 희망으로 가득하다.

내가 애 때문에 자꾸 북한으로 다시 가겠다고 하니까…… 남한 선생님이 남들은 피를 흘리면서도 못 들어오는데…… 이렇게 좋은 나라에 들어와서 왜 자꾸 가려고 하는가…… 아이들은 사회에 나가서 돈 모으게 되면 데려올 수 있다 그러는 거예요. 거기에서 다시 한 번 충격을 받았지요. 돈만 있으면 아이들을 데려올 수 있다고 하니까 희망이 생기는 거예요. 그렇다면 내가 굳이 북한으로 갈 이유는 없었거든요. 내가 간다고 조르면서도 그 사이에 한국에 대해서 들을 건 다 들었는데…… 애들만 데려오면 이 자유로운 나라에서 교육시키지 뭐하러 그 고생을 하면서 북한에서 살겠어요…….〈대상자 라〉

하나원에서 남자들끼리 싸우는데 내가 싸움을 말리다가 맞아서 코피가 났어요. 그래서 내가 막 난리를 쳤지요. 그랬더니 하나원 선생님이 '한국은 자신이 원하는 대로 결정해서 살 수 있다. 널 때린 사람한테 뭘 원하는지 말해봐라. 상대방한데 보상을 원하면 사회 나가서 국가에서 나오는 정착금으로 보상받도록 해 줄 수 있다.' 그래요. 거기서 내가 너무 놀란 거예요. 한국사회는 자신이 결정한 대로 살 수 있다고 하는 거예요. 전에는 그렇게 못 살아 봤는데……. 그래서 사회에 나가서도 내가 남한테 의지할 생각 말고 열심히 살면 살아갈 수 있을 것이다…… 한국에 들어오기까지 갖은 고생 다 했는데…… 내가 원하는 대로 살 수 있다는 이런 나라에서 왜 못 살겠어요?〈대상자 가〉

하나원 있을 때는 일단 내 몸이 편하잖아요. 해주는 거 먹고 앉아서 교육받고 그러다 보니까 지루하기도 하고 말을 들어도 실감이 나질 않아요. 한국사회 경험이 없으니까 하루 빨리 사회에 나가고 싶어지는 거예요. 내가 열심히 하면 뭔가 될 수 있을 거라는 기대감이 생기고……. 북한체제는 내 자존심을 상하게 했지만 나는 이 자유로운 나라에서 나만 열심히 하면 못 살게 뭐 있겠는가 그런 생각이 들어서 너무나 희망찼어요. 그래서 하나원에 있을 때 나는 의대입시 준비만 정말 열심히 했어요. 한국에서 의사 고시만 패스하면 얼마쯤도 행복하게 살 거라 생각했거든요.〈대상자 나〉

ⓑ 사회로 나오니 감당하기 버거운 현실을 인식함

하나원 교육을 마치고 막상 사회로 나오게 되니 그들이 직면한 현실은 하루아침에 극복될 만한 것이 아님을 인식하게 되면서, 각자의 위치에서 삶의 상실감을 갖게 된다. 영세민으로 전락한 전직의사였던 〈대상자 나〉는 과거에도 노력을 통해 얻었던 사회적 직분을 한국사회에서 인정받지 못하니 과거에 대한 상실감이 깊어진다. 동시에 자신의 위치를 회복하려면 향후 10년이란 세월을 투자해야 할 것을 예상하니 다가올 고생에 대한 짓눌림이 자기 연민으로 다가온다. 〈대상자 가〉는 나이는 30이 다 돼가나 남한사회에 아기만도 못한 사고를 하는 자신의 현실을 파악하고, 과거부터 배우지 못해 무지한 자신을 일깨우고 싶어진다. 그러나 만학으로 인해 졸업 후 사회에 자신을 위한 자리가 있을지 불안해한다. 〈대상자 다〉는 생각은 남한의 대상자 또래와 같이 살고 싶지만, 현실적 능력이 없어 몸은 따로 가니 생각과 몸의 불일치로 갈등을 겪는다. 〈대상자 라〉는 삶에 의욕은 있으나 어디부터 실마리를 풀어 현실세계로 들어와야 할지 고민한다. 북한에서는 배고파서 못살고, 중국은 무서워서 못 살고, 한국은 몰라서 못 산다고 세 나라에서의 생존에 어려움을 비교한다. 〈대상자 마〉는 단순히 단일 민족이라 생각하였으나 외국인과 같은 자신의 존재를 발견한다.

> 내가 북한에서야 의사였지만 그게 무슨 소용이 있나요. 한국에 오니까 영세민인 거예요. 북한에서 의사했던 것처럼 다시 내 가치를 만들고 싶은데 현실이 쉽지 않은 거예요. 왜 잘살다가 부도난 사람은 마음이 위축되잖아요. 하지만 없던 사람이 100원이라도 갖게 되면 그게 커 보이고 귀중해 보이고 그런 거잖아요. 지금 내가 가졌

다가 잃은 사람…… 그런 입장이라는 거죠. 거기에서 의사된 거 이 때까지 공부해서 얻은 거잖아요. 그런데 여기 오면서 30년 세월을 모두 잃어버렸어요……. 통째로 잃어 버렸구나 하는 거죠. 이제 1살 인 거예요. 그래도 다시 내 가치를 만들어야 한다는 건 알고 있지 만 여기서 노력해서 내 상황이 바뀌려면 앞으로 10년은 걸리지 않 을까 하는 생각을 하면 정말 내 인생이 불쌍하게 느껴졌어요. 이렇 게 고생만 하다 끝나는 건가……. 〈대상자 나〉

여기 처음 나와서는 남한 사람하고 대화도 안 되고, 능력도 없고 경제적으로도 영세민이잖아. 그러니까 아무리 해 봐야 안 된다는 전제를 깔게 돼. 처음 한국 와서 내 나이도 28살이었고…… 북한에 서 중학교 중퇴했으니까 하나원에 있을 때 기술을 배웠었어. 취업 하려고……. 사회로 나가면 동사무소에 사회복지과가 있으니까 취 업하고 싶으면 그곳에 가보라고 교육을 받았거든요. 그러면 취업센 터에 연락해주니까 그나마 다른 곳보다 낫다고 했어요. 그래서 같 은 동네에 25살 된 나보다 먼저 남한에 들어온 동생이랑 같이 갔어 요. 그런데 걔는…… 난 대학 준비할 겁니다. 그러는 거예요. 난 취 업하렵니다, 그렇게 말했어요. 그러고 나서 생각해 보니…… 나도 대학 가서 공부하고 싶더라구요. 왜냐면 내가 북한에서도 그렇고 중국에서도 그렇고 너무나 밑바닥으로 살아서 아는 게 아무것도 없 었어요. 남한에 들어오니 나이는 30살이 다 돼 가는데…… 생각하 는 건 여기 사는 아기보다도 못하구나…… 그런 생각이 들더라구요. 내가 대학에 들어가겠다고 말은 했지만 자신은 없었어요. 그런데 담당 사회복지사가 한국은 자신이 원하면 할 수 있다고 그러는 거 예요. 그 한마디에 용기를 얻어 시작하겠다고 한 건데 졸업하면 30 대 중반은 될 거라는 생각이 드니까 남들은 그 나이에 한참 직장에 서 일하면서 자리를 잡을 텐데 그제야 졸업해서 사회생활을 시작하 게 되는 건데…… 너무 늦는 거라 취업이나 될지 그것도 걱정되구 요. 〈대상자 가〉

사회로 나오니까 뭘 하려고 해도 언어부터 시작해서 걸리는 게 많은 거예요. 한강오물수거하고…… 주유소 알바…… 건물청소 그런 거 하니까 남한 사람하고 교류가 안 되고 나도 한국에 내 또래들처럼 살고 싶은데…… 능력이 안 되니까 생각만 있지 몸이 따르질 않아요. 〈대상자 다〉

북에서는 배급은 안 줘도 할 일은 정해줬거든요. 한국에 오니까 시키면 뭐든 잘할 것 같은데…… 이 사회에 당장 낄 곳이 없는 거예요. 일하고 싶은 의욕은 있는데 뭘 해야 할지를 모르겠어요. 북한은 배고파서 못 살겠고 중국은 무서워서 못 살겠구 한국은 몰라서 못 살겠는 거예요. 말은 통해도 완전히 다른 나라여서 처음부터 시작해야 되는 거예요. 〈대상자 라〉

차라리 외국서 살면 우리는 외국인이니까 말도 새로 배우고, 사는 거 다시 배우는 거 당연한 거지요. 그런데 여기서는 우리도 한국말하고 얼굴도 같은데…… 완전히 새로 배워야 하는 거예요. 그 압박감이 상당히 큰 거예요. 〈대상자 마〉

ⓒ 하나원 교육과 현실 간의 괴리

하나원에서 벗어나 일상생활에 들어서면서부터는 생계문제를 해결하기 위해 노력한다. 〈대상자 가〉는 새터민을 위해서 고용안정센터에서 일자리를 소개시켜준다고 해도 북한체제에서 결정된 일을 해보던 대상자는 한국사회에서 자신에게 맞는 일을 찾는 데 시간이 소요될 수 있다고 한다. 따라서 몇 차례 옮기면서 일자리를 결정할 수 있을지도 모르는데 4대보험이 모두 제공되는 일터에서 일하게 되면 그날로 국가 보조금이 끊겨 일터를 정리하게 될 때 당장 생활의 불편이 예상된다고 걱정한다. 〈대상자 나〉는 브로커 비용을 주고 나니 당장 생계를 이어가기도 힘들어진다. 담당형사나 거주지 도우미에게 일터를 부탁해도 연락이 없자 스스로 벼룩시장과 같은 신문을 보며 일자리를 찾아 나서지만 광고에 난 직종과는 다른 일을 하는 곳임을 알게 된다. 〈대상자 라〉는 새터민을 위한 컴퓨터 프로그램을 이수하여 경리직을 찾았으나 업무의 특성상 보증인을 찾아야 한다는 어려움에 봉착한다. 사회에 나온 지 6개월 만에 자신을 위해 재정보증인을 찾기란 사실상 불가능하다는 장애에 부딪치게 된다.

하나원에서는 일자리를 찾아보려면 자기가 사는 마을 동사무소에 사회복지사를 찾아가라고 했어요. 그러면 새터민 일자릴 알선해주는 고용안정센터하고 연결해주니까…… 그나마 다른 곳보다는 나을 거라고 하는데…… 중요한 건 북한에서는 국가에서 정해준 일자리에서 일하다 보니까 수동적으로 살았어요. 그래서 한국사회에 나와서도 내가 잘할 수 있는 일이 뭔지도 모르거든요. 그래서 소개받은 일이 나한테 적합한 일인지 모르니까 몇 번 옮기면서 찾게 될 수도 있는 건데…… 4대 보험이 다 되는 직장에 다니게 되면 그날로 국가보조금이 끊어져 버려요. 그런 상황에서 일을 다니다가 그만두게 되면 당장 생활이 곤란해진다는 거지요. 일년 정도는 국가보조금을 주면서 일자리를 찾을 수 있게 돼야지 이런 일 저런 일 해보다가 나한테 맞는 일을 결정하게 되는 건데…… 보조금마저 없어진다는 불안 때문에 일에 덤비기가 두려워지는 거예요. 〈대상자 가〉

하나원 나와서 브로커 비용 300만 원 주고 나니까 첫 달부터 생활비가 없어서 소금살 돈도 없는 거예요. 담당형사하고 생활도우미한테 직업을 알선해 달라고 부탁했는데 알아봐 주겠다고 해 놓고 보름이 지나도 소식이 없는 거예요. 나는 한시가 급한데……. 그래서 하나원에서 교육받은 대로 벼룩시장 그런 신문을 찾아보고 약품 만드는 회사라고 해서 찾아가고, 물건 조립하는 곳이라고 해서 찾아갔는데 다 아가씨 모집하는 술집인 거예요. 그래서 며칠을 허탕치게 되고……. 〈대상자 나〉

하나원에서 교육받을 때 한국에서 살려면 자격증을 따야 한다, 기술을 배워야 한다 그랬거든요. 컴퓨터 교육을 받으면 경리일을 할 수 있다고 해서 나도 열심히 배워서 자격증을 땄는데…… 경리는 회사 돈을 만지는 일이라면서 보증인을 세워야 한다는 거예요. 한국에 아는 사람이라고는 아무도 없는데 사회에 나온 지 6개월 만에 누가 날 보증을 서 주겠어요? 〈대상자 라〉

ⓓ 심리적 충격(trauma) 후 스트레스를 경험함

대상자들은 새로운 세상에 들어와 각자 삶의 방향을 잡아나가는 가운데서도 과거 고통스러웠던 난민 생활의 영향으로부터 자유롭지 못하다. 과거 고통 경험의 영향은 신체적 각성·우울 및 무기력감·침투 및 회피적 사고를 경험하게 하여 현실에 영향 준다. 그러한 영향은 불면과 꿈으로 반영되고, 정서적으로는 우울과 무기력감으로 표현되고 있다. 또한 자신도 모르게 과거의 기억들이 몰려들어 현실의 주어진 과업에 집중할 수 없게 되는데, 진정으로 잊고 싶은 기억들이 개인의 의지와 관계없이 침투적으로 떠오르는 경험을 하게 된다. 또한 특정한 주제나 장소를 회피하게 된다.

〈대상자 가〉는 외부와의 접촉이 없이 집에 혼자 있게 될 때 심리적 충격(trauma) 후 스트레스의 수준이 높아진다. 즉 고립되어 있을 때 심리적 충격(trauma) 침습이 더 심해져서 검정고시에 몰두하기 힘들어한다. 동시에 주변사람이 질문을 해서 스스로 대답하였다고 하나 자신이 대답을 했는지조차 기억해 내질 못하는 경험도 한다. 몸은 현재에 있으나, 생각은 과거에 지속적으로 머무르게 된다. 그런 상태가 고통스러워 과거를 잊어야 한다고 스스로 다짐하고 결심하지만 무의식 속에서 꿈으로 반영되는 것은 통제하기 힘들다. 검정고시를 준비해서 대학에 가야 한다는 목표를 향해 가는 것도 쉽지 않은 상태에서 심리적 충격(trauma) 후 스트레스까지 경험하게 되니 로또에 당첨되었다고 해도 무감동하게 될 정도의 경험을 하게된다. 〈대상자 나〉는 불면증과 악몽으로 힘겨워한다. 스스로를 통제하면서 규칙적인 생활일과를 유지하는 대상자이지만 과거의 심리적충격(trauma)은 의사고시 준비를 위한 **빡빡한** 현실과업과 맞물려현실을 힘들게 한다. 과거 수용소 경험의 충격은 한국에 와서도 기억 속에서 끊임없이 재생되어 정서적으로 우울한 상태를 초래시킨다. 〈대상자 다〉 역시 과거 두만강을 80회나 넘으면서 겪었던 위험들이 꿈에 반영되어 군인에게 쫓기는 악몽에 자주 시달리게 되고,수용소 생활에서의 고통스런 경험 또한 지워지지 않는다. 〈대상자라〉는 배우자로 인해 한국에 느닷없이 들어오는 바람에 자녀 둘과단절의 경험을 하게 된다. 그 영향은 일상생활에서 식사를 제대로할 수 없을 정도에 이르러 온몸이 깡마르게 된다. 또한 심리적 고통으로 인해 장사를 해야 하는 현실에 몰입하기 힘겨워하고, 심각한불면증에 시달린다. 〈대상자 마〉는 힘겨웠던 중국생활에서의 충격이현실에 영향을 준다. 몰려드는 무기력감과 우울로 인해 혼자 집안에머물고자 한다. 찾아온 자원봉사자와의 만남도 거절하게 되고 외부전화도 일체 받지 않는다. 몸과 마음은 오로지 자신이 경험했던 과거 세계 속에 빠지게 된다.

밖에 나갈 때는 그래도 견딜 만한네…… 집에 혼자 있을 때는 정말힘들어요. 미치겠는 거야……. 자꾸 옛날 생각이 나서 내가 무슨 정신으로 여기까지 왔을까 하는 생각에 빠지게 되구…… 다시 하라면죽어도 그렇게 못할 것 같아……. 검정고시 공부를 해야 하는데 집중이 안 되는 거예요. 과거 생각 때문에 한국에 와서 1년간이 가장힘들었어요. 그렇다고 1년 지나서부터 생각이 나지 않는다는 건 아

니에요. 중국에서 북송돼서 수용소 넘어가서 맞고 울고 했던 생각
들…… 중국에서 깡통 주우면서 돌아다닐 때 아무 곳에서나 숨어서
자구…… 농촌에 볏짚 말아 놓은 걸 빼서 쭈그리고 앉아서 덮고 자
고…… 항상 도망칠 준비를 해야 하니까 신발을 신고 잤거든요. 그
런 생각…… 두만강 넘어 올 때 국경경비대에 걸려서 죽을 뻔한
일…… 집에서 나 혼자 가만히 있으면 생각하고 싶지도 않은 그런
옛날 생각이 자꾸 떠올라서 공부에 집중이 안 되는 거예요. 주변에
서 나한테 뭘 물어보는데…… 물어봐서 내가 대답을 했다고 하는
데…… 나중에 내가 그때 뭐라고 대답했는지 기억이 나질 않았어요.
사람들하고 같이 있어도 내 생각은 과거에 가 있구……. 북한이나
중국에서 지냈던 일 중에 사실 좋은 기억은 하나도 없었어요. 그래
서 한국에 와서 스스로한테 과거를 잊어야 한다. 이 사회에서 내가
성장하는 데 과거 기억해야 도움이 안 된다…… 그렇게 말하면서
단절해야 한다고 결심했거든요. 나에게는 과거가 상처라 잊고 싶었
어요. 그런데 잊혀지지가 않는 거예요. 꿈에 자꾸 나타나는 거예요.
검정고시 준비하는 것도 힘든데 자꾸 그렇게 되니까 내가 로또에
당첨됐다고 해도 하나도 기쁘지 않을 그런 상태였어요.〈대상자 가〉

내가 12시면 내일을 위해서 잠이 안 와도 불을 끄고 억지로라도 잠
을 청하거든. 그런데 잤나 싶어서 불 켜면 1시고 또 잤나 싶어서
불 켜면 1시 30분이고…… 정말 미치겠더라구요. 다음날 도서실 나
가서 입시 공부하려면 아침 7시에는 나가야 되거든요. 그래야 도서
실에 자리도 맡을 수 있고 그런 건데…… 내가 수용소에 거의 2년
반을 있었거든요……. 한국에 왔는데도 문득 문득 수용소에 있을
때 생각이 나요……. 안 나는게 이상한 거지요……. 근데 기분이 이
상해져요……. 정말 내가 수용소에 있는 것 같은 느낌이 들면
서…… 울컥하게 돼요. 그때 느꼈던 감정들이 그대로 올라오구요.
이가 조물거렸던 차디찬 바닥에 앉아서 하루 종일 무릎 꿇고 있었
던 모습…… 성질은 사나워져서 같은 방 사람들하고 할퀴고 싸우
고…… 내가 자살하려고 굶으면서 희망 없이 지냈던 기억들이 사진

처럼 지나가요……. 그러면 기분이 계속 가라앉으면서 우울해지
구……. 나는 북한을 저주해요. 그래서 북쪽을 향해서는 오줌도 안
눈다고 했거든요. 그런데 매일 나쁜 꿈에 시달리는 거예요. 꿈에 내
가 북한에 있는 거야. 꿈에서도 한국 가야 하는데…… 빨리 여기를
빠져나와야 하는데…… 꿈에서도 불안한 거예요……. 그래서 소리
지르다가 내가 놀라서 깨어 나구……. 〈대상자 나〉

밤이 되면 잠이 안 와요. 옛날 생각이 나서……. 차가운 두만강을
건너면서 고생했던 생각…… 그렇게 두만강을 80번이나 건넜구
나…… 부터 시작해서…… 중국에서 헤어진 작은누나는 어떻게 지
낼까, 어떻게 데려올 수 있을까……. 수용소 생활하면서 무자비하게
맞으니까 모자란 놈처럼 보여야 덜 맞을까 해서 반은 병신 짓하고
지냈었던 일들…… 그런 옛날 일들이 토박토박 생각이 나서 잠이
안 와요. 그리고 국경에서 군인들한테 쫓기는 꿈을 가장 많이 꿨어
요. 〈대상자 다〉

애들 생각 때문에 정신적으로 힘드니까 음식이 목구멍으로 넘어가
질 않아서…… 밥을 거의 못 먹고 살아요. 계속 깡마르고 남편한
테 퍼붓고 싸우고 나면 손가락 마디가 절여오고 온몸이 쑤시고 아
파서 특히 밤에는 잠을 잘 수가 없었어요. 날마다 불면증에 시달리
고…… 항상 잠이 모자라는 거예요. 그리고 남편하고는 애들 이야
기는 가능한 안 하려고 해요. 자꾸 싸우게 되고 남편도 부모라서
그런지 너무나 힘들어하는 거예요. 그래서 자식이야기 하는 걸 피
하게 되구…… 애들만 데려오면 내가 장사에 더 집중할 것 같아요.
애들 생각하느라고 장사하는 데 온전히 신경을 못 쓰게 돼요. 남편
하고 거의 매일 싸우다시피 하지요. 마음이 고통스러우니까 혼사
이기질 못해서 매일 밤이면 울고 하소연하러 다니고 애들 일만 풀
리면 그런 시간에 장사를 더 할 수 있을 건데……. 〈대상자 라〉

과거 생각이 자꾸 나서 하루 종일 아무것도 손에 잡히지 않는 거예

요. 한국에 와서는 좋은 생각은 하나도 안 나고…… 옛날에 힘들었었던 생각…… 못된 생각만 자꾸 나고…… 일이 손에 잡히질 않아요. 중국 시어머니가 나 깨물고 때려주고…… 조선족 남편이 술꼬장 부리면서 나 때려주고…… 북송돼서 매 맞은 일…… 4년 만에 북한에서 만난 엄마하고 싸우고 다시 중국 간 일…… 중국에 있는 아이 생각나니까 밤에는 잠이 안 와서 눈만 땡글땡글 굴리게 돼요. 새벽 3~4시까지 잠이 안 와요. 일이 없으면 낮에도 거의 누워 있었어요. 아무것도 하고 싶지 않구 하루 종일 가만히 있게 돼요. 사람들한테 전화와도 받고 싶지 않아서 일부러 안 받았어요. 내가 그렇게 지내고 있으니까 적십자 봉사자가 그럴 때는 절에 나가면 좋다고 하더니 날짜 잡아서 왔어요. 그런데 내가 문 열고 그냥 가라고 했어요. 우울하고 기운이 없는 거예요. 모든 게 귀찮아서 움직이기도 싫었어요. 그러다가 정신이 번쩍 들어서 갑자기 이것저것 막하다가 그만두고 그냥 방에 혼자 가만히 앉아 있었는데 나중에는 손이 저절로 까부라지구 뭘 하고 싶다가도 막상 하려고 하면 기운이 없어지는 거예요……. 〈대상자 라〉

수용소에 있을 때 남자 조사관이 내 알몸을 여기저기 만져보고……아래까지도 손가락 넣어보고 그러는데…… 그때 너무나 수치심이 느껴지는 거예요……. 한국에 와서도 내가 대중목욕탕엘 가질 않았어요. 다른 사람한테 내 알몸 보이는 게 싫어서……. 〈대상자 마〉

ⓔ 남한 사람들의 차별적 태도는 새터민의 정체성을 숨기게 함

대상자는 남한 사람들에게 새터민임을 밝히거나, 밝히지 않더라도 언어에서 오는 차이를 인식한 남한 사람 중에는 그들을 멸시하거나 차별한다. 소수민족에 대한 차별은 이주민이 형성하는 개인적 정체성에 부정적인 영향을 줄 것이다. 왜냐하면 소수민족이 개인적 정체성의 내용을 선택 결정하는 데에는 개인의 민족성이 상호 관련되기

때문이다.(Chun et al., 2002) 〈대상자 가〉는 임금 지불을 지연시켜 찾아가니 고용주가 오히려 경찰을 부르겠다고 위협한다. 막상 찾아온 경찰에게 대상자가 억울한 사정을 말하려 하니 이번에는 고용주가 민망한 상황을 감지하고 임금을 주어 돌려보낸다. 〈대상자 나〉는 식당 손님들에게 자신이 북한출신임을 밝히자 남자손님들이 성적인 접촉을 시도해와 굴욕감을 느낀다. 덧붙여 고용주마저 임금을 주지 않으려고 해 대상자가 항의하자 오히려 영업방해죄로 고소하겠다고 협박을 한다. 담당형사에게 도움을 청해도 권한 밖의 일이라며 대상자를 돕지 않는다. 두 차례나 임금을 받지 못하는 차별을 경험한 후 세 번째에는 남한 사람을 데려가 간신히 임금을 받게 된다. 〈대상자 다〉는 교회에 나가 북한인임을 밝히자 현실적으로 취약한 입장에서 자존감이 낮아진 대상자에게 교우가 새터민의 존재를 비하한다. 〈대상자 라〉는 길거리 행상을 하던 중에 남한행상꾼과 자리시비가 붙자 연변사람이라는 멸시를 받는다. 〈대상자 마〉는 새터민을 자신만 살기 위해 혈육을 두고 온 비정한 사람으로 인식하는 남한 사람의 인식으로부터 상처를 받게 된다. 또한 중국에서 새터민이라 멸시받은 것이 서러워 한국에서는 당당하게 새터민이라 밝혔으나 조선족 수준으로 인식하여 분노한다. 이러한 경험의 결과들로 대상자들은 남한 사람들에게 새터민의 정체성을 드러내는 것이 부정적인 것임을 인식하게 된다.

노가다 일 시켜먹고 돈을 안 줬어요. 1주일 지나서 전화하니까……
농협계좌 알려달라고 해서 알려줬어. 그런데 안 주는 거야. 그래서
또 전화하니까 줄 테니 며칠 기다리래. 그런데 20일이 지났는데 안
주는 거야. 그래서 내가 그 사람을 찾아갔어. 그랬더니 왜 왔냐고
그래요. 임금 안 줘서 왔다고 그랬더니 나를 모른다는 거예요. 그

개새끼가……. 그래서 돈 달라고 그랬더니 시끄럽게 한다고 경찰을 부르겠대……. 새터민이라고 무시를 하는 건지……. 그래서 경찰 부르라고 그랬어. 조금 있다가 경찰이 왔어요. 그래서 내가 경찰한테 말하려고 하니까…… 자기가 잘못한 거 아는지 돈을 주더니 얼른 가라고 해요. 그래서 돌아 왔는데…… 내 억양이 다르니까 중국조선족인 줄 알고 임금을 안 주는가 싶었어요. 외국인이니까 안 줘도 된다 그렇게 생각했나봐요. 내가 대한민국 사람이었다는 걸 알았다면 처음부터 그랬을까 그런 생각이 들더라구요……. 몇 번 그런 일을 겪으니까 내가 새터민이라고 말하는 것도 조심하게 되고……. 〈대상자 가〉

내가 사회에 나와서 처음으로 일자리를 찾다가 겨우 식당일을 찾게 됐어요. 북한에서 왔다 하니 남자 노인네들이 괜히 손을 잡고 이상한 말하고 그러는 거예요. 조선족들이 한국에 일하러 많이 오니까 새터민도 그렇게 보는 건지…… 정말 자존심이 확 상하는 거예요. 거기다가 식당 주인은 한 달이 지나도 임금을 안 줘요. 그래서 몇 번을 찾아갔어요. 며칠 있다가 오라 해서 가면, 또 며칠 있다 오라…… 세 번을 그래요. 그래서 내가 뭐라고 했어요. 그랬더니 영업 방해죄로 경찰에 고소하겠다는 거예요. 내가 너무나 어이가 없어서 담당 형사한테 전화했더니 자기권한 밖에 일이라고 나보고 알아서 하라는 거예요. 그래서 결국 못 받았어요. 그래서 다른 식당으로 옮겨서 일했는데…… 또 임금을 안 주는 거예요. 그래서 또 못 받았어요. 세 번째도 안 주려고 하기에 내가 이제 어떻게 대처해야겠다는 생각을 갖게 됐어요. 안 되겠다. 내가 북한에서 왔다고 우습게 봐서 그러나…… 그래서 내가 아는 남한 분을 데리고 같이 갔어요. 그랬더니 어쩔 수 없었는지 그제서 임금을 주더라구요……. 한국에서 새터민이라고 하면 무시당하는구나 하는 걸 철저히 알게 된 거지요. 〈대상자 나〉

새터민들하고 있으면 내가 아는 게 많아지지 못해서 교회에 다녔어요. 남한 사람하고 지내면 배울 게 있을 것 같아서……. 교회 사람들이 자기네 속은 어떨지 몰라도 겉으로는 친절하게 하거든요. 그런데 어떤 교인이 '아휴, 요즘 북한 사람들이 떼거리로 몰려오는데…… 뭐 그리 대단하다구…… 그렇게 대해주고……' 그러는 거예요. 내가 아무리 비럭지 신세가 돼서 오기는 했지만 사람 앞에 두고 그러니까 자존심이 상하는 거예요. 나중에 그 아주머니가 나한테 말 잘못한 거라고 사과하셨지만 일부러 남한 사람 사귀려고 애쓸 필요는 없겠구나 그런 생각이 들어서 교회에 나가지 않게 되구 그 다음부터는 어디 가서 새터민이라고 말하고 싶지 않았어요. 〈대상자 다〉

생선가게 내기 직전에 내가 거리에서 일찍 자리잡고서 장사를 하는데, 군밤장사꾼이 자기 자리라고 비키라는 거예요. 3년간 자기가 장사하고 있는 자리라고 하면서 자기 거라는 거예요. 그래서 세 번을 비켜줬어요. 길거리 장사도 사람들이 가장 많이 지나가는 자리를 찾아서 앉아야 해요. 그래야 잘 팔리니까……. 그날도 아침 일찍부터 같은 자리에서 장사하고 있는데…… 군밤장사가 또 비키라는 거예요. 그래서 내가 이제는 못 비킨다고 했어요. 이 자리를 당신이 돈 주고 산 거냐고 했더니 아니라는 거예요. 그렇게 좋은 자리면 당신이 먼저 와서 장사하고 있든지 그러지 왜 늦게 와서 당신 자리도 아닌데 비켜달라고 하냐? 그랬어요. 그랬더니 내 말씨가 달라 그런지 '연변에서 온 주제에 비키라면 비키지' 그러는 거예요. 나보고 연변여자라며 깔보길래 '그래, 너는 이 나라에서 태어나서 아직도 그 나이 먹도록 군밤 파냐? 나는 북한에서 왔다 왜?' 그러면서 개새끼, 새새끼 하면서 싸웠어요. 그랬더니 지나가던 사람들이 다 쳐다보고…… 그러니까 군밤장사꾼이 자기가 창피했는지 가버리더라구요. 그때부터 내 자리는 됐지만…… 한국 사람하고 달라서 이런 취급을 받는 다는 걸 알게 됐어요. 그 다음부터는 새터민으로 보여서 좋을 게 없구나 하는 걸 알게 된 거지요. 〈대상자 라〉

남한에 오니까 새터민을 '저 살자고 혈육도 두고 온 피도 눈물도 없는 인간'으로 생각하더라구요. 나만 잘살자고 여기 온 거 아닌데…… 사정도 모르면서 그런 말을 자꾸 듣게 되니까 너무나 화가 나는 거예요. 식당에서 일할 때 같이 일했던 아주머니가 나보고 '너도 참 독하다. 가족하고 같이 오지 너 혼자 와서 이 고생하냐……' 그러는 거예요. 그래서 대판 싸웠어요. 전쟁 영화 같은 거보면 여러 사람이 같이 가는데…… 적군이 쫓아와요. 그럴 때 누가 다쳤어요. 그런 상황에서 다친 사람이 '나 두고 너희들은 빨리 가라……' 그러잖아요. 모두 같이 죽을 수는 없으니까…… 나도 그랬어요. 식구들이 앉아서 다 같이 굶어 죽을 수는 없으니까…… 떠날 사람은 떠나야 했고 살아만 있어라. 내가 어떡해든 도와줄게…… 그렇게 된 건데……. 〈대상자 마〉

한국에서 지내다 보니까 제일 힘들었던 거는 내가 이북사람인데 조선족으로 보더라구요. 중국서는 북한 사람이라고 차별받고 멸시받았는데……. 한국에 오니까 조선족이라고 선입견 갖고 대해서 그게 싫었어요. 나는 사람들이 나를 이북사람이라고 아는 게 더 좋거든요. 그래서 식당에서 일할 때 내가 새터민이라고 하니까 이상한 말을 날리는 거야……. 식당손님들이 이상한 말을 자꾸 하니까 나중에는 내가 웃으면서 받아쳤어요. '제가요 사회주의에서 살아보고 외국에서도 살아보고 자본주의에서 살아보니까 사람 사는 거 다 같더라구요. 한국 사람들끼리 서로 깎아 먹으며 사는 거 좋아 보이지 않거든요.' 그렇게 말해줬어요. 여기서도 진짜 높은 사람들은 우리들한테 도움되는 말해줘요. 그렇지도 않은 사람들이 우릴 우습게 여기니까 내가 꼭 한 마디 해주지, 내가 그냥은 안 넘어 가요. 그런 일을 겪다 보니까 남한 사람한테 새터민으로 보이면 안 되는구나……. 〈대상자 마〉

ⓕ 언어 차이로 이방인이 되어 새터민의 정체성을 부정하게 됨

새터민임을 드러내는 것이 남한 사람들과 심리적인 통합을 깨드린다는 것을 경험한 대상자는 말씨로 인해 자연스럽게 드러나게 되는 새터민의 정체성을 애써 감추고 싶어 한다.

일반적으로 서구사회로 이주한 비백인, 비서구인, 비유럽인들과 같은 유색이주민의 경우에는 이주사회에 우세한 문화적 상이성뿐만 아니라, 시각적으로 두드러지게 나타나는 신체적 특징의 차이로 '외국인'이라는 강한 인상을 주면서 차별을 받게 될 수도 있을 것이다.(Mummendey et al., 2001, Simon & Lynch, 1999) 그러한 경향성은 이주민의 후손들이 비록 새로 이주한 국가의 언어를 완전히 통달하고, 그 문화적 측면을 채택한 후 조차도 시각적이며, 문화적으로 '소수민족'으로 '두드러지게 나타나는 현상'은 지속된다.(Suarez-Orozco & Suarez-Orozco, 2001) 그러나 한국사회의 새터민의 경우에는 외형적 모습에서 차이는 두드러지지 않으나, 문화적 차이와 언어로 인한 상이성이 크게 대두되고 있다. 언어의 활용은 문화적 정체성을 형성하는 데 중요한 요인이 된다.(Phinney & Flores, 2002) 일반적으로 사회적 정체성을 형성하려면 개인이 특정 사회의 문화적 정체성을 갖추고 있어야 가능하다 할 수 있다. 사회적 정체성은 내적 일치와 작용성을 잃지 않으면서 문화적응의 결과로써 발생된 변화를 지지하기 때문이다. 또한 개인이 스스로 소속되었다고 인식하는 집단에 대해 긍정적인 감정을 생산(Brown, 2000)하기 때문에, 이주 후 거주 국가의 언어의 유창함 부족은 하나의 전체로서의 문화와 사회를 수용하는 데 위협이 될 수 있다. 또한 이주민을 주변자원으로부터 보류시키는 결과를 초래한다.(Barkern et al., 2001) 대

상자들은 언어의 이질성으로 인해 심리적 위축과 차단을 경험하게
되면서 주변화되지 않기 위하여 자신의 정체성을 부정하게 된다.

내가 한국에 온 지 얼마 안 됐을 때니까 억양을 못 바꿨을 때예요.
그런데 학교에서 교수님이 '너 말투가 좀 이상하다 책 다시 읽어봐
라' 그러세요. 그래서 다시 읽었지요. 그런데 '너 조선족이냐' 그래요.
'아니요.' 그랬어요 '그럼, 너 중국인이니?' 그래서 '아니요.' 그랬어요.
'내가 어릴 때 중국에서 오래 살다 와서 말투가 이렇게 됐어요.' 그
렇게 변명을 했어요. 교수님이 '그래도 네 말씨는 중국 사람 말씨도
아닌데…… 이상하네' 그러시는 거예요. 솔직하게 북한에서 왔다고
하면 되는데…… 그 말이 죽어도 안 나오는 거예요. 같은 학과 사람
들한테 내가 북한에서 왔다는 말은 하지 않았어요. 하지만 애들도
내가 자기네들하고 다르다는 거 모르겠어요? 내가 하는 행동이나
말하는 거 들어보면 다 나타나니까 알 거예요. 〈대상자 가〉

상점에 갔는데 점원이 나한테 '연변에서 오셨나요?' 그래요. 그 다음
부터는 내 말문이 탁 막히는 거예요. 내가 아직 여기 사람들하고 다
르구나…… 빨리 한국말을 배워서 써야 하는데…… 북한친구들하고
주말 보내고 월요일 날 학교가면 내 말씨하고, 조교 말씨하고 확 차
이가 나는 거예요. 그러면 마음도 더 멀어지는 것 같고…… 내가 같
은 나라 사람은 아니구나…… 내가 북한에서도 스스로 확실하게 모
른다 하면 입도 뻥긋 안 했어요. 내 생활 습관이 그랬는데…… 여기
서도 내가 한국인처럼 말 못하면 차라리 말 안 한다. 그런 나쁜 습
성이 들었어요. 나는 시장에 가더라도 말을 안 해요. 북한말 나와서
사람들 시선을 받을 까봐……. 옷 살 때도 손으로 옷을 잡고 눈으로
는 상점주인을 쳐다봐요. 상점 주인이 마음에 드냐고 물어보는데 내
가 대답 안 했어요. 그랬더니 자기네들끼리 '벙어린가봐……' 그러더
라구요. 난 왜 그런지 내가 북한에서 온 사람이란 걸 드러내기가 싫
었어요. 〈대상자 나〉

내가 뭘 하려고 해도 이 말씨 때문에 자꾸 걸리는 일이 많아요. 큰 누나, 매형, 친형, 형수 모두 한국에서 사는데 우리끼리 모이면 북한말 써버려요. 서울 큰아버지도 원적은 북한이시고, 그렇게 되니까 사촌형은 서울태생인데도 이제는 나 따라서 북한말 써요. 나하고 같이 살거든요. 새터민들끼리 모여 사니까 살면 살수록 북한식이 더 편해져요. 그런데 밖에 나가서 한국 사람을 만나게 되면 벌써 언어에서 걸리게 되니까 긴장이 되구……. 내가 이 사회에서 영원한 이방인이라는 생각이 들게 돼요.〈대상자 다〉

은행 가서 돈 붙이려고 하는데 내가 잘 모르니까 창구에 앉아 있는 언니한테 물어보거든요. 그런데 '연변분이시지요?' 그렇게 물어봐요. 아직도 내 말투가 다르긴 다른가 봐요. 내가 한국 사람들 상대로 장사하고 있고 상가에서 한국 사람들하고 지내니까 나도 한국 사람이라고 생각할 때가 있거든요. 내가 북한에서 왔다고 해서 상가 사람들이 그런 거 의식하지 않고 나를 대해줘요. 그래서 내가 북한 사람인거 잊고 살고 있다가 그런 말 들으면 아! 내가 새터민이지…… 떠올리게 돼요……. 그래도 새터민이라고 말하지는 않았어요……. 한국 사람이라고 했지.〈대상자 라〉

한번은 저녁에는 식당엘 나가고 오전에는 미용기술을 배워보려고 학원엘 나간 적이 있었어요. 미용학원에서 개인들이 커트하고 파마한 가발을 찍어야 한다고 각자 '디카' 가져오라는데 나 혼자 '기타'를 가져갔어요. 그때 못 알아들었는데도 묻지를 않았어요. 주변에서 가뜩이나 못 알아듣는다고 하는데 자꾸 물어보게 되면 자존심 상하니까 그냥 알지 못할 때는 묻지 않고 가만히 있게 되구 말하기가 싫어지는 거예요.〈대상자 마〉

⑨ 정신적 속박을 주는 문화적응 스트레스와 경쟁의식

문화적응 스트레스란 문화적응과정에서 경험하게 되는 스트레스 행동의 특정한 경향이라 할 수 있는데, 특히 정신건강문제는 문화적응 과정에 진입하게 되는 개인과 집단에 따라서 차이가 있다. 그러나 문화적응 스트레스가 개인 삶의 기회와 정신건강을 향상시키기도 하지만 경우에 따라서 수행하려는 개인 능력을 파괴하기도 한다는 점에서 중요한 이슈가 된다. 특히 난민 이주자의 경우 일반 이주자와는 달리 자국사정으로 인해 선택의 여지가 없이 새로운 문화권에 진입하게 됨으로써 정신건강에 더 큰 어려움을 경험하게 될 뿐만 아니라, 대부분 후진국에서 이주한 경우이기 때문에 서구화된 선진문화를 냉정하고, 개인중심적이며, 경쟁적이라 판단할 수 있을 것이다. 서구적 문화를 지향하는 나라에서는 경쟁을 가치 있게 인식하고 끊임없는 근로에 대한 보상으로서 성공이 주어진다는 전제를 가지나, 개발도상국으로부터 이주한 개인들은 개인의 기능보다는 사회적 맥락에 따른 사회적 정체성을 강조하는 경향성 때문에(Chen et al., 1998) 서구문화를 '경쟁적'이라고 평가한다.(Cote & Levine, 2002) 유사하게도, 새터민 대상자들 역시 한국문화에서 과거에 경험하지 못했던 경쟁의식과 정신적으로 감당하기 힘든 문화적 차이로 인해 심리적 고통을 느낀다. 과거에는 육체적으로 고통스러웠으나 현재는 정신적으로 고통스럽다고 표현한다.

〈대상자 가〉는 과거 중국에서는 말을 몰라도 외국인임을 인정하면서 육체적 노동으로 연명했지만, 한국에 와서는 문화적 차이로 자신이 외국인과 다른 차이가 없으면서 정신적으로는 경쟁의식에 시달려야 하니 오히려 육체적으로 힘들었던 과거가 더 편했다고 느껴질 정도이다. 〈대상자 나〉는 한국에 오는 과정이 힘들었으나 그것보다 한국에서 생존하기 위한 경쟁의식이 더 힘들게 인식된다. 또한 새터민들 간에도 경쟁의식으로 정보교류를 하지 않게 될 정도로 인식의 변화를 경험한다. 〈대상자 다〉는 중국 농촌에서의 삶은 상대적으로 정신적 여유와 편안함을 제공하나, 한국에서 자신의 삶은 상대적인 빈곤감과 냉혹함이 느껴져 과거방식의 삶으로 회귀하고 싶어한다. 〈대상자 마〉 역시 나이에 맞지 않게 사소한 것조차 모르는 자신이 외국인과 다를 바 없다고 생각되었으며, 어느덧 하나원 동기들과 사는 것을 비교하게 되는 자신을 깨닫게 된다.

한국에 사는 것이 나한테는 온전한 100% 자유는 아니라고 생각해요. 육체는 자유로워요. 누가 속박하는 사람이 있는 게 아니니까……. 그런데 정신적으로 자유롭지 못해요. 항상 나를 속박하고 살아요. 경쟁의식 때문에……. 내 위치에 맞는 자리를 가려고 하니까 나는 여기서 살았던 사람도 아닌데 여기에서 살았던 사람들하고 경쟁을 해야 되는 거예요. 계속 이런 의식에 시달리니까 내가 이 사회에서 딛고 살 수 있을까 하는 두려움이 생겨요. 내가 중국에서 정신적인 노동을 한 것도 아니고, 문화생활을 한 게 아니었으니까 외국에서 말이 통했다는 게 중국서는 중국 사람 농사일 돕고 그런 육체 노동했다는 거예요. 그래서 특별히 말이 필요 없었는지도 몰라. 시키는 일 해주면서 가난했지만 밥 먹고 지냈으니까 말보다는 행동으로 해도 다 통해. 또 내가 외국인이니까 말 모르는 거 당연하다고 생각했구. 그런데 과거에 내가 못 먹고 못 배우고 지냈지만, 남한에 와서 그렇게 못 알아듣고 그러니까 '아! 그래도 옛날이 편했구나. 다른 환경에 오니까 과거에 내가 생활했던 게 편했구나. 남한 사람 만나는 모든 행동 하나하나가 상상할 수 없이 힘들구나. 종교생활하면서 십자가 긋는 거부터 시작해서 내가 왜 이런 행동을 하면서 지내야 하나……. 신부님 말씀도 못 알아듣겠고……. 그러니

까 내 자신이 방해가 되고, 시간이 가니까 남한 사람 만나는 자체
가 정신적으로 스트레스가 돼요. 〈대상자 가〉

내 나이에 맞지 않게 작은 거 하나하나도 모르니까 힘드는 거예요.
일일이 물어 볼 수도 없고 스스로 이방인 같아요. 〈대상자 마〉

한국 오는 과정이 너무 힘들었으니까 그게 나한테 가장 힘들다고
생각했는데…… 한국 와서 살아보니까 그때보다 한국 생활이 더 힘
든 거예요. 굳이 비교를 하자면, 과거에는 육체적으로 힘들었지만,
한국 와서는 정신적으로 힘들어요. 물론 과거에도 정신적으로 힘들
었지요. 왜냐 수용소에 들어가 있으니까 삶에 희망이 없어지는 거
예요. 이렇게 살다 죽는 거구나…… 여기서 이렇게 포기해야 하나?
내가 죽는다는 게 무서운 게 아니라, 내가 이 나이에 하고 싶은 것
도 많았는데…… 자유롭게 살아 보지도 못하고 그렇게 죽음을 기다
려야 한다는 게 억울했었어요. 그런데 한국에 와서 힘든 건 그런
육체적 고통이 아니라 정신적인 고통이라는 거지요. 북한에서는 경
쟁이 없어서 정신적으로는 편안했어요. 중국수용소에 있을 때도 성
경에 '오늘 수고는 오늘 걸로 충분하다. 내일 일을 미리 걱정하지
말라'고 하셨잖아요. 그 구절이 내게는 힘이 됐어요. 수용소에서 사
람들이 나갈 때 추울까 봐 내가 입던 겉옷도 벗어 주고 그랬는
데……. 한국 와서는 그때에 비하면 가진 게 더 많은데……. 요즘은
그런 마음이 안 생겨요. 심지어 주변에 알 만한 북한 애들도 학교
입학에 우리끼리 몰리면 경쟁이 높아지니까 어디 지원한다는 말을
하지 않는 거예요. 북에서 온 똑똑한 친구가 하나 있는데, 한국에서
음식 배달 일을 하고 있다고 해서 사실 걱정이 됐어요. 그래서 '너
는 학교 준비 안 하니?' 그렇게 물어봤지요. 그런데 이 친구가 사실
은 서울 대학 약대에 이미 지원을 했다는 거예요. 나는 그 학교에
서 북한학생 뽑는 줄 몰랐거든요. 알았으면 나도 준비했겠지요. 그
러니까 북한 애들끼리도 경쟁심을 느껴서 정보공유를 안 하려고 한
다니까요……. 〈대상자 나〉

막상 공부를 하려니까 경쟁도 너무나 심해서 내가 할 수 있을까 하는 생각도 들구요. 주변을 둘러봐도 사람들 마음에 여유가 없어요. 내가 방학 때마다 중국에 갔는데 너무나 편했어요. 마음도 느긋해지고……. 중국 시골은 일단 느긋하고 경쟁이 없고……. 내가 중국 시골생활에 익숙해서 그런 건지 중국 사람들하고 있으면 마음도 통하고 내가 유능하게 느껴지고 자부심이 생겨요. 또 화폐가치도 한국이 높으니까 내가 부자가 된 것 같은데 한국에 있을 때는 경쟁에 시달리게 돼서 그런지 몰라도 이상하게 마음이 조급해지고…… 열심히 살아도 나 사는 게 가장 밑바닥인 것 같구…… 사람들도 냉정하게 느껴지구요……. 나중에는 내 방식대로 그렇게 살고 싶은 거지. 과거방식대로……. 남한식으로 살려고 하니까 부딪치는 게 많아지니까 괜히 힘들어. 부딪치지 말고 내 자신이 편하게 지내고 싶어. 남한식으로 지내지 않아도 먹고 살 수 있거든. 국가에서 보조금 나오니까…… 그런 생각으로 여기 생활 접촉하는 걸 피하면서 당시를 모면하고 싶고 그랬어요. 〈대상자 다〉

북한에서는 여기처럼 내가 뭘 해서 그걸 위해 달려간다는 그런 식에 목표는 없어요. 목표도 눈에 보이는 게 있어야 세우는 거잖아요. 내가 여기서 청량리까지 간다는 목표가 있어야 서서 가더라도 가야 할 이유가 있으니까…… 가는 거고 견디게 되는 건데…… 북한에서는 모두 비슷하게 살고 배급받으니까 나의 목표라는 걸 생각할 필요가 없어요. 여기처럼 남하고 비교할 게 없으니까 배만 부르면, 후진국 사람들이 더 행복해요. 선진국 사람들은 개인적으로 잘살기 위해서 달려가야 하니까 지쳐 쓰러지는 것 같아요. 한국에서는 남하고 비교해서 사니까 저 사람은 새로운 핸드폰 샀네, 저 사람은 새로 나온 차 샀네 그러면서 자기도 새로운 거 살 때까지 돈 빌려고 노력하니까 그 과정까지 힘들잖아요……. 〈대상자 다〉

내가 일 년 반쯤 지나서 하나원에서 알게 된 다른 친구들은 어떻게 지내는지 알아 봤어요. 정말 잘 지내는지 궁금해서 그런 게 아니라 나보다 더 잘사나 그게 궁금해져서 그랬어요. 전에 누구한테 연락하면 행복하다고 해서 속으로 질투가 많이 났거든요. 그래서 다른 친구 통해서 알아봤는데 남편이 바람나서 맘 고생한다 하고 누구는 돈 못 버는 남편 만나서 고생한다 하고 행복한 척한 애들이 그렇게 살더라구요. 그런데 내가 언제부터 다른 친구들 사는 걸 비교하게 되고 그랬는지……. 〈대상자 마〉

ⓗ 본질적인 내면교류의 한계로 남한 사람과 공감대 형성이 안 됨

이주한 사회가 다양한 문화에 대한 포용력이 있는 다문화적 특성을 갖추고 있는지, 아니면, 단일한 문화 기준의 순응에 압력을 주는 동화주의자(assimilationist)의 특성을 갖추고 있는지가 새문화권에 진입한 이주자의 적응에 중요한 요인이 된다.(Murph, 1965) 특히 정신건강문제는 이주자에 대한 이주 사회 내에서의 문화적응기대 및 태도와 같은 인지적 요인들, 주류문화 특성이 문화적 다양성을 수용하고 관용적인지에 대한 정도가 문화적응스트레스를 감소시키는데 "완충작용"의 역할을 하게 된다.(Berry & Kim, 1988, Williams & Berry, 1991) 즉 이민자가 동화주의자들 사이에 있는 것보다 다문화주의 사회에 있는 경우에 덜 발생할 것이며, 특히 이주한 국가의 문화가 다문화적 환경인 경우에는 단일 문화적 환경에서보다 문화적 다양성의 수용과 관대함의 정도가 더욱 높을 것으로 기대된다는 것이다.

〈대상자 가〉의 경우 한국사회현상을 이해할 수 없으니 한국어로 뉴스를 들어도 이해할 수 없으며, 단일 민족이라고 생각하며 만난 주변 한국인과 대화가 되지 않는 자신을 발견하면서 남한 사람과 심리적 거리를 느끼게 된다. 더구나 혼자 살면서 지속적인 만남이 없는 외로운 입장에 정신적인 위로가 필요해 남한 사람을 만났으나

생존하기 위해서 대상자가 변화되어야 한다는 일방적인 말에 스트레스를 받는다. 〈대상자 나〉는 남북한 사람들이 서로 다른 시공간에서 살아왔던 관계로 쌓여진 삶의 내용조차 달라 공감대 형성의 어려움에 직면한다. 답답한 심정을 호소하기 위해 주변 남한 사람을 찾아가도 대상자를 채근하는 말로 해석되어 심리적 차단을 경험한다. 〈대상자 다〉는 남한 사람은 자신들의 북한에서의 삶과 중국에서의 삶들에 대한 이해 없이 남한식으로 대상자를 돕고자 노력하나, 그 방식이 대상자를 괴롭게 한다고 표현한다. 역으로 대상자의 수준에서 남한 사람과 교류를 하고자 하면, 외형적으로는 한국인이나 내면세계는 한국인이 아닌 자신들을 바라보는 남한 사람들의 시선을 의식하면서 스스로 마음의 문을 차단하고 싶어진다. 〈대상자 라〉역시 남한 사람과 공통적으로 이어나갈 화젯거리가 부족하여 지속적인 관계 유지가 힘들어진다. 〈대상자 마〉는 현재 주변사람들에게 자신은 미혼이라고 소개하였으나, 중국으로 건너가 살게 된 배경과 중국에 아이와 남편이 있다는 사실을 아무리 친밀한 남한 사람이라도 고백하기 힘들다고 하였다. 즉 남한 사람들은 새터민들의 삶의 경험을 이해하지 못할 것이라 단정 짓게 된다.

가장 힘든 게 남한 사람하고 대화가 안 돼. 이 사회가 어떻게 굴러가는지 모르잖아. 그냥 같은 사람이다. 같은 민족이다…… 그런 생각에서 만났는데 막상 만나면 거리감이 느껴져. 커뮤니케이션이 전혀 안 되는 거지. 그러니까 정말 짜증나. 여기올 때 그런 건 전혀 기대 안 했거든. 가장 이해 안 되는 게 뉴스야. 분명 아나운서가 '……했습니다. ……입니다' 그랬어. 내가 뉴스를 처음부터 끝까지 분명히 들었는데…… 종합이 안 돼. 분명 한국말 들었는데 내용 정리가 전혀 안 되는 거지. 정말 미치겠더라구. 내가 왜 그러지? 중국에서도 말은 통했는데……. 그런대로 알아듣고 살았다 이거지. 그게 상상 외로 스트레스 받는 거거든. 차라리 외국이면 내가 외국인이니까 수긍하면서 들어가겠는데…… 여기는 같은 민족이라 생각했는데 말이 전혀 안 통한다 이거지. 완전히 내가 외국인 된 거야. 그게 상상 외로 힘든 거야. 그러니까 사람들하고 말이 전혀 통하지 않는 건 아닌데…… 실제로 안 통하는 거……그러니까 완전히 미치겠더라구.〈대상자 가〉

그리고 혼자 살면서 모든 걸 다 내가 알아서 해야 하니까…… 마음이 힘들어져요. 지속적으로 만나는 사람은 없어도 그중에 친하다고 생각한 남한 사람한테 털어 놓았는데…… '이곳에서 적응하려면 어떡하겠어…… 네가 바꿔야지……' 그렇게 말을 던져요. 그런 말 들으면 스트레스 확 받아요. 나도 한국에서 한국 사람처럼 보이고 싶어서, 억양도 바꾸고 생각도 전환시키려고 노력하고 있어요. 그런데 그 과정에서 무지 힘들다구요. 알면서도 안 되는 것도 많아요. 내가 살아왔던 모든 걸 확 바꾼다는 게…… 말처럼 그렇게 쉬운 게 아니거든요. 마음을 털어 놓으려고 했다가 그런 말을 듣게 되니까…… 남한 사람은 내 말을 못 알아듣는구나…….〈대상자 가〉

여기 와서 남한 사람 사귀려고 노력 많이 했거든요. 남한 사람을 만나 지내야 뭔가 배우겠구나 하는 생각이 들었으니까요. 그런데 공감대가 형성이 안 되구……. 나는 한국에 산 지 얼마 안 되고 상대방은 여기서 쭉 살아왔던 사람인데 만나면 서로 궁금한 거 물어보잖아요? …… 북한에 대해서 궁금한 거 한 번에 다 물어보고…… 그럼 나는 한 번에 다 말해주고……. 나는 한국에 대해서 궁금한 거 드문드문 물어보고. 그러면 상대방이 대답해 주고……. 그러다 보면 할 말이 없어요. 상대방이 북한에 대한 궁금증이 뭐 그리 오래 가겠어요. 호기심에서 북한에 대해 물어보는 거지……. 그런 거 몰라도 살 수 있다 이거지요. 그런데 나는 아닌 거예요. 자연히 내가 물어보게 되는 게 더 많게 되지요. 그러다 보면 공통된 화제가 없어요. 내가 모르는 거만 물어보게 되니까…… 상대방이 나하고 할 말이 없는 거예요. 같이 놀 것도 없구, 내가 아는 게 없으니까…… 나만 말시켜요. '이게 뭐예요?' 물어 보구. 나는 상대방하고 놀고 싶지요. 그렇다고 상대방이 나하고 놀고 싶겠어요? 아무것도 모르는 사람하고…… 그러니까 대화가 안 되더라구요. 〈대상자 나〉

남한 사람한테 하소연을 하면 그런 걸 겪어 보지 못해서 그런지 그 사람 말이 내 마음에 닿지 않는 거예요. 슬럼프도 오고……. 북한에서 안 왔으면 옆에 엄마도 있고…… 진료 보면서 활발하게 움직이고 했을 텐데…… 그런 마음도 들고……. 내가 여기서 목표를 갖고 있으니까……. 또 여러 가지 대안을 갖고 이거 아니면 저거를 해야겠다 하면서 살아가고 있지만 그 과정에서 나 혼자 해 나가려니까 외롭고 고독하고 그렇다구요. 그래서 내가 상대방을 찾아갔는데…… 내 마음에 와 닿는 말을 하는 게 아니라 무슨 교과서에 나오는 말을 하는 거예요. '그러니까 어떡하겠어. 열심히 살아야지…… 빨리 네 자리를 찾으면 해결될 거야. 한국 사람들도 다 그렇게 힘들게 살고 있어' 그렇게 말하는 거예요. 내가 여기서 열심히 살고 있는 건 뻔한 건데……. 그저 내 마음을 어루만져 주고…… 그렇구나…… 수긍도 해주면서…… '나도 이해된다' …… 그런 걸 바란 건데…… 그렇게 결론을 딱 내 버리니까…… 경쟁의식만 더 물려받는 것 같고……. 〈대상자 나〉

남한 사람한테 말을 하면 자기들 나름대로 도우려고 무척 노력을 해요. 그런데 그 도우려는 방식이 사람을 아주 힘들게 해요. 남한 사람들은 내가 북한에서나 중국에서 어떻게 살았는지 몰라요. 그런데 그곳에서 살았던 경험들이 내가 한국서 사는 데 영향을 미치거든요. 그런 것도 모르면서 자기네들 식으로 다가오는 거예요……. 정신적인 게 다르니까……. 얼마쯤 가서는 말이 안 통하는 거예요. 그러니까 내가 계속 말을 해도 알아나 들을까 싶고…… 분명히 한국말로 했고, 얼굴도 똑같은 인종인데…… 자꾸 모른다고 하면 상대방이 나를 우습게 여긴다구요. 그러면 나를 자꾸만 낮추게 되니까 '남한 사람들이 우리를 어떻게 알겠니?' 하면서 마음을 점점 닫게 되는 거예요. 내가 남한 사람들을 직접 만나고 그래야 하는데…… 못 알아들으니까 스트레스 받고…… 내 경험이나 상황을 말해야 알아들을 것 같지도 않고…… 나중에는 남한 사람 만나는 걸 도피하고 싶어지구요……. 〈대상자 다〉

남한 사람하고는 말이 자꾸 동강나고 말을 이어갈 게 없는 거예요. 그러다 보니 마음을 터놓고 말하기도 힘들구요. 상대방이 나보다 나이라도 어리면 내 말을 이해하겠나 싶어서 말을 더 안 하게 돼요. 〈대상자 라〉

내가 한국에 와서 의지할 사람도 없고 마음은 계속 우울하고 그랬을 때 수면제를 과다하게 먹어서 병원에 입원한 적이 있었어요. 그때 병원에서 자원봉사해 주시던 아주머니가 내가 북에서 왔다고 하니까 나를 양딸로 삼겠다고 했어요. 내가 한국에 와서 마음 트고 나눌 사람이 없다는 걸 아셨는지 한국에서 어머니가 생겼다 생각하니까 한편으로는 마음에 의지도 되고 좋더라구요. 그래도 마음 깊은 얘기는 못 했어요. 봉사자 이모가 나한데 잘해줘서 나도 이모를 좋아했지만 그래도 내가 중국에 애 있다 그런 말은 하지 않았어요. 그런 얘기까지는 할 수가 없더라구요. 나는 한국에 홀몸으로 나왔으니까 주변에서는 아가씨라고 생각했거든. 주변 남한 사람들한테 굳이 중국에 애가 있다 그런 말은 하고 싶지 않았어요. 애까지 두고 온 상황을 설명하자니 한 번 만날 사람이라면 모를까 계속 만날 사람들한테는 사실 솔직하게 말하기가 불편했어요. 그리고 내가 말해도 남한 여자들이 알아나 들을까 싶고 그래서 내 속 얘기는 할 수가 없는 거예요……. 이런 말은 북한 사람들하고 잘 통하지……. 북한 우리 집이 살기 힘들어지니까 오빠가 나서서 중매인들한테 돈을 받고 나를 중국으로 시집보냈어요. 당장 먹고 살기도 힘든 형편에 내가 중국으로 시집가면 친정집을 도울 수 있다고 하니까. 그래서 가족을 위해 내 발로 갔어. 한국에서는 인신매매라고 하는데 나를 납치해서 간 건 아니야. 북한 길잡이들이 북한에서 중국 갈 여자들을 모집을 해요. 그래서 대부분이 알고 가거든. 시집가는 거……. 오죽하면 여자들이 그렇게 했겠어. 중매쟁이가 괜찮은 놈이면 여러 명 선 보여주고 나쁜 놈이면 한 명밖에 없으니 그냥 가라 해……. 가장 나쁜 경우가 한족이나 장애인한테 보내는 경우고 중매인이 중국 농촌 총각들한테 소개비 받고 어쩔 수 없이 내 발로 찾아 온 북한 여자들을 시집보내는 거야. 그래도 내가 목숨이란 걸 이어야 하니까 할 수 없이 소개받아서 가는 거지……. 나는 조선족 남자 소개받아서 3년 살다가 동네 부녀주임이 신고해서 북송됐지만 처음엔 수용소 나와서도 자식이 있으니까 중국에 있는 집으로 다시 갔어. 그래도 나한테는 가족이니까……. 이런 복잡한 상황을 남한 여자한테 털어 놓기가 힘들어요. 그래서 여기 와서는 미혼이라 했는데 그러자니 나도 중국에 자식하고 남편 있는데 주변에 솔직하게 털어 놓칠 못하니까 마음이 더 힘든 거예요. 〈대상자 마〉

3. 탈북의 의미 상실

비록 한국에 들어와 신체적인 안전이 유지된다고 해도 남한 사람과 근본적인 심리적 교류가 미약해지니 소외감과 외로움으로 북한과 중국에 있는 가족이 그리워진다. 한국에 들어오기 전에는 미처 깨닫지 못했던 일이었으나, 점차 자신을 진정으로 이해할 수 있는 대상은 가족뿐이라고 생각된다. 심리적 단절로 헤어지게 된 가족에 대한 죄책감과 그리움이 교차되면서 탈북을 후회한다.

〈대상자 가〉는 한국에 온 지 2년이 넘어도 지속적으로 만날 대상이 없자 자연히 부모형제가 그리워진다. 그러나 현실적인 이유로 북에 계신 아버지와는 단절을 유지하면서, 대신 중국 한족 양아버지와 빈번히 연락을 취해보며 다시 중국으로 갈까 고민한다. 〈대상자 나〉는 원점으로 돌이킬 수만 있다면 다시 북한 고향으로 가고 싶어 한다. 가족에 대한 그리움으로 자신이 가족이 있는 장애인만도 못하게 생각되고, 토대로 인해 아버지를 원망하며 살았던 세월을 자책한다. 〈대상자 다〉는 같이 중국으로 들어갔던 작은누나가 나흘 만에 한족에게 팔려 강제로 헤어진 사실을 떠올리며, 형제에 대한 그리움을 느낀다. 어떻게서든 작은누나를 찾으러 다시 중국에 가고자 하며, 당시 중국에 간 것을 후회한다. 〈대상자 라〉는 북한에 있는 어린 두 자녀가 보고 싶은 심정이 일상생활을 메운다. 자신이 가도 자녀의 미래에 도움이 되지 못할 것임을 알면서도 심정적으로는 자녀가 있는 북한으로 돌아가고 싶어 한다. 〈대상자 마〉는 자신을 강제로 중국에 보냈던 어머니와 마지막 만남이란 것을 모르고 싸우고 헤어진 일로 마음 아파하면서 심정적으로는 북한으로 가고 싶어 한다.

같은 말을 해도 남한 사람들하고 마음이 통하지 않으니까 사는 게 힘들기만 하고 외로워서 중국으로 다시 갈까 그런 생각이 수시로 들고……. 그래서 중국 시골에 계시는 양아버지한테 자주 전화를 했어요. 배고파서 중국으로 넘어온 나를 그래도 사랑으로 대한다는 걸 느끼게 해준 분이었으니까…… 말은 통하지 않았지만, 마음은 통했다 이거죠. 중국 시골 중에서 아주 시골에 살았어요. 여기에 비교할 수 없을 정도로 형편은 어려웠지만, 그래도 밥 먹고 살았고, 마음은 훨씬 안정됐어요. 차라리 중국에서 사는 것이 훨씬 맘이 편했구나 하는 걸 여기 와서 알게 된 거지요……. 그리고 누구라도 옆에 있으면 누구 때문에 산다 그런 생각으로 견디게 되고 그러는데 한국에 온 지 2년이 지나도 가족처럼 지속적으로 곁에 있을 사람이 없는 거예요. 그러니까 자연히 부모형제가 그리워져요. 다음

주가 아버지 환갑이거든요. 살아계신지 모르겠어요. 북한 친구가 나
보고 북한에 계신 아버지한테 전화 한 통 안 한다고 나보고 독한
놈이라고 하는 거예요. 이유가 있어서 안 하는 건데…… 그 친구한
테는 아무 말도 안 했지만, 집에 와서 혼자 성가를 듣고 있는데 갑
자기 왠지 모르게 눈물이 주르르 나더라구요. 〈대상자 가〉

다가오는 만남을 갈망하지만 마음에 와 닿질 않으니까 외롭기만 한
거예요. 원점으로 돌릴 수만 있다면, 다시 돌아가고 싶어요. 여기
와서 알게 된 건데 내가 북에서 가진 게 상당히 많았다는 걸 이제
와서 알게 된 거예요. 없어져 보니까 알게 되는 거잖아요. 지금은
없어요. 전에는 북에도 내 가족, 친구, 직업, 내 자존심, 정신적인 안
정감 이런 모든 게 있었다는 거지요. 나한테는 소중한 건데…… 그
걸 이제야 느낀 거예요. 북에 있는 내 집이 나한테는 정말 쉼터 같
아요. 다시 거기 가면 정말 푹 쉴 수 있을 것 같아요. 나처럼 스스
로를 잘 통제하고 사는 사람도 누군가가 그리워질 줄은 몰랐어요.
북한에서는 내가 16살부터 기숙사 생활 했으니까…… 가족 없이 지
냈거든요. 그래도 내 감정 통제 잘하면서 잘 지냈어요. 그런데 여기
오니까 가족이 그렇게 그리워질 줄은 미처 몰랐어요. 아마 알았다
면 안 왔을 거예요. 사회에 처음 나와서 식당일 하느라 온몸이 피
곤해서 집에 들어가서 쓰러져 잘 때는 가족이 생각날 틈도 없었어
요. 그런데 시간이 가니까 점점 가족에 대한 그리움이 깊어지는 거
예요. 같은 아파트에서 불구자를 보면 나는 팔다리가 있어서 다행
이다 싶다가도…… 그래도 저 사람은 가족이 있으니 내가 불구자만
도 못하구나…… 그런 생각이 들구요. 북에서 아버지 살아계실 때
집안 토대가 나빠서 북한에서 성공할 수가 없었던 걸 가지고 아버
지한테 따지고 자서전까지 쓰라고 들볶았어요. 토대 때문에 내가
합당한 혼처 찾기도 쉽지는 않을 거란 생각도 들었구요. 당에서 아
버지가 자서전을 써오면 참작해서 내 토대를 바꿔주겠다고 했거든
요. 그래서 아버지를 원망하면서 자서전을 쓰라고 강요를 했었는
데…… 내가 북한을 떠나기 전에 아버지가 돌아가셨어요. 한국에

들어오고 나니까 그 일이 어찌나 후회가 되던지…… 그 생각이 자꾸 나는 거예요. 〈대상자 나〉

가족이란 게 참 이상해요. 북한에서 같이 있을 때는 몰랐는데 없으니까 정말이지 마구 보고 싶고 외로울 때나 슬플 때나 나를 의지해 줄 수 있는 것이 가족이구나 그런 맘이 드는 거예요. 우리 형제들이 모두 모이게 되면 작은누나는 중국에서 지금 뭘 하고 있을까 근심하게 되구 내가 작은누나를 찾아볼까 그런 말을 하면 큰누나는 중국 어디에 있는 줄 알고 찾아 다니냐고 포기하라고 하구 나하고 같이 두만강 건너서 중국 들어간 지 4일 만에 한족한테 넘어간 건데…… 근심이 많이 됐지요. 차라리 중국엘 가지 않았다면 누나하고 헤어지지는 않았을 텐데…… 후회도 해보고……. 〈대상자 다〉

가게일 할 때 손님이 생선 달라고 하면 그때는 아이 생각이 안 나지요. 바쁠 때는 생각이 안 나요. 코앞에 닥친 일을 해야 하니까……. 그런데 나 혼자 가만 있으면 머릿속에는 어떻게 자식을 데려올 수 있을까 그것만 생각하는 거예요. 아이들이 학교를 다니지 않을 때 데리고 와야 생활 총화에 참여하질 않으니까 그나마 감시가 덜할 거예요. 아이들 데려오는 걸 한 번 실패하고 나니까 마음이 더 조급해지구 힘들어지는 거예요. 남편이야 갈 수 없다고 해도 나는 어쩔 수 없이 한국에 온 거니까 그냥 가버릴까 그런 생각을 수도 없이 했지요. 그런데 가 봐야 반역자의 자식이라고 내 자식들이 또 고생할 텐데…… 그런 생각하면 자식들 목숨은 지켜줄 수 있어도 미래가 영인 거예요. 그래서 가 봐야 소용없다는 걸 알면서도 자식들이 보고 싶으니까 마음이야 늘 다시 가고 싶지요. 부모형제라면 잊을 수 있는데 주변에서 자식들 또래를 보면 내 아이들이 눈에 보이고 어떻게 살고 있는지…… 여기 아이들처럼 말은 잘하는지…… 걷기나 하는지…… 시도 때도 없이 생각이 떠올라서 살 수가 없어요. 〈대상자 라〉

엄마가 오빠 말만 듣고 나보고 중국으로 시집가라고 할 때 엄마하고 크게 싸우고 헤어졌거든요. 북송돼서 수용소 생활하고 북한 집에 4년 만에 돌아갔을 때도 엄마가 나한테 중국으로 다시 돌아가라 해서 또 크게 싸우고 헤어졌어요. 그러고 나서 내가 한국으로 들어오게 된 건데……. 그게 엄마하고 마지막 만남이란 걸 알았더라면 그렇게 헤어지는 게 아닌데……. 그게 너무나 후회스러운 거예요. 마음으로는 다시 북한으로 가서 어머니를 만나고 싶은데…… 〈대상자 마〉

중국에 있는 아이를 어떻게든 데려오고 싶은데 중국 남편이 합의를 해주질 않는 거예요. 무조건 나보고 와서 살라는 거야. 그런데 지금 와서 내가 거길 가고 싶겠어요? 알고는 못 살아. 중국 남편은 내가 좋아서 만난 사람이 아니었기 때문에 그런지 한국에 오니까 금방 잊혀지는데…… 자식 때문에 중국에 다시 가고 싶은 거예요. 애가 있으면 어떻게든 여기서 살겠는데……. 〈대상자 마〉

4. 회복요인을 통한 고통의 극복

Janoff-Bulman(1985)는 심리적 충격(trauma) 후 스트레스를 경험한 개인에게 있어서 대처 방식의 중요성을 강조하였으며, Horowitz(1986)는 역시 심리적 충격(trauma) 후 스트레스의 표출과 증상의 정교화는 그 개인이 보이는 대처 양식과 귀인 양식에 의해 유의미하게 영향받을 것이라 하였다.(강성욱, 2000에서 재인용) 과거 심각한 심리적 충격(trauma)을 경험하고 들어온 새터민들 대상자는 한국에 입국하게 되면서 현실세계에 던져진 충격과 희망이 교차하는 가운데, 지속적으로 심리적 충격(trauma) 후 스트레스와 문화적응스트레스를 동시에 경험하게 된다. 이러한 과정에서 탈북의 의미는 상실되지만 이들은 그러한 심리적 고통을 극복하기 위해 고통 세계 사람들인 새터민과의 관계를 단절하거나, 도움이 될 만한 남한 사람을 직접 찾아 나섬으로써, 자신의 입장에서 삶에 의미를 구축하고, 홀로 삭힘으로써, 자기성찰, 강인성 발휘와 정신적 측면 강화, 과거 고통경험을 심리적 에너지로 전환시킴, 주변에 자신만도 못한 사람들과 하향비교함, 북한가족에 대한 도리를 다하고, 가족기능을 고려하는 개인적 영역에서의 회복요인을 활용한다. 또한 종교적 회복 요인인 종교적 대처를 취한다. 그리고 남한 사람들로부터 실질적인 도구적·정서적 지지를 받고, 고통의 본질이 유사한 새터민들로부터 '우리'라는 동질성을 회복시키려는 사회적 영역에서의 요인을 통해 고통을 해결하고자 한다. 그러나 대상자들은 술과 약물 및 자살로 고통 해결을 시도하거나, 정신건강에 대한 새터민의 이해부족과 그들의 경험체계에 대한 남한 사람의 이해부족이라는 정신건강 영역에서의 부정적인 요인들로 인해 심리적 고통을 회복시키는 데 부정적인 영향을 받기도 한다.

ⓐ 고통의 세계 사람들인 새터민과의 단절시도

사회에 갓 나와 새터민들은 낯선 세상사람들과의 교류를 삼간다. 그것은 과거에 받았던 삶의 심리적 충격(trauma)으로부터 비롯되는데, 그들은 자신의 안전을 지키기 위해 다가오는 사람들로부터 심리적 거리를 두어 자신을 보호하고자 한다. 이렇게 존재의 안정감 추구는 심리적 충격(trauma)을 경험한 사람들의 공통적 과정이라 볼 수 있다.

북한에서 온 모든 사람들이 마음에 안식처가 필요해요. 그게 종교
가 됐든 뭐가 됐든 간에……. 다른 사람들한테 상처받고 싶지 않으
니까…… 다른 사람들이 쉽게 접근할 수 없는 안전한 곳에 있으려
고 해요. 처음에 한국에 오면 특히 더해요. 그런 안식처에서 좀 쉬
어야 다른 사람들한테 마음을 열 수가 있어요. 〈대상자 가〉

우린 세상에 공짜란 없다고 배웠어요. 그래서 나한테 잘해주려고
너무 가까이 오려는 사람은 피하고 싶어져요. 〈대상자 나〉

주변에서 나한테 잘해주면 왜 잘해주나…… 의심부터 하게 되는 거
예요. 나한테 잘해줄 때는 분명히 나를 이용해 먹으려고 하는 거
다…… 그런 생각이 먼저 드는 거예요. 〈대상자 다〉

과거 심리적 충격(trauma) 경험의 영향으로부터 자신을 보호하기
위하여 새터민들은 고향사람 만나기를 꺼려한다. 곧 그들이 자신의
자화상이 되기 때문이다. 새터민을 만나게 되면, 개인의 과거 심리
적 충격(trauma) 경험이 떠올라 고통을 확인하게 됨으로 심리적인
상처만 깊어질 뿐이다. 한국에 들어온 동기, 북한 수용소에서 경험
했던 수감원들 간에 폭력행위, 자아비판과 호상비판을 통한 상호 공
격성, 중국으로 건너가 살 수밖에 없었던 이유 등은 새터민이라면
설명하지 않아도 그들만의 역사를 통해 공통적으로 인식하게 되는
사실들이다. 그렇기 때문에 그들은 신세계에 들어서면서 더 이상 그
러한 사실들의 확인을 통해 자신의 과거 심리적 충격(trauma) 경험
의 고통을 확인하고 싶지 않은 것이다.

새터민은 같은 새터민 만나길 싫어해요. 왜냐 우리가 살기 힘들어서
여기 왔잖아요. 마음속에 고통이 많다구요. 그런데 같은 북한 사람

만나게 되면 그 사람을 보면서 '너도 고통이 많겠구나……' 하면서 나의 고통을 떠올리게 돼요. 그래서 만나기 싫어지는 거예요. 〈대상자 가〉

북한 사람들이 너무 강하니까……. 솔직히 말하면 많이 두려웠어요. 수용소에 있을 때가 생각이 나서……. 감옥에 있을 때 내가 방장을 했어요. 감옥에 오래 있다 보니까 나도 성격이 포악해져서 같은 방에 있는 애들 머리도 잡아채고 얼굴도 할퀴어 놓고…… 공격성이 통제가 안 되는 거예요……. 머리로는 이러지 말아야 하는데…… 내가 왜 이러지…… 하면서 사납게 되는 거예요. 그런데 북한 사람들이 다 그래요. 하나원에서도 여자들끼리 싸우면서 주먹으로 이빨 부러뜨리고…… 복도 끝에서 상대방 머리채를 잡아서 질질 끌고 가고…… 그렇게 공격적이었어요. 대체로 나를 때렸던 사람 있으면 그냥 좋게 해서 보내고…… 다시는 만나고 싶지 않고…… 그렇잖아요. 북한 사람들이 만나면 잘 싸우고……. 그래서 나는 혼자 밥 먹고 혼자 공부하면서 지냈어요. 그래도 다른 사람들은 쉬는 시간에 같이 공도 차고…… 얘기도 하고 그러는데…… 나는 12시 되면 혼자 자러 들어가고…… 사람들하고 상관없이 지냈어요. 사회에 나와서도 새터민이라면 만나고 싶지 않았어요. 〈대상자 나〉

왜냐하면 우리들은 어릴 때부터 서로 싸우고 비판하도록 배워왔어요. 자아비판에 호상비판까지 하면서 지냈거든요. 그래서 사람들하고 말하다 보면 싸우게 돼요. 하나원에서도 사람들이 한 번 싸움이 붙으면 옆사람이 말리지 못해요. 말리는 사람도 가만 안 두거든요. 그래서 사회에 나가면 새터민들을 만나지 말아야겠다 생각했지요. 〈대상자 다〉

같은 아파트에 북한 여자들이 몇 있다고 하는데…… 실제 교류는 없었어요……. 누가 있는지 관심도 없구요. 굳이 알고 싶어 하지도 않았어요. 새터민들 모여서 털어놔 봐야 고생한 이야기밖에 뭐 있

겠어요. 지금도 고생하고 있는데…….〈대상자 라〉

우리들이야 한국에 온 이유를 서로 너무 잘 아니까…… 그게 더 불편한 거예요……. 나 같은 경우에는 중국에서 살다 혼자 왔잖아요. 새터민들은 중국에서 살다 혼자 들어온 여자들이 인신매매를 거쳤든지…… 아니면 강제결혼을 했든지…… 어떻게 살았다는 거 다 알고 있거든요.〈대상자 마〉

대상자들은 각자 처한 현실의 어려움에 대처하기 위해 자신에게 도움이 될 수 있는 새터민을 만나고 싶어 한다. 그러나 주변의 새터민들 역시 물질적으로나 정서적으로 고향사람들에게 현실적인 도움을 주기에는 인식 면에서, 능력 면에서 부족함이 많다. 그러한 사실들을 발견하게 되면서 새터민과의 만남을 꺼리게 된다. 또한 현실에 흡수될 수 없는 자신의 입장으로 인하여 비슷한 상황에 있는 새터민들끼리 모이게 되나 정서적 공허감을 메우기 위한 만남의 수준에 그치고 만다.

내 주변에 있는 북한 사람들 보면, 북한 사람들끼리 나누고 돕고 그런 거 전혀 없어요. 물론 아직 사는 게 힘드니까 그런 여유도 없을 수 있겠지만…… 인식 자체가 없어. 그래서 만나고 싶지 않게 되고…….〈대상자 가〉

사회에 나와서 아는 한국 사람도 없고 그래서 새터민들 모임에 가봤어요. 그런데 나보다 더 모르는 거예요. 내가 한국사회에 녹아들자면…… 금방 들어온 새터민들 만나봐야 소용이 없어요. 그런 사람들 만나면 만날수록…… 내가 새터민인 걸 더 확인하게 돼요.〈대상자 나〉

규칙적인 할 일이 없으니까 북한친구들 만나서 거의 매일 술 마시고 같이 돌아다니고, 그 친구들 집에서 자고, 술 마셨으니까 으레 나중에는 꼭 싸워요. 같이 술 마시던 친구가 병으로 내 머리를 쳐서 피가 나오는 거예요. 그래서 나도 주먹으로 한방 날렸지요. 그랬더니 그 친구 이빨 두 개가 부러졌어요. 다른 친구들이 경찰을 불렀는데 벌금이 200만 원 나온 거예요. 그 친구는 500만 원 나왔어요. 그게 또 억울해서 법정까지 갔는데 치고 박고 싸운 거는 정당방위가 아니라 벌금을 내야 한다고 해서 냈어요. 다들 마음이 힘드니까 신세한탄 하려고 만나는 거지 서로에게 도움이 되고 그런 건 없었어요. 〈대상자 다〉

새터민들이 나한테 돈을 벌 수 있도록 해주는 것도 아니고…… 서로 위로해주고 그러지도 못해요. 각자 살 궁리에 바쁘고……. 내 마음이 힘드니까 서로 친하게 지낼 여유도 없어요. 〈대상자 라〉

성직자들이 소개해 준 새터민 모임에도 나가 봤어요…… 그런데 새터민 모임에 나가도 서로 다 힘든 상황에 있어서 남을 도와주거나 그러지는 못해요……. 교회나 성당에서 도움을 받는 입장이지……. 처음에는 뭐든 내가 받을 게 있으면 모임에 나가는 거예요. 새터민들을 만나려고 나가는 게 아니구……. 〈대상자 마〉

과거 새터민들 간에 누적되었던 불신이 한국에 들어온 새터민과의 현실적 교류에 영향을 미친다. 또한 한국에 들어오더라도 북에서 자녀를 데려오거나, 북한가정에 돈을 송금하거나, 학교서류를 가져와야 하는 등의 현실적인 문제를 해결하기 위해서는 현지 북한인과 교류할 수밖에 없다. 그러나 그렇게 피할 수 없는 연계로부터 그들은 다시 한 번 고향사람에게 불신을 경험하면서 실망하게 되어 결국 북한 사람과의 교류를 피하게 된다.

중국에 있을 때도 북한 사람들은 서로 속인다는 걸 알기 때문에 가까이 지내질 않았어요. 조선족도 마찬가지고……. 중국에서도 조선말 쓰는 사람이 가장 무서웠어요. 차라리 한족이 낫지……. 북송돼서 조사받을 때도 조사관이 자기도 어쩔 수 없이 군복입고 있지만 북한이 살기 힘드니까 중국 가는 사람 이해된다고 하면서 얼리는 거예요. 내가 그 말에 넘어가서…… 나중에 엄청나게 맞았어요……. 〈대상자 가〉

북한 수용소에 있을 때 보위부 직원들이 중국수용소에서 나보다 먼저 나왔던 같은 방 사람들을 불러다가 나에 대해서 진술을 받았어요. 중국서 문건을 보내지 않으니까 내가 수용소에 왜 들어갔고 어떻게 지냈는지 북한서는 몰라요. 그러니까 중국수용소에서 같은 방에 있던 사람들을 불러다가 진술하게 만들거든요. 그래서 아무리 절친한 애들이라도 먼저 나가게 되면 같은 방안에 있었던 사람에 대해서 진술을 나쁘게 해요. 그래야 자기들이 심문과정에서 한 대라도 덜 맞게 될 것이고…… 죄를 삭감받을 수 있다고 생각해요. 그래서 먼저 나간 사람들이 나에 대해서 나쁘게 진술을 한 거예요. 내가 기독교 사상에 물들어서 성경 얘기를 많이 해 줬고…… 전도하려고 했고…… 벽 보면서 하루 종일 기도하고…… 성가 부르고…… 했다고. 사상에 문제가 있다고……. 내가 같은 방에 있는 애들이 관리소로 나갈 때 추위에 고생할까 봐 내 겉옷을 벗어 주고 진심으로 잘해 줬는데도 그렇게 증언을 한 거예요. 그 다음부터는 한국에 와서도 새터민은 쳐다보고 싶지도 않았어요. 〈대상자 나〉

작은누나하고 나하고 중국 갈 때 길잡이 해주던 놈이 바로 누나를 한족한테 넘긴 집주인 여자의 남동생이었어요. 다 한통속인 거야. 다 새터민이었거든……. 인신매매든 결혼중매든 다 불법인건데……. 나도 그랬지만…… 중국에서도 북한 사람들이 북한 사람 상황을 이용해서 살다 보니까 한국에 와서도 다르다는 생각이 들진 않았어요. 〈대상자 다〉

사회에 나와서 북에 있는 아이 둘 하고 시어머니를 한국에 데려오려고 남편이 중국엘 갔어요. 중국에 있는 북한 브로커한데 친정 쪽 언니들을 만날 수 있게 알아보라고 했는데 이미 주소가 다 정리돼서 어디로 갔는지 알 수가 없다는 거예요. 할 수 없이 북한브로커한데 아이들을 안전하게 데려올 수 있냐고 하니까 할 수 있다는 거예요. 사실 북한 집이 황해도라 함경북도 두만강 국경까지 24시간 내에 나오는 게 쉽진 않아요. 그래도 브로커들이 할 수 있다고 하니까…… 나누어서 천오백만 원을 보냈는데 결국엔 데려오질 못했어요. 할 수 없는 일이면 할 수 없다고 하든지…… 하지, 할 수 있는 것처럼 하니까 기대하게 되는 거지요. 〈대상자 라〉

북에서 대학 졸업장 사본을 가져와야 하는 일이 있었어요. 나한데는 그거 없으면 내가 의대 졸업했다는 증거가 없으니까…… 남한에서 내 인생이 다 날아가는 거예요…… 그렇게 중요한 건데…… 그거 구하려고 90만 원을 보냈어요. 그런데 북한 사람들이 돈 다 떼어 먹고 소식도 없어요. 북한에서는 북한 사람들끼리 약속 안 지키고 속이고…… 그렇게 사는 게 보통이라는 거 알고 지냈지만……. 내가 한국에 와 보니까 북한 사람들이 새롭게 보이는 거예요. 나중에 전화로 나도 북한 사람이지만 북한 사람 상대 못하겠다고 그랬어요……. 화가 나서……. 〈대상자 나〉

나도 북한 사람이지만, 한국에서 살아보니까…… 북한 사람은 이래서 안 되겠구나…… 그런 생각을 하게 됐어요……. 내가 북에 있는 어머니한데 인편에 돈을 붙인 적이 있어요……. 보통 한국에 있는 새터민을 통해서 돈을 중국에 있는 중국 사람의 계좌에 넣어줘요. 그럼 북한에서 심부름 하는 사람이 중국으로 나와서 돈을 받아가지고 북한으로 들어가서 전해주는 거예요. 그 과정에서 20%는 수고비로 주거든요. 그래서 80%는 어머니 갖다 드리고, 어머니하고 그 자리에서 통화하게 해 달라고 했어요. 그런데 통화를 안 시켜주고 서신을 갖고 온 거예요. 서신에는 분명히 80% 받았다고 되어 있었

어요. 그래서 내가 북에 계시는 어머니한데 전화로 물어보니까
20% 간 거예요. 요즘은 북한으로 핸드폰 통신이 다 되거든요. 서신
도 엉터리로 만들어서 주고 어머니한테 수고비를 따로 또 떼어 받
구…… .〈대상자 마〉

ⓑ 도움이 될 만한 남한 사람을 찾아나섬

'로마에 오면 로마법을 따르라'는 하나원 교육내용은 새터민들로
부터 도움을 기대할 수 없었던 대상자에게 남한 사람과의 교류의
필요성을 강화시켰다. 막막한 현실에서 지푸라기라도 잡고 싶은 심
정으로 〈대상자 다〉는 한국에 있다고 들은 어머니 쪽 친척을 찾고
자 한다. 〈대상자 가〉는 누군가에게 의지하고 싶어지는 현실 속에서
살기 위한 방편으로 남한방식을 따라야 한다고 인식하고 있으며,
〈대상자 나〉와 〈대상자 마〉 역시 자신에게 도움이 되는 남한 사람
을 만나고 싶어 하는 동시에 남한 남성과의 결혼을 통해 한국생활
에 안정감을 느끼고자 한다.

아무도 모르는 이 사회에서 앞으로 어떻게 살아가야 하나…… 막막
하고 그러니까 누군가에게 자꾸 의지하고 싶어지는 거예요. 마음이
휘청거려서 내 마음을 잡아줄 뭐라도 잡아야 안정될 것 같았어
요……. 그런데 하나원에서 로마에 가면 로마법을 따라야 한다고
가르쳤거든. 나는 그걸 한편으로는 강압적인 것으로 생각하기도 했
어요. 살려면 할 수 없다 하는 걸로도 받아들였어요 〈대상자 가〉

나도 뭘 배울 게 있는 사람들하고 지내야 여기 생활 익히는 데 도
움이 되지 않겠어요? 사회에 나와서 생활에 좇겨서 돈 벌겠다고 식
당 일을 전전했어요. 그러다 보니까 사는 게 힘들어지고 마음도 외
로워지는 거예요. 옆집 아주머니가 나한테 선을 보라고 하시는

데…… 내가 북에서는 의사였어도 한국에서는 영세민이잖아요. 그러니까 남한 사람이라도 같은 영세민을 소개시켜 주는 거예요. 그래서 내가 싫다고 했지요. 북에서도 토대 때문에 마음에 드는 배우자 만나기 힘들 거라 생각해서 결혼 안 했는데…… 한국에 와서까지도 그러니까…… 내가 싫다고 했어요. 그런데 …… 계속 외로워지고 힘드니까…… 그 아주머니한테 가서 다시 말할까…… 그런 마음이 들더라구요. 누구한테든 시집가서 그냥 마음 붙이고 살고 싶어지는 거예요. 〈대상자 나〉

내가 정말 오고 싶어서 한국에 왔는데…… 막상 오게 되니까…… 사는 게 뭔가 하는 근심이 생겼어요. 뭘 어떻게 해서 살아야 하는지도 모르겠구……. 누나나 형도 한국생활은 모두 처음이라서 다 같이 모르는 거예요……. 처음 3개월간은 우리 형제가 같이 살았는데…… 형이 조선족 여자를 만나서 살겠다고 하는 바람에 누나하고 내가 집을 얻어서 나왔어요. 누나는 아침 7시에 나가서 저녁 12시에나 들어왔어요. 오전에는 학원에 나가고…… 오후에는 식당에 나가서 바쁘게 지냈거든요. 그래서 빈집에 나 혼자 있었어요. 정말 답답한 거예요. 오늘은 뭘 하면서 시간을 때우나…… 누구하고 지내야 되나…… 그거 고민하는 것도 상당했어요. 그러다 북에 있을 때 큰아버지 말고도 어머니 쪽 친척이 있다고 들었거든요. 한국에 왔으니 한국친척이라도 있으면 좋잖아요. 그래서 담당형사한테 부탁을 했지요. 찾아봐 달라고……. 〈대상자 다〉

하나원에서 로마에 오면 로마법을 따르라 그랬어요. 그래서 가능하면 같은 고향사람보다는 여기 사람들을 사귀어야겠다…… 생각했지요. 〈대상자 라〉

생각은 복잡한데 혼자서 감당하려니까 힘들었었어요. 남한테야 강하고 냉정하게 보였지만…… 내 속은 아니었거든요. 한국에 들어오기 전에도 살면서 힘들어도 누구하고 의논하고 그래본 적이 없어요.

그럴 사람도 없었구요. 나 혼자 머릿속으로 생각하고 계획하고 해
서 해결해 왔어요. 한국에 와서도 그렇게 살려니까 내가 엄청 힘든
거예요. 이젠 말할 사람이 있으면 좋겠다…… 그런 마음도 들
고……. 그러다 보니 자리잡힌 남한 남자한테 시집가고 싶더라구요.
과거에 내가 원했던 건 아니었어도 중국에서 가정을 일구고 살아
봤으니까…… 한국에 와서도 내 마음을 안착시키려면 시집가는 게
좋은데……. 〈대상자 마〉

과거 난민의 심리적 충격(trauma)을 경험한 대상자라 할지라도
자신의 어려운 상황을 해결하는 데 있어서 수동적으로 반응하지 않
는다. 그들은 지금, 여기에 존재하는 주변 자원을 찾아 자신의 욕구
를 반영할 수 없는 심리적으로 차단된 현실을 깨고자 시도한다. 어
려운 상황에 직면하였을 때 도움을 줄 수 있는 사람을 찾아 나서는
것은 자신을 개방하고자 함으로써 강한 대인간 관계를 형성하려는
시도인 것이다. 이것은 또 다른 정서적 표현이라 할 수 있으며, 자
신에게 합당한 지지망을 형성하고자 하는 새로운 행동전환이라 할
수 있다. 〈대상자 가〉는 하나원에서 친숙했던 성직자를 떠올리며 연
락을 취해 자발적으로 마을 성당을 찾아간다. 〈대상자 나〉는 첫 달
부터 브로커비용을 갚고 나니 생활비가 없어 생활전선에 뛰어든다.
어느 날 의사고시를 포기한 자신의 현실을 깨닫고 중국에서, 하나원
에서 접했던 기독교사상을 떠올리며 무작정 마을 교회로 향한다.
〈대상자 리〉는 북에 둔 자녀로 인한 상실감이 깊어지자, 주거지 배
치 후 이불을 구입하기 위하여 만났던 상가 언니를 찾아간다. 〈대상
자 마〉는 담당형사의 조언으로 종교의 의미와 관계없이 남한 사람
과 연계하기 위해 성당을 찾아간다.

그러다 누구를 만나야 할까 생각하다가 하나원에서 만났던 수녀님하고 신부님이 생각났어요. 하나원에 있을 때 그분들하고 이야기를 많이 나누었거든요. 그래서 하나원에서 만났던 수녀님께 전화를 해서 동네에 있는 성당에 내 발로 찾아갔어요. 〈대상자 가〉

첫 달에 브로커비용 300만 원을 주고 나니까 당장 소금살 돈도 없는 거예요. 그렇게 생활이 힘들어지니까 돈 벌겠다고 식당 일을 전전하면서 입시공부를 접었어요. 그러던 어느 날 주객이 전도됐다는 생각이 번쩍 들더라구요. 정말 내가 이렇게 살려고 남한에 왔나…… 그래도 북한에서는 의사였는데…… 하는 생각이 들었어요. 하루 종일 식당 일 하다 보면 입시공부를 할 수 없으니까…… 집어치우고…… 어떻게 할까 고민하다가…… 하나원에 있을 때 천주교, 기독교, 불교 모임을 한 번씩 다 돌아봤거든요. 그래서 눈에 보이는 동네 교회를 찾아 갔어요. 내가 중국에서 선교사 만나서 기독교 사상을 접해 봤고, 하나원에서도 종교생활 접해 봤기 때문에……. 그때 교회가 떠올라서 무작정 교회로 갔어요. 〈대상자 나〉

내가 아이들 문제 때문에 신랑하고 갈등이 계속 생기고…… 그래서 신랑한테 해 댈 때는 괜찮았는데 참으려니까 다른 누구한테라도 털어놓을 사람이 있어야겠더라구요. 내가 속상한 걸 얘기할 누가 있어야겠다는 생각이 드는 거예요. 처음 주거지 받고 가보니까…… 덮고 잘 이불이 없는 거예요. 적십자 도우미 엄마하고 상가 이불가게에 같이 갔어요. 거기서 내가 북한에서 왔다고 말했거든요. 그때 그렇게 얼굴만 알았는데…… 상가 이불가게 언니가 같은 아파트에 사는 거예요. 그래서 가끔 길에서 만나게 되면 인사 정도 하고 그렇게 지냈어요. 그런데 내가 북에 두고 온 아이들 때문에 제 정신으로는 살 수가 없는 거예요. 그렇다고 매일 남편한테 해 댈 수도 없고…… 그래서 내가 상가로 그 언니들을 찾아갔어요. 나는 내가 먼저 사람들한테 다가가요. 내가 다가서야지…… 그 사람이 내 마음을 터놓고 지낼 수 있는 사람인지 아닌지 알잖아요. 이 세상에 나쁜 사람만 있는 건 아니지만…… 그중에서 좋은 사람을 만나려면 내가 먼저 다가서야 해요. 일단은 내가 다가서서 부딪쳐 봐야 해요. 〈대상자 라〉

우울하게 집에 혼자 있으니까…… 담당 형사님이 우리 동네에 큰 성당이 하나 있는데 거길 나가 보라고 해서 나가게 됐어요. 하나원에서도 종교시간에 참여해 봤는데…… 이해가 되질 않아서 모르겠더라구요. 그렇게 말했더니 형사님이 나보고 종교를 믿으라는 게 아니라…… 한국 사람을 만나면서 도움도 받구…… 그러다 보면 마음을 안착시키는 데 도움이 된다고 하셔서 나간 거지요. 일단 한국 사람을 만나려면 다른 곳에서 만난 사람들보다는 종교단체에 있는 사람들이 그래도 낫지 않겠냐고 해서 사람 만나려고 무조건 성당에 나간 거예요. 〈대상자 마〉

ⓒ 삶의 의미구축과 홀로 삭힘

심리적 충격(trauma)을 경험한 개인은 변화될 수 없는 심리적 고통 요인(stressor)에 대해서는 의미를 변화시키기 위해 인지적 대처를 활용한다. 즉 의미구성(meaning making)을 하게 된다.(Pearlin, 1991, Park 1998에서 재인용) 의미구성이라는 인지적 대처는 심리적으로 고통스런 사건이나 경험 후에 따라오는 성장과 회복에 중요한 측면이라고 할 수 있는데, 이 대처 유형은 심리적 고통 경험 이전부터 개인이 가졌던 강한 신념체계 즉 해로움에 대해서도 상처 입지 않을 개인 자신이 가졌던 세상에 대한 신념들로서 이에 동화시키거나 일치시키려는 개인들의 시도를 포함하고 있다.(Park & Folkman, 1997, Park 1998에서 재인용) 만일 상황이 침해(violation)로써 평가되었다면, 개인들은 총체적인 측면에서의 의미를 변화시키게 된다. 즉 미래에 동일한 상황 발생을 예방하기 위해 변화하는 것이다. 이는 상황적 의미를 변화시킴으로써 결과로서의 긍정적인 변화를 보고할 수 있도록 하는데, 혜택을 정의함으로써 위해한 자극을 피하려고 하는 의도를 갖는다. 또 다른 방법으로는 심리적 고통 상황에 대한 원인을 좀 더 양호하게 부여하여 좀 더 긍정적인 견지에서 상황을 보려고 시도함같이 긍정적인 재평가를 통한 의미구성이 가능하다. 이는 귀인(attributions)과 재귀인(reattributions)을 활용한 의미구성이라 할 수 있다. 이렇게 불일치성이 줄도록 하는 의미 구성 방식은 심리적 고통에 관련된 성장을 찾는 유일한 방법들 중 하나라고 할 수 있다.(Park 1998) 그리고 심리적 고통에 대한 대처가 반드시 억제(suppression)하는 것이 도움이 되는 것은 아니다. 상황에 따라서 적절한 정서 표현이 수반되는 것을 긍정적인 대처로 해석하기도 한다.(Aldwin, 1994) 대상자들은 역시 각자 살아야 하는 의미를 구축하면서, 그리고 고통스런 심정을 도구를 통해서, 인식을 통해서 표출을 한다.

> 그런데 죽으면 이걸로 끝이구나 하고 생각하니까 그렇게는 못 죽겠더라구요. 세상에 태어나서 이렇게 아무것도 하지 않은 채로 죽으면…… 북에서 온 사람들은 내가 늦은 나이에도 중고등학교, 대입 검정까지 다 견디고, 남한에서 대학 갔다고 성공했다고 하는데…… 난 여기 학생들이 대학 들어갔다고 성공한 게 아니라는 걸 이미 아니까…… 그걸 성공이라 생각지는 안 터라도, 이대로 죽으면 북한에서 온 사람들이 남한에서 대학까지 들어 간 녀석도 자살하는데…… 나 같은 놈이 남한에서 잘 살 수 있겠어…… 하는 생각을 가질까 봐…… 그렇게는 못 죽겠더라구요. 그리고 무덤에 들어가기 전에 뭔가 이루고 싶은데…… 호랑이는 가죽을 남기고, 사람은 이름을 남긴다는데…… 난 뭔가…… 그런 생각이 들었지요. 〈대상자 가〉

가슴 답답할 때 많이 있었지요. 나는 우리 동네 산에 조깅하러 가끔 간 적이 있었는데…… 마음이 너무 힘들어지면 나 혼자 산에 가서 통곡하고 풀고 그랬어요. 그러면서 과거보다는 앞으로 살 날이 더 창창하니까…… 과거 때문에 더 이상 괴로워하지 말자……. 중국에 자식이 있고, 북한에서 중국으로 갈 땐 내 가족들 위해서 간 건데 삶에 끈을 놓지 말자. 오히려 그걸 디딤돌로 삼자…… 그런 식으로 내 정신적 각오를 새롭게 하려고 했어요. 〈대상자 마〉

나는 나를 새터민이라고 무시하는 사람들이 있으면 속으로 이렇게 말해요. '그래! 지금은 네가 그렇게 말하지만, 언젠간 나를 찾아오게 될 날이 올 거다. 그때가 언제가 될지는 모르겠지만……' 그런 때를 그려보면서 나를 인내하게 되고, 이 험한 세상사는 걸 견디게 돼요. 〈대상자 가〉

사는 게 힘들어서 죽고 싶은 마음이 들다가도 그냥 죽기엔 억울하구나…… 그런 아쉬움이 남아서 못 죽겠더라구요. 그동안 살면서 하고 싶은 걸 제대로 해본 적이 없었어요. 과거 때문에 고통스럽다가도…… 그래 내가 여기에 어떻게 왔는데…… 목숨 걸고 왔는데…… 그 열정을 갖고 결심하면 못 할게 뭐있나, 내 인생이 그렇게 짧지는 않을 거다. 한국에 온 것만도 난 행운아다……. 북송돼서 수용소 들어갈 때도, 그리고 한국으로 들어올 때도 죽고 사는 위기를 경험해 봤잖아. 이젠 포기할 건 빨리 포기하고 결정한 건 뒤돌아보지 말자…… 하면서 나를 달래요. 〈대상자 나〉

나는 글 쓰는 걸 좋아하니까, 나 혼자 생각나는 대로 글쓰기를 세 시간 정도 해요. 가상의 세계도 쓰구요. 한국에 와서부터 시간 나는 대로 북한에서 지냈던 과거부터 시작해서 지금까지 쓴 일기가 상당해요. 내가 말로 풀면 말을 자꾸 더듬어요. 그래서 글로 쓰는 게 말로 하는 것보다 편하거든요. 글을 마구 쓰다 보면 머릿속이 좀 시원해져요. 그리고 속이 끓어 오르면 산에 올라가요. 마음이 조금 힘

들면 우리 동네 낮은 산에 올라가고, 많이 힘들면 옆 동네 높은 산
이 있어요. 거길 올라가요. 내가 그렇게 정했거든요. 올라가면서 내
려오면서 생각을 많이 해요. 특히 비 오는 날 산에 오르는 걸 좋아
해요. 비가 오면 머릿속 정리가 더 잘돼요. 〈대상자 다〉

아이 때문에 매일같이 남편한테 퍼붓게 되니까 남편하고 싸움이 되
고…… 남편이 너무 위축돼서 사회생활을 하는 데 북한에서보다 자
기 발휘를 더 못하는 거예요. 그래서 언젠가부터 이렇게 살면 안
되겠구나 하는 생각이 들었어요. 그래서 피아노를 배우기 시작했는
데…… 160만 원 주고 할부로 피아노를 한 대 샀어요. 가슴 답답하
고 화가 치밀 때는 리시버를 끼고 피아노를 몇 시간씩 두드리다 보
면…… 마음이 가라앉고 좀 풀리는 것 같아요. 남편한테 해대는 것
보다 차라리 피아노를 치니까…… 남편하고 싸우지 않게 되구요.
그렇게 해서 내 감정을 조절하는 거지요. 계속 참고 있다가 신랑한
테 감정을 터뜨리고 하는데…… 그 참고 있는 과정에 피아노가 도
움이 돼요. 내가 이걸 살 형편이겠어요. 나한테 지금은 격에 맞지
않는 거지……. 그래도 자제를 하려니까 어떻하겠어요. 피아노라도
쳐야지 내 감정을 다스릴 수 있는 걸……. 그래서 많이 도움이 돼
요. 그렇다고 남편한테 영 터뜨리지 않는다는 건 아니에요. 그래도
전 보다는 줄었다는 거지요. 〈대상자 라〉

ⓓ 종교적 대처

　연구참여자들이 경험한 심리적 고통에 대한 종교적 대처는 삶의
혼란스러움과 두려움에 직면한 대상자들에게 삶의 통로를 제공해
준다. 그중 기도라든지 성경말씀에 관한 학습 등 내면적인 종교적
대처가 심리적 고통을 완화시키는 것으로 보인다. 〈대상자 가〉는 자
신이 물질적으로 가장 부족한 사람이라고 생각하고 성직자에게 더
큰 물질적 도움을 요구했으나 거절당해 분노를 느끼게 된다. 그러나

신앙 강론시간을 통해 남한에도 어려운 사람이 있다는 사실을 알게 되면서 남한 사람에 대한 인식이 변화되며, 자기중심적인 태도에서 벗어나는 데 도움을 받게 된다. 〈대상자 나〉는 현실의 생활고로 인해 학업에 집중할 수 없었던 자신의 심리적 압박을 다스리는 데 기도가 큰 힘을 주게 된다. 〈대상자 라〉는 평소 신앙생활이란 인간의 의지가 나약한 경우에 신에 의지하는 것으로 인식하였으나 배우자가 자녀를 데려오려고 중국으로 갈 때마다 심리적 불안을 다루기 위해 교우들에게 3주간을 자신의 가정에서 합동 기도를 부탁한다. 그리고 성직자의 안수를 통해 한국 와서 처음으로 잠을 잘 수 있었다고 한다. 이렇게 대상자는 북한에 있는 자녀를 데려오는 과정에서의 심리적 고통을 신앙의 힘으로 견디어 내고 있다. 〈대상자 마〉는 신앙생활이 삶의 문제를 모두 해결해 주는 것은 아니나 세상을 이해하는 중재역할을 한다고 인식하게 되면서 신앙생활 이전과 이후에 내면에 변화가 있었음을 표현한다.

한국에 와서 살면서 내가 이 세상에서 가장 가난하고 힘든 사람이라고 생각했거든요. 내가 대학 준비하려고 검정고시 보는 동안 성당에서 매월 학비보조금으로 50만 원 주고 생활비를 10만 원씩 주셨어요. 그런데 내가 신부님한테 생활비를 좀 더 달라고 했어요. 그때는 우리 동네에 나만큼 못사는 사람은 없으니까 더 받아야 한다 그렇게 생각한 거지요. 그런데 신부님이 더 이상은 안 된다고 딱 잘라서 말씀하시는 거예요. 내가 과거에 너무 고생을 많이 한 영향 때문인지 그때 내 성격도 빡빡했고 누가 나를 칭찬해 줄 때는 모르는데…… 조금만 거스르게 하면 이유도 없이 화가 나고 그랬어요. 그래서 엄청 화가 났지요. 이렇게 잘사는 곳에서 나한테 이거밖에 안 주나……. 그런데 신앙생활하면서 강론시간을 통해 남한에도 나보다 가난한 사람, 나보다 힘든 사람이 있구나 하는 것을 알게 된 거예요.

그래서 남한 사람들에 대해서 함부로 생각하지 않게 되었어요. 만일 내게 신앙이 없었더라면 아마도 이 사회를 바라보는 관점이 달라졌 겠지요. 그리고 나를 중심으로 판단하고, 생각하고 그러다 보니 내 뜻대로 안 되니까…… 다른 사람들하고 싸우게 될 거고……. 다른 사람을 이해하려는 마음이 없었을 거예요. 그런데 신앙생활하면서 다른 사람을 이해하려는 마음을 갖게 된다는 걸 경험하게 됐어요. 물론 그렇게 되기까지 시간이 많이 걸려요. 〈대상자 가〉

마음이 혼란스러울 때는 기도하면 생각이 오고, 지혜가 오고 그랬 어요. 하나원 나와서 돈 없어 방황할 때 뭘 의지하나……. 통장에 돈이라도 있으면 의지나 되지……. 그것도 없으니까…… 어떻게 할 지 몰라 안타까웠어요. 그래서 무조건 거리로 나와서 돌아다니다가 사람 구하는 식당 보고 그냥 들어가서 일했어요. 그러다가 주선이 바뀌었어. 공부 때려치우고 아르바이트 하다 보니 어느 날 내가 공 부가 아니라 돈을 좇는 거야. 내가 이렇게 살려고 한국에 왔나……. 능력 없어 식당에서 일하게 되니까 남자 손님들이 내 손을 잡질 않 나……. 북한에서는 상상도 못했던 경험을 하게 되고…… 내 자존 심 지키지 못하고 살잖아요. 그래서 이렇게 살면 안 되겠다 싶어 그 다음부터 기도를 했어요. '난 가진 거 없어 공부 못하고 있습니 다. 어떻게 합니까? …… 하느님' 하니까 마음에서 응답을 받았어요. 내가 국가에서 34만 원 받거든요. 그런 사람이나 200만 원 받는 사 람이나 똑같다. 다만 그 사람은 자가용 타고 다니고…… 나는 지하 철 타는 거 차이지…… 불편하지만 그건 내 생각하는 거 차이다. 마찬가지 아닌가…… 공부 시작하는 데 지장만 없으면 되는 건 데…… 그리 생각하니까 너무 편한 거예요. 〈대상자 나〉

남편이 애 찾겠다고 중국 가던 날 핸드폰을 집에 놓고 간 거예요. 그래서 남편이 중국에서 나한테 전화를 해야 내가 받는 거지…… 그렇지 않으면 상황을 알 수가 없게 된 거예요. 남편이 중국에서 북한으로 잡혀가도 나는 아무것도 모르는 거잖아요. 우리가 한국인

이어도 북한에 호적이 그대로 살아 있기 때문에 중국에서 법적인 문제가 생기면 새터민을 한국에 넘길지 북한으로 넘길지는 중국에서 결정하는 거예요. 그러니까 마음이 계속 불안해서 살 수가 없었어요. 그리고 혹시 북한 가족을 데려오다가 수배령이라도 내려서 수용소로 들어가게 되지나 않을까…… 그런 생각하면 온몸이 벌벌 떨리고……. 그러다 보니까 내가 평소에 믿지도 않았던 하느님한테 기도를 청했어요. 나는 인간이 자기 의지가 약할 때 신을 찾는 거라고 생각했거든요……. 그런데 애들 일이야말로 내가 노력해도 인간이 마음대로 할 수 없는 일이잖아요. 하늘에 도움이 있어야 한다는 거지요. 애들을 북에서 데려올 수 있는 일을 할 수 있는 분은 하느님뿐인 거예요. 그리고 교우들한테도 연락해서 우리 집에 와서 남편이 돌아올 때까지 기도해 달라고 부탁했어요. 3주를 그렇게 지냈는데…… 신도들이 같이 기도해 주고 그랬으니까 지냈지 나 혼자서는 그렇게 긴 시간을 견디지 못했을 거예요. 그러면서 신부님한테 안수를 받았거든요……. 그날 한국 와서 처음으로 잠을 푹 잘 수 있었어요. 〈대상자 라〉

내가 볼 때 종교는 세상살이에 중재 역할을 해주는 것이고, 삶에 한 부분이라고 생각해요. 그렇다고 종교가 모든 걸 해결해 주지는 못해요. 그래서 한동안 신앙생활 안 한 적도 있었는데…… 신앙생활이 뭔지 몰랐을 때인데……. 그때는 같은 새터민들하고 모여서 술 마시면서 여기에 온 거 후회하고 그랬어요. 그렇게 종교와 이별하고 나서 내가 산다는 거…… 생각하는 것을 그 당시는 몰랐지만…… 나중에 차이가 난다는 걸 알게 됐어요. 그래도 신앙생활 할 때는 괴로울 때 술 마신다고 해결되는 것도 아닌데…… 그런 생각도 들고 그랬거든요. 그런데 그나마 신앙생활을 하지 않으니까 그런 생각도 안 들고 괴로운데 술 마시면 어떠냐…… 그렇게 하고 싶은 대로 하게 되는 거지요. 〈대상자 마〉

ⓔ 자기성찰

　　개인들은 심리적 고통을 다루기 위하여 문제중심적인 대처를 활용하기도 한다. 이를 통해 자신의 태도를 반추함으로써 문제 상황을 변화시키려는 적극적인 노력을 하게 되는 기회를 찾게 된다. 〈대상자 가〉는 한국에 온 지 2년이 지나도 주변에 사람이 없는 자신을 돌이켜 보면서 타인에 대한 수용이 부족했음을 깨닫게 된다. 〈대상자 나〉는 의대 입시 준비한다는 명분으로 대인관계를 소홀히 했음을 인식하게 되고, 〈대상자 다〉는 새터민이라고 특별히 수용해준 남한 사람들로부터 지속적인 대우를 기대하면서 지냈던 자신의 태도를 반추하게 된다. 〈대상자 마〉는 자식문제로 심리적으로 소원해진 남편과의 관계를 회복하려 하고, 〈대상자 라〉는 중국에 남은 자녀에 대한 도리를 성찰하면서 심리적 고통을 다스려본다.

　　내가 한국에 온 지 2년이 지났는데도 주변에 사람이 없었어요. 그러니까 내가 힘든 거야. 나는 진심으로 다가갔는데, 그럼 나만 진실했는가? 생각해 보니 그건 아니야. 내가 의문을 던졌을 때…… 내가 너무나 이 사회를 모르니까…… 이 사회는 이럴 것이다 생각하고 내 주관적으로 판단하고 지낸 거지. 이 사회에 살려면 나도 남의 얘기도 받아주고 그래야 뭘 알아가는 건데……. 그걸 몰랐던 거예요. 상대방도 진실하게 다가온 건데…… 그때는 그걸 모른 거지. 그래서 사람들이나 사회에 대한 다양한 측면을 보지 못하게 되는 거야. 그렇게 하는 게 나 스스로를 고립시키는 걸 몰랐지. 내가 싫어도 모임에 가서 사람들하고 분위기도 맞춰주고…… 농담도 하고…… 그래야 했는데 내 방식이 아니면 안 했거든……. 〈대상자 가〉

　　하나원 나와서 혼자 살아보니 걸리는 게 많은 거예요. 내가 천식이 있거든요. 어느 날 갑자기 열이 나고 온몸이 아픈 거예요. 열 내리는 약 한 알만 있으면 되겠는데……. 아픈데 그 밤에 어디 가서 약을 사러 갈 수도 없고…… 그렇다고 생각나는 사람도 없는 거예요. 주변에 연락할 데가 전혀 없다는 걸 그때 알았어요. 내가 의대 들어가야 한다는 목표 하나 성취하겠다고 아침 7시에 집 나가서 학교 도서실 가서 12시에 집에 들어오고, 핸드폰은 내가 전화할 필요가 있을 때만 켜놓구……. 내가 잃어버린 내 자존심 찾겠다는 데만 마음이 바빠서 주변사람들과 관계를 일체 무시한 거예요. 내가 그렇게 살았구나 하는 걸 그때 알았어요. 〈대상자 나〉

처음에 남한 사람들이 모임이 있다고 하면서 나를 부르면 항상 몸만 가면 됐어요. 내가 늘 받는 입장이어서…… 남한 사람들이 다 알아서 하겠지 그런 기대가 있었거든요. 누굴 만나도 밥값은 항상 상대방이 냈어요. 그게 습관이 돼서 나는 이 사회에서 마땅히 대접받아야 한다…… 그런 착각을 하게 되는 거예요. 처음에는 봉사자 만나서 길거리를 지나가다가도 간판보고 저게 뭐냐…… 이거 먹고 싶다…… 저고 먹고 싶다…… 하면 사주고 그랬거든요. 그러다 보니 날 받아주는 사람들이 시간이 가면서 점차 줄어들고……. 사실 내가 한국이 아닌 다른 나라에 가서 살았다면 누가 나를 그렇게 특별히 대해줄 거란 기대를 했을까…… 그런 생각도 들더라구요. 〈대상자 다〉

사실 나는 북한에 있는 아이들만 데려오면 남편은 필요 없다고 생각했거든요. 남편이 나를 애들하고 떨어뜨려 놨으니까 좋을 리가 없지요. 그런데 여기서 살아보니까 그래도 원수 같은 남편이라도 없는 것보다는 있는 게 낫구나 하는 걸 알게 됐어요. 장사하다 보면 남한 손님들한테 스트레스 받거든요. 그런 걸 누구한테 털어 놓을 수 있겠어요? 남편이 오면 내 이야기를 들어주니까 좋더라구요. 그래서 가능하면 내가 싸움 걸지 말고 잘해줘야겠다……. 〈대상자 라〉

한국에 와서 처음에는 중국에 있는 아이가 보고 싶어서 너무나 힘들었어요. 그런데 북한 남자 만나서 아이 둘 낳아 키우다 보니까

나도 모르게 중국에 있는 첫 아이가 점점 잊혀지는 거예요. 주변
사람이 몰어보길래 '그 아이는 잊었다.' 그렇게 말했지요. 또 중국
남편이 애를 줄 수 없다고 하니까…… 잊어야만 했어요. 그랬더니
그분 말이 중국에 있는 아이를 잊어서는 안 된다는 거예요. 자식이
크면 반드시 어머니를 찾게 되는 법이라면서…… 그 아이를 잊지
말고 살라고…… 잊어서는 안 된다고 해요. 그 말에 어찌나 가슴이
찔리던지……. 부모의 도리가 뭔가 생각하게 해주는 거예요. 그래서
내가 자식을 잊은 건 아니라고 알려야겠다 싶어서 매해 중국으로
가는 인편에 돈을 조금 보내주거든요. 이제는 그 애가 커서 날 찾
아올 때를 기다려야지요. 〈대상자 마〉

ⓕ 강인성과 정신적 강화

Kobasa(1979) 그리고 Kobasa et al.,(1985)은 강인함을 헌신성
(Commitment), 통제력(Control) 그리고 도전(Challenge)으로 설명
하고 있다. 헌신성이란 해야 할 것에 적극적으로 연계하면서 현실지
각이 있는 것으로, 통제력이란 자신이 상황이나 사건에 영향을 줄
수 있다는 신념을 갖고 있는 것으로, 도전이란 자신의 환경을 삶을
변화시킬 수 있는 자극제로 직면하는 것이라고 하였다. 또한 Lazarus
& Folkman(1984)은 강인성을 심리적 고통을 주는 삶의 장애물과의
직면에서 위협을 감소시켜주면서 목적 추구를 지속시켜주는 시도를
생산하게 한다고 지적하고 있다. 가치와 이상에 대한 헌신은 정서적
인 함의를 갖고 있으면서, 동시에 그렇지 않았으면 압도될 수도 있
었을 상황에서 개인적인 의미와 혜택을 인식하게 하고, 희망을 찾을
수 있도록 해준다고 제시하고 있다. 따라서 강인한 개인은 심리적으
로 고통스런 사건에서도 고통에 대한 의미를 인식하고, 어려운 상황
으로부터도 가치 있는 것을 끌어내어 사는 동안 그것을 통합하려

한다고 설명하였다.(Kobasa, 1979, 1982, Tedeschi & Calhoun, 1995에서 재인용) 대상자는 현실의 고통을 인내하며 미래를 위해 정신적 강인성을 발휘하게 된다. 〈대상자 나〉와 〈대상자 다〉는 자신의 미래를 위해, 〈대상자 라〉는 자녀를 북에서 데려오기 위해 힘든 현실을 견디어 내고자 한다.

가사 도우미 일은 정말 힘들어요. 식당에서 일할 때는 남자 손님들 때문에 마음이 힘들어서 그랬지, 몸은 그래도 힘들지 않았어요. 서빙만 하면 되니까……. 그런데 가사도우미는 정말 건강해야지 하겠다 싶어요. 일이 너무 힘들어서 다음엔 꼭 그만둔다고 말해야지…… 하고 결심하거든요. 그런데 막상 그날이 오면 말을 못해요. 두 가지 이유가 있는데, 첫째는 경제적인 이유고…… 두 번째는 이 정도 일도 감당하지 못하면서 앞으로 어떻게 살려고 하는 건가…… 내 스스로를 단련시켜야 한다. 그런 생각으로 계속 하게 되는 거예요. 〈대상자 나〉

한국에 와서 가장 힘들었던 게 시간 지키는 거였어요. 중국음식 배달일은 시간을 잘 지켜줘야 하는데……. 내가 처음 일할 때 그걸 못해서 주인아저씨한테 욕 많이 먹었어요. 중국이나 북한은 생활이 타이트하지 않아요……. 그러니까 내 몸도 그렇게 하는 거예요. 천천히 했어요. 그리고 천천히 하나 빨리 하나 정해진 돈 받는 건데…… 하다가 힘들면 안 하면 되고 그런 식으로 했거든요……. 그렇게 한 달 일했는데 나하고 같이 배달일 한 친구는 150만 원 주는데, 나는 100만 원 주는 거예요. 그때는 화가 나서 왜 차이가 나냐고 주인한테 따졌어요. 주인아저씨가 나보고 시간을 못 지킨다고…… 다른 일도 정확히 못한다고 그러는 거예요. 그런데 지금은 내 몸과 마음이 함께 가는 걸 알 수 있어요. 내가 마음먹은 대로 몸이 따라 한다는 거지요. 힘들어도 견디어 내는 힘이 생긴 거예요.

처음 배달일 할 때하고 지금하고 비교하면…… 내가 인내심이 많이 늘었구나 생각돼요. 내가 이것도 못 견디면 졸업하고 취업해서 5년간 돈 벌어서 사업할 건데…… 물론 그때야 책상에 앉아서 하는 일이라 몸은 이렇게 힘들진 않겠지만…… 그것도 쉽진 않을 거다. 그런데 이것도 못 견디면 내 꿈을 이루기 힘들다…… 생각하니까 힘들어도 참게 되는 거예요. 〈대상자 다〉

북에서 자식 둘을 데려와야 하는 게 너무나 절박하니까 못할 게 없었어요. 나 혼자 새벽 2시 30분에 일어나서, 트럭 몰고 노량진 수산시장에 가서 물건 받으러 가고, 가게 와서도 혼자 생선 날라서 진열하고, 늘 잠이 부족해서 힘들어서 한번은 졸면서 운전하다가 난간을 들이 받은 적도 있었어요. 그래도 돈 벌어야 자식 데려올 수 있다. 그걸로 견디는 거예요. 〈대상자 라〉

그리고 시간이 지나면서 한국생활에서 대상자들에게 필요한 것은 도구적인 지지보다 정신적인 지지임을 발견하게 된다. 대상자는 사회를 바로 볼 수 있는 관점을 넓혀주기 위해서는 당근보다 채찍이 더 효과적임을 인식하게 되는데, 이러한 인식의 변화는 물고기를 잡아주기보다는 물고기 잡는 방법을 알려주는 것이 한국생활에서 자기 효능감(Self-Efficacy)을 성장시켜주기 때문인 것이다. Bandura (1982)는 자기 효능감을 인식된 상황을 처리하는 데 요구되는 특정 행동들을 성공적으로 수행할 수 있다는 인식으로 설명하고 있다. 이러한 인식은 개인이 미래에 해야 할 일들에 대한 판단을 하는 데 영향을 미친다. 강한 자기 효능감은 생활 속에 도전을 완수할 수 있도록 스스로를 더욱 노력하게 만들어 목표 성취의 가능성을 더욱 확대시키기 때문이다.

사회에 나오니까 물질적 측면보다는 정신적 측면이 더 힘들어요. 물질적인 건 어차피 새터민들이 거의 모두 힘든 거니까 그런 거 말고, 내 상황을 어떻게 이해하고 해결해야 하는지…… 나는 이 사회에서 어떻게 살아야 하는지…… 그런 정신적인 게 더 힘들었어요. 그런데 남한 사람들은 우리에게 물질적인 것만 도와주면 된다고 생각하기 쉽거든요. 사실은 그런 것보다 정신적인 것이 달라서 마음이 안정되질 않는 거예요. 대부분 사람들은 하나원에 있을 때부터 종교를 선택할 때 물질적인 지원을 많이 해주는 종교를 선호하는 것 같았어요. 그런데 나는 처음부터 물질적 지원 그런 건 기대하지 않았어요. 한 번 남한테 기대기 시작하면 다시 혼자 서기가 힘들다는 걸 알았기 때문에…… 그런 것보다도 정신적으로 나를 잡아 줄 수 있는지 그걸 더 중요하게 생각했어요. 그런 생각은 하나원 나와서 여기 사회에 살면서도 계속 이어졌거든요. 어차피 북한에서 온 사람들은 가진 거 없는 건 마찬가지예요. 그래서 돈보다는 앞으로 살면서 겪을 일이 많을 테니까…… 정신적으로 그런 걸 어떻게 이겨내야 할까 그게 더 중요하다고 생각했거든요. 한국사회에서 내가 뭘 잘한다…… 그런 게 상당히 중요한데……. 처음 1, 2년간은 누가 잘 끌어주지 않으면 지내기 너무 힘들어요. 〈대상자 가〉

내가 수녀님께 외로운데 주변에 마음 나눌 사람이 없다고 하니까…… 수녀님께서 사람은 올라가는 단계가 있는데…… 내가 여기서 이제 의식주가 조금이라도 해결되다 보니까…… 사람들하고 관계를 통해서 안정을 찾고 빨리 내 소속을 찾고 싶어 하는 것 같다고 하세요. 그런데 하루아침에 사회에 소속되려고 발버둥 치고 있으니까 많이 힘들 거라고……. 전에는 북한에 있나 여기에 있나 예의범절은 다 똑같고.. 나도 거기서 앉을 때 설 때를 다 배우고 온 사람인데……. 사람 구실하는 데 물질적인 도움이 제일 중요하다고 생각했거든요. 남한 사람들이 나를 돕는다는 건 만일 내가 아르바이트 자리 부탁하면 그거라도 딱 도와주는 거, 그렇게 실질적인 도움을 주면 충분하다고 생각했어요. 그런데 그게 바뀌었어요. 한두

마디에 정신적인 도움이 나를 안정시켜주고…… 마음에 기운을 줘
요. 마음에 와 닿는 한두 마디로 내 생각의 패턴이 조금씩 바뀌게
되는 거예요. 〈대상자 나〉

한국 사람들은 우리한테 무조건 도와주면 된다고 생각하는데, 그건
아니에요. 물질적인 것보다 정신적인 게 더 중요해요. 우리한테 좀
딱딱하게 대하는 게 필요해요. 그러니까 사회를 보는 눈을 키워주
는 게 더 중요하다는 거지요. 그래서 당근보다는 채찍이 더 도움이
돼요. 물고기를 잡아주기보다는 물고기 잡는 법을 알려주는 게 인
간이 살아가는 데 도움이 된다고 하잖아요. 우리한테도 마찬가지예
요. 〈사례 마〉

⑨ 고통 경험을 역경 극복을 위한 심리적 에너지로 전환시킴

대상자들은 과거 난민으로서 고통스러웠던 경험들을 이제는 현실
의 어려움을 극복해 가는 심리적 자원으로 활용하고 있다. 이러한
심리적 자원을 '탄력성'이라 할 수 있겠다. 탄력성은 심리적 충격
(trauma)에 의해 발생된 다른 영역 안에서의 어려움들에 대처할 수
있는 심리적 에너지로 전환되어 활용될 수 있다.(Harvey, 1996) 〈대
상자 가〉는 북한 수용소에서 고문을 당할 때와 중국 농촌에서 농부
로 살면서 처했던 고통들을 잊기보다 그러한 상황을 이겨냈던 힘을
발휘하여 현실의 어려움을 극복해야 한다고 이야기하고 있다. 〈대상
자 나〉 역시 과거 경험했던 육체적이며 정신적인 고통들을 잊기보다
오히려 한국에서 살아가는 힘으로 전환시키고 있다고 한다. 〈대상자
다〉 역시 과거 힘들었던 시절이 있었기에 한국에서의 어려움을 딛고
서는 데 도움이 된다고 하였으며, 〈대상자 라〉는 북에 남은 자녀를
데려 올 수 없는 고통을 떠올리며 현실에 더욱 박차를 가한다.

이제는 북한 생활 떠오르면 '그래, 그때 거기서 살 때 힘들었었지! 하면서 미소가 돼. 그때 내가 맞고 울고 그러면서 죽고 싶었던 적이 있었는데…… 나를 무자비하게 때려줬던 그 사람이 지금쯤 몇 살 정도 됐겠다. 생각하면서…… 살아 있을까? 궁금해지고……. 이젠 잊어야지. 그런 생각보다는 그래서 내가 더 열심히 살아야겠구나 그런 생각으로 바뀐 거지. 긍정적으로 말이야. 〈대상자 가〉

중국에서는 생계를 위해 손에 잡히는 일은 다 했어. 누군가 돈 준다면 여기서는 말로 할 수 없는 힘든 노동 다 했어. 한국 여름 덥다는데 중국에서 내가 있었던 곳은 열대우림 같은 곳이야. 여기 여름은 정말 비교가 안 돼. 곡식 낟알을 자루에 주워서 인력으로 그 가파른 산을 넘어 나르는데 맨발 벗고 그 무거운 짐을 날랐거든. 너무 힘들어서 정말 마음 같아서는 두 어깨에 맨자루를 그냥 놓고 싶었어. 그래도 하나, 둘 구호 붙이면서 산을 넘어 가는데……. 이렇게 조그만 내가 그렇게 3년을 지냈거든……. 지금 여기서 몇 정거장 버스 타는 거리 정도는 중국에서는 다 걸어 다니는 게 당연했어. 한국에 이 정도 여름 더위는 사실 아무것도 아니야. 죽을 고생했던 상황에서 살다 보니까 한국에서 내가 넘어져서야 되나……. 그래! 바로 그렇게 살아야 해. 그런 생각이 들면서 그게 나에게 힘을 줘……. 〈대상자 가〉

나는 내가 겪어왔던 정신적 고통들, 육체적 고통들을 잊고 싶지 않았어요. 오히려 그걸 나한테 비춰 볼 때 나는 그걸 항상 잊지 말고 여기서 살아가는 힘으로 써야겠다. 그렇게 여겨왔어요. 그때는 고통이었지만 오늘날에는 힘이 돼요. 나한테는 내 과거가 불쾌하고 그런 게 아니구요. 그때 그런 고통이 없었으면 오늘 내가 어기까지 올 수 있었을까? 그런 힘이 여기서도 발휘됐으면 하는 거지요. 그걸 하느님의 기적이라고 한다면, 그 기적이 내가 사는 여기서도 일어나지 않겠는가 믿고 있어요. 전혀 불쾌하지 않아요. 오히려 힘이 돼요. 여기서 내가 정신적으로 힘들 때 오히려 과거 생각을 떠올려

요. 그때 내가 어떻게 버텼는가를 떠올리게 돼요. 그래서 갑자기 정
신이 번쩍 들어서 놓고 있던 책도 다시 보게 되고……. 〈대상자 나〉

나이에 비해서 이미 별 경험을 다 했다고 봐야죠……. 내가 살아
왔던 거 생각하면 사실 힘든 게 없어요. 그래서…… 마음고생 한
게 헛되진 않았다고 보는데……. 내 인생 길 위에 가슴 아픈 추억
이 좋은 이익을 낳을 거다. 그렇게 생각해요. 나한테 힘들었던 옛
일이 있었으니까…… 내가 어려움에 처하면 쉽게 일어설 수 있다고
보거든요. 물론 어려웠던 경험이 내가 힘들거나 아플 때 더 잘 떠
올라요……. 내가 이전에 먹지 못하는 상태에서도 아픔을 이겨냈어,
내가 이전에 먹지 못하고 아픈 상태에서 산에 나무하러 가고……추
운 겨울 날 차가운 물에도 뛰어 들었어요. 나에게 밥 안 주고 노역
을 시킨다고 해도…… 나는 괜찮을 거다…… 죽지 않고 살 수 있
다…… 견뎌낼 힘이 있다는 거지요. 과거에도 견뎌 냈으니까요
…….〈대상자 다〉

한국에서 장사하는 게 힘들다고 해도 내가 자식 못 데려와서 속 타
들어가는 거에 비교할 수 있겠어요? 북에서 애들이 아프다는 소식
을 듣고 나니까 여기서 빨리 돈 모아서 데려와야겠다는 생각에 마
음이 더 바빠지는 거예요. 원래 일요일 아침에는 장사 안 했는
데…… 이제는 그 시간에 교회 앞에 나가서 장사를 해요. 교인들이
지나가면서 많이 팔아주거든요……. 〈대상자 라〉

과거에 빠져 있으면 더 힘들어져요. 자꾸 그러면 현재가 안 보
여……. 중요한 건 현재거든. 그래서 내가 과거에서 뺄 건 빼기로
했어요. 내가 한국에 오려고 그렇게 힘들게 살았구나…… 그렇게
생각하기로 했어요. 그래서 과거에 내가 그렇게 고생했던 게 오히
려 힘이 돼…… .여기서 내가 잘 살면 과거는 추억으로 덮어지겠지.
그렇다고 잊혀지지는 않겠지만……. 〈대상자 마〉

ⓗ 하향비교

'하향비교'란 위기 경험 후 개인이 느끼는 희생정도를 더 큰 위기를 겪은 타인의 희생정도와 비교함으로써 그리고 개인의 상황이 더 악화될 수도 있었다고 가정함으로써 개인의 자존감을 향상시키고, 삶의 만족을 고양시켜주며, 상향 비교하는 것보다 불안과 우울을 감소시켜 주는 데 효과가 있으며 심리적 고통을 심리적 성장으로 전환시키는 데 정적인 영향을 준다고 밝히고 있다.(Gibbons, 1986, Wills, 1987, Perloff & Fetzer, 1986, Tedeschi & Calhoun, 1995에서 재인용, Williams, Daves & Millsap, 2002) 대상자들 역시 자신의 상황보다 열악한 대상과 하향비교함으로써 개인의 심리적 고통을 다루고 있다.

한국 생활 초기에는 내가 이 세상에서 가장 가난하고 힘들고 불행한 사람이라고 생각했어요. 그러다가 소록도로 자원봉사를 하러 갔는데, 거기에서 한센병에 걸린 사람들을 만나게 됐어요. 거기서 사람들이 휠체어 타고 다니고 몸도 마음대로 움직이지 못하는데 그런 몸으로도 몸을 뒤틀어 움직이면서 내가 묻는 말에 답하려고 하고, 휠체어 타고 예배도 보러가고……. 그런 거 보면서 나도 이렇게 받기만 하면서 살면 안 되겠구나 하는 생각이 든 거예요. 충격을 받은 거죠. 사실 내가 남한에 와서 다닌 곳이 별로 없었어요. 자원봉사 그런 건 꿈에도 생각 못했구요. 거기서 생각이 확 달라진 거죠. 이제는 남한 사람들을 위해 내가 할 수 있는 일이 있구나. 나 같은 놈도 여기서 쓸모가 있구나…… 그린 거죠. 〈대상지 가〉

내가 너무 외로워서 수녀님한테 나 술 먹고 잔다고…… 그렇게 고백했어요. 그랬더니 수녀님이 한국에도 어려서부터 버려진 고아가 있다는 거예요. 부모한테 어려서 버림받은 아이들에 대해서 어떻게 생각하냐고…… 저한테 물어보시더라구요. 그때 정신이 확 깼어요. '그렇구나! 한국에도 버려진 애들이 있구나…… 나는 그래도 북에서 부모한테 인정받으면서 30년 넘게 살았지…… 내가 버리고 온 거지 버림받은 건 아니구나.' 그날부터 내가 술을 낳어요. 그렇다고 전혀 안 마시는 건 아니었지만…… 한 달에 2번 정도로 줄였어요. 그러다가 완전히 끊었지요. 〈대상자 나〉

자살 사이트를 돌다가 '자살에서 나를 구하는 방법'이라는 게 옆에 있더라구요. 그거 읽어 보고 밖으로 나왔어요. 길가다 보니, 장애인이 보이는데 몸은 그래도 열심히 사는 모습이 보이고…… 저런 사람도 사는데…… 신체 멀쩡한 나는 뭔가…… 하면서……. 〈대상자 다〉

북에서는 위에서 시키는 대로 살아서 그런지, 나는 이제 남에 밑에서 시키는 일하면서 살기는 싫어요. 나도 똑같은 사람이다. 잘난 사람 부러워만 하지 말고, 나도 남을 부리며 살 수 있다. 그런 생각하며 살아요. 그래도 올라가는 데는 한계가 있으니까, 나도 언젠가는 올려만 보지 말고 내려도 보면서 살아야지……. 그러면 과거 때문에 상처받지 않고 지낼 수 있어요. 〈대상자 라〉

전에 내가 사는 아파트에 몸이 불구인 사람이 있었어요. 그런 사람을 보면 내가 팔다리 멀쩡하니까 나는 가진 게 많구나 그렇게 생각하다가 그래도 저 사람은 돌아가면 가정이 있잖아. 그런 생각이 드는 거예요. 그런데 나는 가정은 없어. 그럼 내 기분이 나빠지는 거예요. 그러다가 가정이 있고 직업이 있고 그런 사람들……. 그러니까 높은 데다가 자꾸 비교하게 되니까 살지 못하겠는 거예요. 더 비참해지지요. 오히려 내가 가장 비참할 때하고 비교했지요. 내가 고독하고 그랬을 때 전에 감옥생활 했을 때를 비교해 보게 돼요. 거기에 비교하게 되면 마음이 편안해져요. 오르지 못할 나무하고 비교하면 내가 너무 작아 보이고 불쾌하지요. 〈대상자 마〉

ⓘ 북한가족에 대한 도리를 다하고자 함

　난민들의 공통된 경험 중 하나는 가족해체로서 자신의 안전이 확보되면서부터 본국에 있는 가족에 대한 안녕을 염려하게 된다.(Schweitzer et al. 2006) Weine et. al.(2004)은 보스니아 난민가족을 중심으로 그들이 가족의 중요성을 통해 어떻게 정신적 심리적 충격(trauma)을 회복해 나가는지를 제시하고 있다. 본국 가족에게 돈을 보내거나, 재회를 계획하고, 거리가 있더라도 본국의 확대가족과 관계를 유지함으로써 가족관계를 재형성하고자 한다는 것이다. 그러한 노력이 난민 개인의 심리적 충격(trauma)을 회복시키는 데 기여하게 된다. 새터민 대상자 역시 유사한 시도를 한다. 그들은 북한가족의 또 다른 해체를 예방해 주고, 신변의 안녕을 염두에 두게 된다. 또한 북한과 중국에 있는 가족에게 돈을 송금하거나, 전화연락을 통해 안부를 물으면서, 그리고 직접 데려오는 것을 시도하거나, 제3자를 보내 자녀에게 돈을 전달하면서 성장한 자녀의 모습을 동영상 촬영해 오도록 부탁한다.

　　나도 외로워서 북에 있는 가족들을 데리고 나올까 하는 생각을 했어요. 그런데 어느 순간부터 그게 아니구나. 모두 각자의 인생이 있구나…… 하는 생각이 들었어요. 지금이라도 북한 아버지에게 전화할 수 있어요. 요즘에는 여기서 북한으로 전화통화 되거든요. 그런데 그 다음이 문제죠……. 부모 형제를 모두 여기로 데리고 올 수 있으면 좋겠지만…… 그게 현실적으로 되겠어요? 그중 몇 명만 데리고 오면 북에 남은 가족은 또 어떻게 하구요. 내가 이미 그 고통을 알잖아요. 난 막내니까 북에 있는 형은 결혼해서 처자가 있고 아버지는 나이가 많으신데……. 모두 데리고 나오면 좋지만 현실적으로 그렇게 할 수 없어요. 만일 형만 여기로 나오게 해 보세요. 처

음에는 형이 남한에 올 수 있는 것만 생각하면서 좋아하겠지요. 일
단 여기에 와서 처자식을 데리고 와야지 결심하겠지만…… 북에서
중국 거쳐서 남한으로 온다는 게 그게…… 그게 내 맘대로 안 돼요.
그럼 형수랑 아이들은 어쩔 거구……. 나중에는 형에게 고통만 주
는 거예요. 날 위해서는 좋지만 그건 형에게 고통을 주는 거라구요.
그래서 단념하기로 한 거지요……. 그러다가 내가 3년 만에 북에
있는 아버지하고 통화를 했어요. 이제는 생활에 자리도 잡히고 그
래서 옆에 아버지라도 계시면 좋겠다 그런 생각이 들었어요. 그래
서 아버지한테 한국에 와서 같이 살자고 했어요. 브로커를 보내서
아버지가 안전하게 두만강을 넘어서 중국으로 가기로 준비가 다 됐
는데…… 두만강 인근에서 잡히신 거예요. 아버지가 떠나시는 날
큰형한테 한국에 간다고 말씀을 하신 거예요. 큰형은 한국에 있는
친척이 아버지를 데리고 가는 줄 알고 아무것도 모르는 노인을 한
국에서 속여서 데려간다고 고발한 거예요. 내가 형이든 누이든 아
무한테도 말하지 말고 조용히 나오라고 그렇게 말씀을 드렸는
데…… 가족 중에 누구라도 한국 가다 걸리면 다 자신한테 직접 해
가 오니까…… 형도 그렇게 한 거지요. 그걸로 아버지하고는 끝난
거예요. 〈대상자 가〉

어머니가 너무나 그리워져서…… 한국에서 전화를 했어요. 한국에
서도 북한에 통신이 되거든요. 내가 북에서 중국 넘어 갈 때 내가
쓰던 핸드폰을 어머니한테 주고 왔어요. 어머니는 내가 중국에 사
는 줄 아시거든요. 그래서 내가 중국에 있는 것처럼 하고…… '엄마,
중국으로 와라. 나 혼자 있으니까 외롭고…… 엄마 생각이 다 나
네……. 나 혼자서 밥 먹는 것도 싫고…… 엄마가 와서 나 밥도 해
주고…… 그러면 좋은데……. 엄마도 나하고 같이 살고 싶지?'……
그랬지요. 그랬더니 어머니가 '나도 너하고 같이 살고 싶지. 그런데
내가 두만강 넘다가 잡힐까 봐…… 겁이 난다.' 그러시는 거예요.
나야 젊었으니까 수용소 생활을 2년 넘게 견뎠지만 어머니는 64세
시니까…… 만일 국경 넘다가 수용소 들어가시면 노인네가 어떻게

되겠어요. 날 위해서 오라 한 거지 어머니 생각을 한 번도 못한 거예요. 그제서 오시지 말라고 했어요. 북에서 사시라고……. 그리고 나하고 통화한 거 북에서 걸리면 어머니 신변이 위험하니까…… 앞으로 전화도 하지 않겠다고 하고 끊었어요. 그래도 가끔은 안부 전화를 드려요. 그러다 얼마 전에 북에 있는 어머니한테 전화가 왔어요. 동생이 늑막성 폐결핵에 걸려서 거의 죽을 지경이라구……. 예전에 동생이 영양실조에 걸렸었는데 거기에다 탄광에서 일해서 그렇게 된 것 같아요. 내가 그 소식 듣고 정말 잠을 못 잤어요. 많이 울었어요. 옆에 어머니가 계시니까 다행이다 싶지만……. 그래도 내가 옆에 있다면 어떻게든 해 볼 텐데……. 그럴 수도 없구……. 북에서는 돈이 없으면 치료 못 받거든요. 내가 그동안 컴퓨터 사려고 힘들게 모아둔 돈 100만 원을 중국에 인편으로 해서 보냈어요. 그동안 내가 가정도움이해서 모은 돈을 고스란히 보낸 거예요. 동생이 아프다 하니까 밥 먹으면서도 가슴이 아프고……. 〈대상자 나〉

내가 작은누나를 찾으러 중국에 8개월을 가 있었어요. 처음에 3달 동안 자리를 잡고 나니까 작은누나를 찾을 수 있다는 희망이 생기게 됐어요. 우선 여기 말로 하면 조폭 같은 중국인인데…… 힘 꽤나 쓰는 중국친구 2명하고 경찰 1명을 사귀었어요. 중국 경찰도 돈만 주면 잘 도와줘요. 개네들이 누나를 순순히 내 놓겠어요. 누나를 빼내려면 개네들을 제압할 수 있는 사람들을 데려가야지요. 그 다음에 나에 대해서 이미지를 좋게 하려고 술집에도 데려가고 그랬어요. 그렇게 해서 친해진 다음에 작은누나를 찾을 수 있는 정보를 얻어내기 시작했어요. 처음에는 그 넓은 중국 땅에서 어떻게 누나를 찾을까 고민했는데…… 역을 몇 개로 나누어서 구역을 쳤어요. 내가 중국에서 작은누나하고 처음 헤어진 집을 알거는요. 그곳을 중심으로 지역을 하나 쳤어요. 그 집 연락처를 알아내서 누나 넘긴 곳을 알려주지 않으면 북한 여자 알선한 죄로 경찰에 넘기겠다고 협박했지요. 그래서 알아보고, 또 알아봐서 보름 만에 누나가 있는 지역을 알아냈어요. 그놈들이 처음에는 모른다고 하는 거예요. 그래

서 잘 얼려도 보고 했는데…… 부질없었어요. 그래서 내가 누나를
중국 돈 2만 원에 다시 사겠다고 계약을 하고, 그 사람하고 만나는
장소에 내가 직접 안 나가고…… 돈 주고 산 중국 깡패들을 시켜서
그 자리에 나가게 했어요. 그런데 놈들도 떼 지어서 나왔더라구요.
말 들어보니……. 그래도 쪽 수가 우리가 더 많았거든요. 누나 찾는
조건으로 2만 원 준다고 하니까…… 누나 넘긴 곳을 알려줬어요.
중국은 돈이면 안 되는 게 없어요. 나하고 중국 친구 2명하고 경찰
1명이 함께 차를 한 대 빌려서 누나 있는 동네에 갔어요. 그 집에
도착했는데 집 주인이 소리를 지르니까 양아치 같은 동네 사람들
10명 정도가 달려와서 내 여권을 빼앗아 보고, 진짜 한국에서 왔는
지 확인하더라구요. 내가 외국인인 걸 확인하고 나서 친절해졌어
요……. 누나가 그 마을로 이사 온 지는 2달 정도 되었다는데……
같이 사는 남자는 장애인이었어요. 중국 매형이라는 사람이 누나를
바깥으로 나오지 못하게 하는 거예요. 문 앞에나 나와 있게 하
지……. 그 다음 날에는 나 혼자 누나를 보러 갔어요. 누나한테는
내가 어느 지역으로 떠나는 기차표를 샀는데…… 두 정거장 타고
가다가 내려서 택시를 잡아 보낼 테니…… 그 택시를 타고 내가 머
무는 집까지 오라고 알려주고, 나는 따라오는 마을 사람들을 안심
시키려고…… 그 사람들한테 내가 떠나는 지역에 기차표까지 보여
줬어요. 얼마 있다가 누나가 마을 공중전화로 밖에 나와 있다고 내
핸드폰으로 알려줘서…… 택시 운전사한테 '나는 내일 모레 중국
어디로 떠날 건데, 내가 따따불로 돈 줄 테니 산동 어디에 서 있는
여자를 잘 데리고 와야 한다……'고 부탁했어요. 그렇게 누나를 빼
와서 북경에 있는 한국대사관으로 들어간 거예요……. 〈대상자 다〉

가족들이 여기 온다고 다 마음 편안하게 사는 거는 아니에요. 그리
고 가족이라고 해서 다 올 필요는 없어요. 짝이 있으면 더 데려오
기 힘들어요. 한국에서 조금이라도 돈을 보내주는 게 어찌 보면 그
게 가족을 위한 배려라고 생각돼요. 북한에서 가족 간에 정이란 걸
모르고 살았지만…… 한국에 오니까…… 그래도 혈육이라 그런

지…… 급하다고 연락 오면 돈 부쳐줘야지 그런 마음은 들어요.
〈대상자 라〉

한국에 와서 양어머니를 만나고 그러니까…… 내가 북한 어머니하
고 그렇게 싸우고 헤어진 게 내내 마음에 걸리는 거예요……. 한국
들어오기 전에는 몰랐는데…… 시간이 가고 그러니까 어머니에 대
해 이해되는 부분이 많아졌어요. 얼마나 힘들었으면 나한테 그랬을
까…… 그런 마음도 들구요. 그래서 매해 돈을 보내드려야겠다……
생각하고 중국을 통해서 북한으로 들어가는 인편으로 돈을 보냈어
요. 첫 해에 150만 원 붙였고, 두 번째 해는 100만 원 붙여 드리구
요. 내가 어머니한테 연락하니까…… 앞으로는 두 해에 한 번만 붙
이라고…… 살 만하시다고 그러니까…… 마음은 놓게 된 거지요.
〈대상자 마〉

내가 한국에 들어와서 결혼하기 전에 아이를 데려오려고 했어요.
그런데 중국 남편이 내가 와서 살아야지 아이는 줄 수 없다는 거예
요. 그래서 못 데려왔거든요. 그러다 여기서 둘째 아이 낳고 중국에
있는 첫 아이가 너무나 보고 싶어서 내가 중국 나가는 인편으로 선
물하고 돈을 붙였어요. 그리고 핸드폰 동영상으로 아이 모습을 담
아 오라고 했거든요. 내가 마지막 떠날 때 아이가 3살이었어요. 그
런데 벌써 8살이 됐는데 많이 자랐더라구요. 중국아이처럼 머리는
빡빡 깎구…… 방안에서 뛰어 놀면서 말하는 모습을 보니까…… 안
아봤으면 하지요……. 마음이 아프고…… 엄마 없이 사는 게 불쌍
하기도 하고……. 〈대상자 마〉

① 가족기능을 고려함

대상자들은 북한 가족의 안녕을 바라지만, 동시에 미리 한국에 들
어와 살아본 경험자로서 가족구성원이 한국에 입국해서 살게 될 상
황을 예상하게 된다. 그들은 북한가족이 한국에 들어오게 될 경우

발생될 역기능적인 가족기능을 고려하게 된다. 따라서 〈대상자 가〉
는 아버지가 한국에 들어올 수 없게 된 것을 오히려 다행이라 여긴
다. 북한식 사고방식이 뿌리 깊은 아버지와 살게 될 경우 발생할 수
있는 갈등과 자신도 현실적 기반을 잡지 못한 상황에 북한가족 적
응을 신경 쓰다 보면 자신의 미래에 도움이 되지 않을 것이라 생각
한다. 〈대상자 나〉는 한국에서 삶에 질을 전제로 할 때 후발대에 들
어설 가족들의 취약한 적응력을 고려하게 된다. 〈대상자 다〉는 중국
에서 강제로 헤어지게 되었던 작은누나를 철저한 계획 속에서 데려
오는 데 성공한다. 〈대상자 마〉는 한국에 친이모가 있으나, 거리도
멀고 자녀와 함께 재혼한 상황이라 현실적인 교류는 없다. 친이모라
해도 돈주머니가 다르고 문턱이 다르면 남이라고 표현한다.

차라리 아버지가 한국에 오시지 않은 게 다행이다 싶어요. 만일 아
버지하고 함께 있다면 어떨까 생각해 봤어요. 아마 내가 아버지 때
문에 힘들었을 거예요. 지금처럼 대학공부라는 건 상상도 하지 못
했을 거구. 우리 집은 토대가 나빠서 배우고 그런 걸 알지도 못하
는데……. 아버지가 계셨으면 '당장 일해서 돈 벌어야지. 네가 지금
나이에 여기서 배워서 뭘하냐?' 아마 그러실 거예요. 그렇지 않더라
도 북한식 사고방식이 뿌리 깊이 박힌 아버지하고 같이 산다는 게
보통 힘든 일은 아닐 거다 이거지요. 결혼해서 공부하는 게 힘들잖
아요. 그러 것하고 같아요. 나도 여기서 내 살길 헤쳐 나가기 힘들
어……. 그런데 북에서 부모나 형제들 데려오면, 내가 먼저 왔으니
까 뭐라도 도와줘야 하거든요. 그거 신경 쓰다 보면 내 할 일을 못
하게 돼요. 데려와서 함께 사는 게 다가 아니야……. 어떻게 사는가
가 더 중요하다…… 이거지요. 〈대상자 가〉

한국에서의 삶이 밥만 먹고 목숨만 달려 있다고 사는 건가요? 인간

196

다운 생활을 하려면 아는 게 있어야 하는데…… 북한 가족들 데려
온다고 해도 다들 나이 들어서 입국하는 건데…… 언제 배워서 여
기 생활에 적응할 건지……. 내가 이미 경험해 봤기 때문에 그런
것이 먼저 들어온 사람 부담이 되기도 해요. 〈대상자 나〉

작은누나를 한국에 데려와서 나는 너무나 좋은데 작은누나는 중국
서 6년을 살다가 한국에 오니까 적응하기 힘들고 애기가 보고 싶다
고 자꾸 중국에 다시 가고 싶다는 거예요. 처음에는……. 그래서 큰
누나가 돌봐줬어요. 큰누나가 나랑 같이 살 때 내 미래를 걱정해주
고…… 나라도 형처럼 되지 말고 배우라고 하고……. 그러려면 한
국에서 대학을 다녀야 한다고 정신적으로 계속 자극을 줬어요…….
그래서 한국에 온 지 2년 만에 중학교 검정고시부터 시작해서 대학
에 들어가게 된 거예요……. 같은 형제라고 해서 정신적으로 다 도
움이 되는 건 아니에요……. 내가 형만 있었으면 많이 싸웠을 거예
요. 형은 한국에서 할 일을 못 찾아가지고 오락실에서 조폭을 만나
서 어울리고, 조선족 여자하고 동거하고 있거든요. 내가 처음부터
형하고 지냈으면, 지금의 내가 없었을지도 몰라요. 〈대상자 다〉

아무튼 지금은 한국에 데려올 수가 없어요……. 내가 오라고 해도
오지 않을 수도 있구요. 나도 여기서 열심히 살아야 살 수 있는
데…… 북한 형제들까지 여기 와서 고생시킬 수도 없구……. 내가
여기 실정 다 아는데…… 어떻게 와서 고생하라고 해요. 차라리 내
가 돈을 보내면 그곳에서 북한식으로 편안하게 살 수 있는데…….
그게 나을지도 몰라요……. 〈대상자 라〉

가족이라야 한국에 먼서 들어온 이모가 있어요. 이모는 북에서 나올
때 애들 둘을 데리고 나와서 한국서 재혼하셨어요. 사는 지역도 다
르고 해서 실제로 나하고 교류는 없어요. 문턱이 다르면 남이에요.
돈 주머니가 다른데…… 내가 잘 살아야 하는 거예요. 〈대상자 마〉

ⓚ 남한 사람들로부터 실질적인 도구적·정서적 지지를 받음

심리적 충격(trauma)을 심리적 회복으로 전환시키는 데 있어서 Tedeschi & Calhoun(1995)는 지지적인 타인으로부터 새로운 스키마와 행동에 대한 정서적 지지와 아이디어 제공이라고 제시하고 있다. 난민으로서의 고통을 경험한 대상자 역시 자발적으로 찾아갔던 남한 사람들로부터 도구적·정서적 지지를 제공받으면서 신뢰를 형성하게 된다. 이러한 관계를 삶의 전환을 제공하게 된다. 특히 그들과의 초기 만남에는 도구적 지지가 병행된 정서적 지지가 효과적임을 발견할 수 있다. 〈대상자 가〉는 대학입시를 위한 학업지원 비용과 생활비를 성당에서 보조를 받는 동시에 교우자원봉사자와의 연계를 통해 현실의 불안을 조정해나간다. 〈대상자 나〉는 목회자 가정에서 가정도우미를 하면서 학업에 몰두할 수 있는 여지를 갖게 된다. 가정도움 역할을 통해 물질적 보수를 받게 되는 동시에 심리적 배려도 느낀다. 〈대상자 다〉는 큰아버지의 물질적 지원으로 3형제가 중국에서부터 한국에 들어오게 된다. 그러나 큰아버지의 도움은 한국생활에 익숙지 않은 대상자에 대한 지도와 관심으로 이어진다. 〈대상자 라〉는 북한에 두고 온 자녀에 대한 심리적 고통을 조건 없이 수용해준 이웃 상가 언니의 정서적 지지는 한국사회에 인맥이 전혀 없는 대상자에게 기꺼이 신용보증을 서주려는 도구적 지지와 병행하여 대상자와 신뢰를 구축하게 된다. 〈대상자 마〉는 성당에서 연계시켜 준 교우자원봉사자로부터 과거에 받을 수 없었던 따뜻한 관심과 나눔을 통해 이모라고 부르게 된다.

신부님 수녀님께 내가 북에서 왔고 한국에서 대학 가고 싶어서 검정고시 준비하고 있다고 말씀드렸더니 중고등학교 검정고시하고 대

입검정고시 준비할 때까지 성당에서 한 달에 50만 원씩 학비를 지원해 주셨어요. 그리고 생활비는 별도로 10만 원씩 지원해 주시구요. 〈대상자 가〉

수녀님이 학습 자원봉사자를 연결시켜주셨어요. 검정고시 보는 동안 봉사자한테 일주일에 2번씩 영어를 배우면서 누님이라고 부를 정도로 친해진 거예요. 나는 검정고시 준비를 하면서도 미래에 대한 확신이 생기지 않고 계속 불안했어요……. 공부가 손에 잡히질 않았어요……. 북한에서 온 친구들은 내 나이가 있어서 졸업하면 30대 초반이 되는데 졸업해도 취업이나 되겠냐고 차라리 빨리 취업해서 현실을 생각하는 게 낫다고 하지요. TV에서는 한국에서 대학 졸업해야 노는 사람 많다고 하지요……. 그러니까 내가 불안해지는 거예요. 대학 졸업해도 소용없는 거 아닌가…… 해서 마음이 불안해지고 그래서 공부가 안 돼. 그래서 신부님한테 내 마음이 그렇다 말씀드렸더니 현재 내가 하고자 하는 일을 열심히 하다 보면 어느 순간 그 자리에 와 있는 거다. 모든 불안은 하느님께 맡기고 내 할 바를 하라고 하세요. 그러다 봉사자 누님을 만나서 또 물어봤어요. 기술도 없이 하급노동자 인생 살고 싶으면 지금 당장 취업하고…… 지금 한국에서 내가 할 수 있는 일이 바로 그런 거니까…… 언제든지 할 수 있다고 하는 거예요. 장사를 하더라도 한국사회를 알아야 하지. 당장 뭘 하려다가 망할 수도 있다. 그러니까 뭘 하든지 앞으로의 일을 걱정하지 말고 배우라는 거예요. 지금 해야 할 일을 하다 보면 어느새 원했던 곳에 도달에 있을 것이라고 똑같은 말을 해요. 그래서 불안한 마음을 내려놓고 일단 해 보자 생각하고 하기로 했어요.. 그러다가 또 불안해지면 봉사자 누님한테 전화해서 털어놓게 되고……. 〈대상자 가〉

무작정 교회로 가서 내가 북한에서 의료인이었고 한국에서 의대를 가고자 하는데…… 생활고로 힘들다고 목사님께 내 사정을 말씀드렸더니…… 우선 목사님 댁 가정 도우미를 해 보라고 하셨어요……

일주일에 한 번 가서 집안 청소해드리고 반찬 만들어 들이고…… 그런 일인데…… 사모님께서 부탁하신 거 해드리면 돼요. 거기서 8시간 일하고 6만 원 받았어요. 내가 가정도우미 하면서 시간을 꼭 채우는 것도 아니고…… 그렇다고 청소를 방마다 다 하는 건 아니거든요. 내 나름대로 요령을 부려요. 가정도우미 일이라는 걸 처음 해보는 거라 힘들었는데…… 그나마 목사님 댁이어서 내 입장을 이해하시고 봐주시고 잘해 주셨어요. 교회에서 새터민을 위한 사업을 하신다고 했어요. 그래서 그걸로 생활비 보태 쓰고…… 나머지 시간에는 공부에 신경 쓰게 되구요……. 나중에는 성당에 다니게 됐는데…… 내가 의사졸업장을 북한에서 못 가져와서 여기서 뭘 준비하기가 힘들었거든요. 포기하는 마음으로 마지막이다 생각하고 신부님께 말씀드렸는데…… 신부님께서 중국에 가 계신 선교사분들을 통해서 손을 쓰셨어요. 그분들이 얼마 있다가 신부님한테 내 졸업장 사본을 보내준 거예요. 10만 원에……. 내가 그렇게 애타게 구하려고 할 때는 못 구해서 내가 의대 포기하려고 했는데…… 기대 밖으로 큰 도움을 받게 된 거지요. 그러면서 의사고시를 보든 의과대학에 들어가든 한국에서 꼭 의사하라고 신부님께서 입시학원비를 지원해 주셨어요. 그렇게 되니까 어려운 일이 생기면 신부님하고 의논하게 되고…… 신부님께서 나한테 도움될 만한 사람들을 계속 연결시켜주시니까……. 〈대상자 나〉

북한에 있을 때는 한국에 어머니 쪽 친척도 있다고 들었는데 못 찾고 아버지 쪽 친척만 찾았어요. 큰아버지가 지금 81세예요. 나하고 형하고 큰누나까지 모두 한국에 올 수 있도록 도와주셨는데, 거의 7천만 원 정도를 쓰셨어요. 한국에 와서도 정신적으로 나를 많이 도와주셨어요. 〈대상자 다〉

내가 여기 와서 2년 정도 맘을 못 잡고 이것저것 다 해봤어요. 그중에 고기잡이배도 타봤는데…… 큰아버지가 그건 아주 힘드니까 하지 말라고 했어요……. 그런데 나하고 형하고 고집을 부려서 탔어요. 36시간 동안 거의 잠을 못 자고 일했어요. 그래서 너무 힘들어서 돌아왔거든요. 큰아버지가 처음부터 하지 말던가…… 한 번 하기로 했으면 끝까지 해야지…… 도중에 왔다고 막 야단을 치시는 거예요. 내가 뭘 해도 끈기가 부족해서 견디질 못하니까 큰아버지가 나를 잡아 주시려고 했거든요. 그러면서 한국에 온 지 3년 만에 큰누나가 시집하게 되니까 사촌형하고 같이 지내라고…… 누가 옆에 있어야 의지가 된다고 하셔서 같이 살게 됐어요. 사촌형은 남한 사람이거든요. 같이 살면서 나한테 도움을 많이 주려고 했어요. 큰아버지가 내 인생에 은인이라고 할 수 있지요……. 〈대상자 다〉

마음이 힘들어서 찾아 갔는데…… 사람들이 엄청 좋은 거예요. 내가 바라던 사람이었어요. 내 말을 엄청 잘 들어줬어요. 아들 아이 생일날이 다가오니까…… 도저히 감당이 안 되는 거예요. 그래서 또 감정이 터졌어요. 평소에도 밤 12시가 됐든 새벽 3시가 됐든…… 누구한테든 털어 놔야지 그냥은 못 넘어가요……. 그날도 상가 언니들한테 전화해서 '언니야! 애들 생각이 나서 정말 미치겠다…… 이젠 정말 죽고 싶다' 너무나 고통스러우니까 누구한테든 말하지 않으면 내 심장이 터져 버릴 것 같아서…… 야밤에 전화통을 붙잡고 울고 또 울었어요. 그랬더니 언니들이 '그렇구나…… 그런데 우리 동네에도 새터민들이 많이 있지 않니…… 그 사람들도 다 너 같은 고통이 있어. 너만 그런 게 아니야…… 이젠 마음을 모질게 먹고 견뎌야 해. 강해져야 네가 아이들을 데려올 수 있지……' 그렇게 위로해 주고…… 그러니까 마음이 가라앉는 거예요. 그렇게 울면서 하소연할 수 있는 사람이 있다는 게 얼마나 고마운지…… 늘 고맙다고 해요. 그 언니들은 나 말고도 주변 할머니들이 와서 하소연하고 그런 것들도 잘 들어줘요. 나같이 북한에서 온 사람들은 물질적인 거 그런 거보다는 마음이 고통스러울 때 그저 들어주고…… '그래, 마음이 많이 힘들겠구나' 그렇게 반응해 주는 거……. 그러면 충분해요. 거길 다니면서 차츰차츰 가까워지면서…… 내가 신랑한테도 할 수 없었던 말까지도 의논할 수 있을 정도가 됐어요. 〈대상자 라〉

내가 취업하려고 국가에서 새터민들 하는 컴퓨터 배우는 게 있어
요……. 전산으로 계산하는 건데 그걸 마치면 경리학원에 취업시켜
주는 거예요……. 그래서 그 자격증을 땄어요……. 그런데 경리다
보니까 취업할 때 보증인이 나서야 했어요. 돈을 만져야 하니
까…… 그런데 상가에 있던 언니가 보증을 서주는 거예요. 내가 그
자리에서 깜짝 놀랐어요. 그래서 '언니야. 나를 어떻게 믿고 그런
큰일을 하려고 하냐. 내가 회사 돈 갖고 도망가면 어쩌려고 그래?'
그랬더니 '내가 사람 보고 하는 거지 아무나 하겠니' 그래요. 물론
결국엔 경리일을 하지 않았어요. 한 달에 120만 원 받는 건데 그거
벌어가지고는 아이들을 데려올 수가 없어요. 그래서 포기를 했지
만……. 형제도 하기 힘든 일을 해 줬다는 거 그걸로 너무나 고마
웠지요.〈대상자 라〉

수녀님이 언니 나이 되는 분을 소개시켜 주셨는데…… 지속적으로
만난 건 아니었지만…… 만날 때마다 정신적으로 나를 많이 도와주
시려고 했어요……. 처음에는 내가 옷 고르는 것도 모르니까……
같이 가달라고 했어요……. 나이에 맞는 옷을 고를 줄 몰라서 처음
에는 50대 옷을 고르고 그랬어요……. 나는 30댄데…… 밖에 나와
보니까…… 내 나이 사람들이 그런 거 안 입더라구요……. 그래서
봉사자 언니가 같이 가서 옷 골라주시고……. 내가 나중에는 이모
라고 불렀어요. 봉사자 이모가 고향에 간다고…… 나보고 같이 가
자고 해서 몇 번 같이 갔어요……. 거기가 강화도라 했는데…… 거
기 가서 감자도 캐고…… 상추하고 고추도 따고…… 나한테 집에
가서 먹으라고 박스에 가득 넣어주고…… 나를 여동생처럼 대해주
셨어요……. 예배 마치고 점심도 사주시면서 어떻게 지냈는지 관심
가져 주고……. 내가 외롭다는 거 아니까 가끔 전화해서 내가 잘
지내는지 안부도 물어주고……. 내가 어딜 가든 나를 걱정해 줄 수
있는 사람이 있다는 것으로 고마웠지요. 그런 도움을 받으면서 한
국서 사는 데 위로가 되고, 그러면서 모르는 게 생기면 이모한테
물어보게 되고…….〈대상자 마〉

남한 사람들로부터 실질적인 도움을 지속적으로 받게 되면서 개인의 목표에 더욱 가까이 다가서게 된다. 〈사례 가〉는 성직자로부터 중국어과 교수를 소개받아 중국어과에 관한 정보를 얻게 되면서 자신의 학과를 결정하게 된다. 〈대상자 나〉는 성직자의 도움으로 의과대학 교수를 소개받아 의사고시를 준비할 수 있는 물리적 환경 및 정서적 지지를 제공받게 되면서 자신의 미래를 다져간다. 〈대상자 다〉는 큰아버지의 도움으로 금전적인 계획으로 목돈 모으기를 성취하게 된다. 〈대상자 라〉는 북한에서 해녀였던 시어머니와 수산물을 운반했던 남편의 영향을 생선행상을 계획하나 행상용 트럭을 구입할 수 없었던 상황에 이웃 상가 언니의 도움으로 트럭을 마련한다. 또한 뜻밖에 주변인의 배려로 상가에 마련된 수산물코너 자리를 얻게 된다. 〈대상자 마〉는 술을 팔아야 하는 식당일의 어려움을 봉사자 이모에게 호소하면서 일터를 가구공장으로 옮기게 된다. 이 과정에 봉사자 이모의 도움을 받게 된다.

제가 한국에 들어오기 전에 중국에서 살다 왔다고 하니까 신부님께서 성당에 다니시는 교우 중에서 중국어과 교수님을 소개시켜주셨어요. 그래서 그 집을 방문했는데…… 중국어과에서는 뭘 배우는지 어떻게 해야 하는지 알려주셨어요. 그리고 내 실력이 어느 정도 되는지도 테스트도 해주시고……. 중국서 학교를 다닌 건 아니니까 쓰는 건 못해도 말하는 건 트였다고 하시면서 중국어과에 들어가면 나 정도면 잘 따라 갈 거라구……. 그래서 중국어과를 가야겠다 결정하게 된 거지요. 〈대상자 가〉

성당에도 다니게 됐는데…… 의과 대학 시험 볼 때도 신부님께서 주변에 아시는 신부교수님들한테 연락해서 언제 시험 보는지 입시 전형은 어떤지 알아봐 주시구…… 내가 의대 갈 수 있도록 의과대학 교수님을 소개시켜 주셨어요. 그래서 의대 수업시간에 들어가 청강하면서 시험도 따라 치고……. 여기 의대생들하고 똑같이 수업을 듣고 있어요. 또 교수님께서 연구프로젝트 하시는 데 저 용돈 보태 쓰라고 연구보조원으로 등록시켜 주셨고…… 대학 도서관에서 공부하고 책도 빌려 볼 수 있도록 도서출입증도 만들어 주셨구요. 국가의사고시 준비할 수 있는 환경을 만들어 주셨어요. 그리고 기죽지 말고 따라오라고……. 그래도 북한에서 의대 나왔기 때문에 잘할 수 있다고…… 용기를 많이 주셨어요. 〈대상자 나〉

지금은 큰아버지가 81세신데……. 내가 6년 전에 처음 사회에 나왔을 때…… 은행에 가서 내 통장을 만들어 주셨어요. 통장관리는 큰아버지가 하셨구요. 그래서 내가 아르바이트 해서 버는 돈하고 국가에서도 나오는 돈 모두 큰아버지가 관리해 주셨어요. 내가 돈 관리를 어떻게 해야 하는지 모르니까 한국 실정을 알 때까지는 큰아버지한테 맡기라고 하셨거든요. 큰아버지한테 돈이 들어가면 절대로 안 나와요. 그래서 좋아요. 그렇게 해서 2천 만을 모아서 나한테 돌려주셨는데…… 그렇게 목돈을 만들어서 주시니까 돈 모으는 재미도 쏠쏠해지고 내 목표에 다가서는 거예요. 내가 한국에 처음 왔을 때 나중에 중국 가서 내 형제들하고 같이 살 집 한 채만 살 수 있는 정도만 돈을 모으면 좋겠다 했거든요. 그런데 그 단계는 통과한 거예요. 〈대상자 다〉

내가 뭘 해야 할까 고민하다가 북에서 시어머니가 해녀였기 때문에 내가 생선을 많이 다뤄봤거든요. 그래서 생선 파는 행상을 하려고 했는데…… 중고트럭이 필요했어요. 그런데 내가 북에서 아이들을 데리고 오려고 천오백만 원을 모아서 중국에 브로커들한테 아이 찾아 달라고 그 돈을 보냈어요. 그런데 돈만 먹고 사라진 거예요. 그래서 아이도 못 찾고 돈은 다 잃었으니까…… 빈 털털이 됐어요. 그런데 상가 자매 언니들이 은행에 가서 현금으로 500만 원을 찾아서 주는 거예요. 나한테 트럭사서 시작해라. 시작하면 할 수 있다.

그래야 애들도 찾을 수 있다. 그러는 거예요. 누가 나한테 그렇게 큰 돈을 빌려주겠어요. 이자도 한 푼 받지 않고…… 그런 사람들이 있어서 생활을 시작하게 된 거예요. 갖은 고생하면서 혼자 트럭 행상을 하다가 기대하지도 않았던 건데…… 상가주인 아저씨가 그동안 상가 안에 생선 물이 나빠서 손님이 없었는데…… 내가 북에서 왔다고 하니까 한 번 열심히 해보라는 거예요. 상가 언니가 나에 대해서 말을 잘해줬나 봐요. 그런 기회가 어디 있겠어요. 가게 월세도 20만 원에 들었는데 아주 싸게 들어온 거지요. 우리 부부 입장을 아시고 그렇게 해 주신 거예요. 또 지역 주변에는 생선가게가 우리 가게밖에 없어요. 그래서 장사가 잘되는 편이에요. 날씨가 더울 때는 추울 때보다는 좀 덜 팔려요. 생선장사가 원래 계절을 타는 건지 몰라도…… . 그래도 현상유지는 됐는데 한 여름에는 정말 생선이 안 팔리는 거예요. 상가주인 아저씨가 7, 8월에는 장사가 안 되는 걸 아시고 가게 세 내지 말라고 하시니까…… 여러모로 신세를 지고 있는 거지요. 〈대상자 라〉

봉사자 이모 남편이 버스 부속품 만드는 공장을 하시는데 직원들 회식한다고 할 때 이모가 나를 꼭 불러주셨어요…… . 그러면서 내가 식당 나가면서 일하느라 힘들었던 일들도 자연스럽게 말하게 됐어요. 식당에서 술을 팔고 그러니까 저녁에는 남자 손님들이 손잡고…… 그런 게 싫었어요. 그래서 이모가 식당보다 이모 남편이 하는 공장에도 방이 있으니까 차라리 거기서 심부름하는 일을 하는 게 어떠냐고 하세요. 그래서 그건 싫다고 하구, 결국 이모가 알아봐 준 가구 공장에 취업했지요. 〈대상자 마〉

① 고통의 본질이 유사한 새터민들로부터 '우리'라는 동질성 회복

대상자는 남한 사람과 심리적 교류의 한계를 경험하고, 고통에 대한 심리적 통제와 북한가족에 대한 가족기능의 재형성을 통해 새터민의 고통을 수용할 여지를 갖게 된다. 따라서 대상자는 고향사람을

접촉하면서 북한인으로서 '우리'라는 동질성을 회복하게 된다. 이는 한국사회 내에서 소수민족이라 할 수 있는 새터민으로서의 정체성 회복을 통해 스스로를 수용하는 상태라 할 수 있다. 이러한 과정은 본 연구에서 후에 남북한 사람을 통합적 관점에서 인식하게 하는 중요한 시점이며 계기가 된다고 판단된다. 〈대상자 가〉는 마음이 힘 들 때 북한가족을 형성하며 사는 새터민에게 '우리'라는 의식을 확 인하면서 심리적 위로를 받게 된다. 〈대상자 나〉는 새터민과의 만남 을 의식적으로 회피하였으나, 이제는 자발적으로 새터민을 찾아가게 된다. 고향사람과의 교류를 통해 심리적 안정감을 찾게 되고, 오히 려 이해와 도움을 받게 된다. 북에 계신 어머니가 대상자의 한국행 으로 인해 조사를 받고 있다는 연락을 받고 목돈을 보내야 하는 상 황에 기대하지 않았던 주변 새터민의 도구적, 정서적 지지를 받게 된다. 또한 대학진학에 관련하여서도 북한출신 대학생의 도구적, 정 서적 지지를 받게 됨으로써 새터민과 동질성을 확인하게 된다. 〈대 상자 다〉는 주변 북한출신 대학생의 상담자가 되어 줌으로써, 〈대상 자 라〉는 북한인 관련 인터넷 동호회를 통해서, 〈대상자 마〉는 북한 남성과의 결혼을 통해서 새터민은 새터민이 가장 잘 이해할 수 있 다는 사실을 발견하게 된다. 〈대상자 마〉는 까치는 까치끼리, 까마 귀는 까마귀끼리 사는 것이 바람직하다는 비유를 통해 동질성의 의 미를 드러낸다.

내가 한국에 와서 알게 된 북한친구가 북한 여자하고 결혼해서 애
기 돌이라고 나를 초대했어요……. 북한에서는 애 돌잔치 그런 게
없어요. 한국에 왔으니까…… 한국식으로 챙겨주려고 그랬나 봐
요…… .잔치에 갔는데…… 그 친구 가족들만 와 있고…… 외부 사
람은 나 하나야……. 황당했지……. 그 친구가 몇 달 직장 다니다가

힘들다고 쉬고…… 또 몇 달 다니다가 쉬고…… 그랬어요……. 그러면 마음에 안정이 안 돼요……. 그런 친구들이 고향에 있는 부모형제들 다 데려오고 그래요……. 여기서 교류할 사람이 없으니까…… 그런데 데려와서 더 힘들어 해요……. 지도 힘든데…… 나중에 들어온 북한가족들은 더 헤매거든요……. 그런 거 신경쓰다가…… 나중에는 지도 취업도 안 해요……. 그냥 정부에서 가족들한테 나오는 돈을 다 버무려서…… 그냥 그렇게 지내요……. 그러다 보니 여기 와서도 북한식으로 지내는 거야……. 그 친구 부모형제들하고 와이프 쪽 형제들하고 모두 다 새터민들이거든요……. 가족사진을 찍는데…… 내가 거기에 껴야 하는지 말아야 하는지…… 얼마나 애매했는지. 나야 대학 다니게 되니까 생활이 바쁘기도 했고, 일부러 새터민 만나려고 하질 않았지만.…… 그래도 만나게 되면 남한 사람하고 나눌 수 없는 우리라는 의식이 있어요. 그래서 마음이 답답할 땐 내가 연락해서 놀러가요. 그럼 항상 반가워해요. 〈대상자 가〉

남한 사람만 만나야겠다는 생각이 깨지게 되면서, 새터민들을 만나봐야겠다 해서 만났어요. 그런데 한두 번 만났는데 확실히 뭔가가 통하는 거예요. 서로 북한말로 하거든요. '야! 오라…… 가라……' 다 북한말 하거든요. 그 애들하고 이틀만 만나면 한국말 다 까먹어요. 그래서 너무 적적할 때 하루만 만나야겠다, 그랬는데……. 남한 사람 속에서 살면서 슬럼프 오고 답답해지고 그러면 아편처럼 생각나는 거예요. 또 새터민하고 얘기하고 싶어져요. 전에는 새터민 모임에는 돈 준다고 해도 안 가고…… 오라 하면 '거기에 북한 사람 오나요?' 물어봐서 온다고 하면 '난 안 간다' 하고 그랬어요. 그런데 이제는 다양한 사람들을 만나야겠다 생각하게 되면서…… '북한 사람 모임이라도 나가야겠다' 생각돼서 나가는데…… 만나면 반갑구요. 마음이 열려요. 이게 내가 한국사회에 적응이 돼서 그런 건가.…… 그런 생각도 들구요. 〈대상자 나〉

시간이 지나니까…… 내가 거북했다고 느꼈던 새터민들한테 이해를
받게 되고 도움도 받게 되고 그러는 거예요. 내가 컴퓨터 살 돈을
북한 동생이 아프다고 해서 보내는 바람에…… 인터넷을 보면서 공
부해야 하는 건데 못하고 있었어요. 그래서 한동안 성당에서 소개
받은 북한 동생 신세를 졌어요. 북한에서 와서 대학에 다니는 사람
인데…… 허물없이 지내보니까 재미있는 면이 있는 거예요. 내가
그 애 보고 '외계인'이라고 놀리는데…… 사실 처음에 이 동생 봤을
때 성격이 너무 강해 보여서 내가 말을 안 했거든요. 그런데 이야
기 해 보니까…… 내 마음을 잘 읽어 내는 거예요. 그러면서 자신
도 나와 같은 그런 과정이 있었다고 하면서 나보고 혼자서 공부만
하지 말고…… 여기서 살려면 사람들하고 교류하면서 지내야 마음
에 안정도 찾을 수 있다고 하면서 충고도 해주고…… 나름대로 나
한테 도움을 주려고 하니까 고향사람들한테도 고마운 마음이 생기
는 거예요. 전에는 내 기준에 맞지 않는 북한 사람을 보면 상대도
하지 않았거든요. 사람이 기본이 없어 보이고 그러면 일체 무시했
어요. 대꾸도 안 했어요. 딱 단절해 버리고……. 그런데 이제는 그
런 북한 사람을 만나도 밉지 않은 거예요. 천박지축 같고…… 몰라
서 그런 거니까 나도 받아주게 되고……. 내가 아는 게 있으면 알
려주고 싶고……. 〈대상자 나〉

북한에서 내가 한국에 있는 걸 알게 됐대요. 그래서 북한가족들이
조사받으러 왔다 갔다 한다고 북에서 연락이 왔어요. 어머니가 잡
혀 들어갔다고 하는데…… 조사받는 과정에서 노인네라도 때리거든
요. 내가 북한으로 연락을 넣었는데 일체 두절인 거예요. 북한통신
에서 위치 추적 다 한다는 걸 알고는 있었어요. 그래도 걸릴 거라
고는 생각하지 않았는데……. 내가 사람들을 통해서 며칠을 알아봤
는데…… 결국 북한에 돈을 넣어줘야 그나마 일이 풀리겠더라구요.
적어도 200만 원은 보내야 하는데 내가 그런 돈이 없었어요. 그래
서 하나원에서 알게 된 북한동기한테 전화를 했어요. 그랬더니 자
신의 일처럼 걱정해 주는 거예요. 그 친구 별명이 '협작꾼'이었거든

요. 얼마나 말을 잘하는지 주변에서 그 사람한테 걸리면 넘어가지 않는 사람이 없을 정도였어요. 그러던 사람이 나한테 돈을 빌려주겠다는 거예요. 내가 다음달에 국가에서 보조금 나오면 꼭 갚겠다고 하니까, 괜찮다고 자기는 당장 돈이 필요 없으니까 몇 달 써도 된다고 그러는 거예요. 남한 사람한테도 도움을 받았지만 그렇게 큰 돈을 빌려달라고 부탁할 수가 없었거든요. 그런데 내가 선입견 갖고 대했던 새터민이 선뜻 도와주니까 오히려 내가 새터민에 대해서 동질성을 느끼게 되구…… 이제는 새터민들도 변해가는 구나……. 서로 받아주는 걸 보니……. 〈대상자 나〉

나도 상담 받으면서 북에서 온 다른 친구들을 상담해줬거든요. 친구들이 나하고 이야기하면 너무나 편하대요. 확실히 새터민들이 새터민들을 잘 이해하는 구나…… 하는 걸 알겠더라구요. 〈대상자 다〉

여기 와서 새터민들의 경험이라는 게 서로 다른 점도 있겠지만…… 새터민이라서 느끼게 되는 공통적인 게 있어요……. 나는 가끔 인터넷으로 탈북자동지회에 들어가거든요……. 그 사이트에 나오는 게시판 글을 읽으면 혼자 웃고 울고 나오고 그래요……. 새터민들이 한국에서 살면서 실수하고…… 상처받고…… 잠들면서까지도 사는 걱정을 해야 하는 게 힘들고…… 과거에는 죽을 만큼 힘들었는데도 삶에 끈을 놓지 않았던 기억들……. 그랬던 북한 사람들이 자기 경험담 올려놓고…… 좋은 정보 있으면 남기고, 서로 댓글 달고 그러거든요……. 그런 글들 읽어 보면서 나도 저런 사람들 중에 하나구나. 〈대상자 라〉

가구 공장에서 일하면서 지금 같이 사는 북한 남편을 만나게 된 거예요. 나보다 3살 어려서 동생으로 생각했는데, 생각보다 성숙했어요. 일했던 공장에 다른 새터민이 없다 보니까…… 우리 둘이 친해져서 얘기가 잘 통했거든요. 퇴근길에 만나서 남한 사람들한테 할 수 없었던 말들을 하게 됐어요. 내 중국 가족 이야기도 편하게 했

어요. 그 사람도 식량난 때 중국 가서 고생 많이 하다가 한국에 들
어 왔다고 해서…… 그래 이제야 뭔가 통한다…… 그런 느낌이 들
더라구요. 그 사람도 남한 여자가 자기를 이해할 것 같지도 않구,
그렇다고 자신이 남한 여자를 이해하기도 힘들다고 하구요. 그래서
둘이 같이 살게 된 거지요. 남한 남자 만났으면 내 과거에 대해서
솔직하게 말하지 못했을 거예요……. 어차피 내 한국 호적은 여기
와서 만든 거라 나는 미혼으로 되어 있고…… 나이도 4살 줄였어
요……. 중국에 애 있다…… 그런 건 나와 있지 않으니까…… 일부
러 말할 필요도 없지만…… 그런 거 속이고는 평생 내 마음이 편치
않을 것 같았어요……. 그래도 그런 거 속이고 남한 남자하고 사는
북한 여자들도 있어요……. 어떤 여자들은 그렇게 속이는 게 양심
에 걸린다고 돈 모아서 다시 중국 가는 경우도 있고……. 나는 까
치는 까치끼리 살고, 까마귀는 까마귀끼리 사는 게 좋겠다 생각했
어요. 〈대상자 마〉

ⓜ 술과 약물로 고통을 해결하고자 함

〈대상자 나〉 역시 남한 사람과 내면적 교류가 형성되지 않는다는
경험을 하게 됨으로써 일상의 마감을 술로 하게 된다. 〈대상자 라〉
는 북에 두고 온 자녀에 대한 그리움과 배우자에게 속아서 한국에
들어온 것에 대한 누적된 분노가 얽혀진 상태에서 술을 마시고 배
우자와 부부싸움을 한다. 〈대상자 마〉는 무엇보다도 중국에 두고 온
자녀에 대한 심리적 고통으로 인해 불면증에 시달리는데 그것을 다
스리기 위해 수면제를 습관적으로 복용한다.

남한 사람하고 말해야 마음이 통하질 않으니까 나 혼자 생각하는
거예요. 상대방이 말하는데 내 마음에 안 새겨지니까…… 그 사람
이 말하는 동안에 내 머리는 북에 있는 엄마한테 가 있어요. 그러
니까 나는 딴 생각하게 되는 거지요. 그러면서 열 받아요. 그런 날

은 집에 오면 나 혼자 술 마셔요. 차라리 술 마시면 기분도 나른해지면서 생각은 북에도 갔다가…… 중국에도 갔다가…… 자유롭게 돌아다니니까…… 좋은 거예요. 그러다 보니 하루에 한 병은 마셔줘야 잠을 청할 수 있게 됐어요.〈대상자 나〉

내가 안 할 짓을 한 거예요. 내가 원래 술을 못 마시는데…… 조그만 알곡잔으로 2잔만 해도 취해버려요. 그런데 그날은 소주 한 병 정도 마셨는데…… 아침에 일어나 보니까 방안에 술상이 엎어져 있고…… 벽에는 음식찌꺼기들이 묻어 있고…… 아마 내가 술 마시면서 남편한테 애 데리고 오라고 난동을 부렸나 봐요. 자세한 건 기억이 나질 않는데…… 술에 완전히 마취가 되니까 내가 남편한테 최악의 내 모습을 보인 거예요. 그 과정에서 남편이 못 참고 나를 때렸어요. 난동을 부렸으니까……. 그래서 내가 상을 뒤엎고…….〈대상자 라〉

나는 24시 식당에서 일했는데…… 오후 7시에 나가서 다음날 7시에 들어왔어요. 아침부터 자려니까 밖은 훤하고…… 다시 나가려면 억지로라도 자야 하는데…… 머릿속이 복잡하니까 맨 정신으로는 잠이 안 와요. 수면제를 먹어야 잠이 와……. 몸은 고단해서 누웠는데…… 그날 시달렸던 생각이 지나가고, 앞으로 살 일도 걱정되고…… 가장 힘든 건 중국에 두고 온 애 생각이 나서…… 이 아이를 어떻게 데려올까 그 생각하느라 잠을 못자요. 그래서 습관적으로 수면제를 먹었어요. 어떻케든 자야 하니까…….〈대상자 마〉

ⓝ 자살생각으로 고통을 해결하려 함

대상자는 한국생활에서의 심리적 고통을 약물과 자살생각으로 해결하고자 시도한다. 특히, 자살에 대한 생각은 사회공동체에서 의미 있는 사회적 상호작용과 친밀한 관계성의 부족으로부터 나온다고 한다. 따라서 새로운 나라로 이주한 경우처럼, 개인과 자신의 사회

간에 익숙한 관계가 깨졌을 때, 개인은 자살에 더욱 높은 위험상태에 있게 된다.(Durkheim, 1897, Hovey & King, 1997에서 재인용) 〈대상자 가〉와 〈대상자 다〉의 경우에는 자살을 생각하기에 이르는데 근본적인 원인은 진정한 심적 교류대상의 부재라고 할 수 있다.

> 한국에 와서 1년 동안 대학 들어가겠다고 나 혼자서 열심히 한다고 했는데…… 중국에서 고생했을 때하고 비교하면 심적으로 수백 배는 더 힘들었어. 그렇다고 얼른 성과가 보이지도 않는 것 같구……. 무엇보다도 지속적으로 마음 나눌 사람도 없었어요. 그래서 이렇게 사느니 차라리 죽는 게 낫겠다 생각하고 자살하려고 했어요. 〈대상자 가〉

> 한국에 내가 오고 싶어서 왔잖아요. 그런데 막상 오고 나니까 사는 게 뭔가 하는 근심이 생겼어요. 바쁜 꿀벌은 불평할 틈도 없다고 하는데…… 나는 왜 사는지도 모르겠구……. 형은 형대로, 누나는 누나대로, 나는 나대로 사는 게 힘든 때였어요. 물이 끓으면 저절로 넘쳐흐르잖아요? 나도 그런 거예요. 누가 나를 옆에서 화나게 한 것도 아닌데…… 마음속에서 뭔가 끓어 넘치는 것 같고……. 그래서 컴퓨터에 앉아서 자살사이트를 계속 뒤져 봤어요. 북한에서는 그래도 죽고 싶다는 생각은 들지 않았어요. 배고프니까 배불리 먹고 싶다는 생각은 들었어도……. 그런데 한국에서는 그런 마음이 드는 거예요. 〈대상자 다〉

◎ 정신문화에 대한 새터민과 남한 인간의 이해 차이

새터민들은 문화적응스트레스와 심리적 충격(trauma) 후 스트레스로 인한 심리적 복잡함을 털어내고자 노력을 시도한다. 그러나 그들은 남한 사람들에 비하여 정신과적 문제에 대한 인식과 정신과적 치료에 대한 이해가 부족하다 할 수 있다. 또한 그들이 이미 가지고 있는 정신질환에 대한 낙인을 어떻게 해결할 것인지 예민하고 전문적인 접근을 필요로 한다는 점에서 새터민에 대한 정신건강 접근은 횡문화적(Cross-cultural) 접근을 요구한다.(전우택, 2000) 따라서 정신건강 전문가는 북한인의 입장에서 한국과 북한문화의 차이를 이해하고 있어야 한다는 것이다. 〈대상자 가〉는 남한 상담가는 새터민이라면 설명하지 않아도 경험을 통해 이미 아는 사실들조차 설명해야 하는 상황과 말을 한다고 해도 근본적인 이해를 할 수 있을 것인지 의구심을 갖는다. 〈대상자 나〉는 불면증으로 찾아갔던 상담가가 자신을 정신과 환자 취급을 한다고 느껴 상담을 중단한다. 기존 북한문화기존에 정신과 진료에 대한 낙인이 연상된 것으로 파악된다. 〈대상자 다〉는 학교에서 자신이 아웃사이더라고 인식되어, 학교 상담실을 찾았으나 처음부터 검사 도구를 제시하여 실망하면서 동시에 북한문화에 대한 이해가 없는 남한 사람과의 상담에 한계를 느낀다. 〈대상자 라〉는 북에 두고 온 자녀로 인한 우울함을 항우울제로 조절시켜 보려는 봉사자의 의견에 이해할 수 없다는 반응을 한다. 〈대상자 마〉는 상담을 낙인화하는 북한식 해석으로 병원에서 처방전만 받아오는 것에 그친다.

> 상담을 하더라도 새터민들끼리는 설명 안 해도 다 알아 듣는 말을 남한 사람한테는 설명을 다 해야 돼요. 우리가 옛날에 살면서 고생했던 말해야 알아듣겠나 싶고…… 새터민들끼리 만나면 남한 사람한테 말하지 않는 게 낫다고들 해요. 못 알아들을 거라고…… 〈대상지 가〉

> 불면증이 너무 심해서…… 상담을 요청했어요. 그런데 내가 정신이 좀 이상한 사람인 줄 아는지…… 이상한 질문을 하더라구요……. 정신과에 온 것도 아닌데…… 나를 정신환자인 줄 아는지……. 너

무 기분이 나빠서 한 번 상담하고 안 했어요. 〈대상자 나〉

나는 학교에서 아웃사이더거든요. 한국 사람이지만 완전히 한국 사람이라고 할 수가 없어요. 한국에 산지 6년이 다 되는데, 아직까지도 말에 걸리고, 생각에 걸리고 그래요. 그래서 내가 정신이 좀 어떻게 된 건 아닌지 해서 학교 상담실에 가서 일주일에 한 번씩 상담을 받아요. 그런데 처음에 가니까 심리테스트인 건지 시험지를 풀게 하는 거예요. 나는 말이 하고 싶어서 찾아간 건데…… 거의 30분 넘게 문제만 풀다가 말도 했는데…… 확실히 남한 사람한테 말을 하면 한계가 있어요. 〈대상자 다〉

봉사자 중에는 내가 우울이 심해 보인다고 자꾸 정신과 가서 상담을 받아보라고 하는 거예요. 우울증 약을 좀 먹으면 좋아질 거라고 하는데…… 나는 몸이 아픈 게 아니라 마음이 아픈 거예요. 약을 먹는다고 낫는 병이 아닌데……. 〈대상자 라〉

잠도 안 오고 심장이 아파서 병원엘 갔어요. 잠잘 오는 약이라구 처방전만 받았거든요. 상담은 무슨……. 북한에서 상담하자고 하면 '너한테 문제가 있으니 나하고 얘기를 해봐야겠다' 그렇게 이해하거든요. 그래서 상담하자고 하면 그런 거 받기 싫다고 하지요. 누가 좋아하겠어요. 〈대상자 마〉

5. 새로운 삶에 대한 의미 회복과 통합적 태도 형성

ⓐ 한국 생활에 대한 긍정적 관점 형성

대상자는 남한 사람들로부터 제공되는 도구적정서적 자원의 제공을 통해 지금, 여기에서의 변화를 경험하게 된다. 이것이 연계되어 자신이 목표로 한 소속됨을 경험하게 되니, 한국사회에 대한 관점도 점차 변화되기 시작한다. 〈대상자 가〉는 1년간 준비했던 검정고시에 합격하여 대학에 입학함으로써 다양성을 고려한 한국식 사고방식에 매력을 느낀다. 〈대상자 나〉는 생활고로 자신의 미래를 밝힐 수 없었던 사회생활 초기에는 새터민을 받아준 한국정부를 원망했었다. 그러나 성직자의 도움으로 의과대학 교수를 소개받아 의사고시를 준비할 수 있는 물리적 환경 및 정서적 지지를 제공받음으로써 부모형제를 뿌리치고 들어온 한국에서 자신의 입지를 다시 세우고자 결심한다. 대상자는 한국에 대한 원망감이 호감으로 변했음을 표현한다. 〈대상자 다〉는 한국에 온 지 3년 만에 대학에 입학하게 됨으로써 자본주의에 대한 부정적인 관점에서 벗어나게 된다. 〈대상자 라〉는 한국생활이 1년도 안 되어서 생활 기반의 틀을 마련하게 되니, 자녀가 없다는 고통을 제외하면 한국생활에 혜택을 누리게 됨을 인식한다. 〈대상자 마〉는 술을 팔아야 하는 일을 그만두고 봉사자 이모가 소개시켜준 가구공장 일을 시작하게 되면서 한국생활의 가치를 느끼게 된다.

1년간 검정고시 준비를 해서 대학에 들어가고 남한 사람들하고 생활하다 보니…… 이제는 내가 북한 사람들하고 있으면 통하지가 않는다는 걸 알게 됐어요. 여기서는 살아가는 방식이 모두 다르잖아요? 모두 자기에게 도움이 되는 방식으로 살아가고……. 자기에게 도움이 되는 방식도 모두 다르잖아요. 그런 걸 이해하고 인정해 줘야 하는데…… 북한 사람들은 경험이 좁다 보니 다른 사람에 대한 이해가 부족해요. 그래서 나중에는 싸우게 돼요. 그래서 만나고 싶지 않다는 거지요. 예를 들면, 전에 캠퍼스에서 우연히 나보다 조금 나이가 있는 북한 형을 만났어요. 내가 '내일 MT 간다고 그랬더니……' '넌 아직도 애들처럼 그런데 따라다니냐?' 그러는 거예요. 기분 나쁘게……. 나는 한국 대학에 들어 왔으니까…… 한국 친구들하고 사귀고 싶었거든요. 친구를 사귀어야 학교생활에 도움이 될 것 같아서……. 그런데 그렇게 말하니까…… 너무 기분이 나쁜 거예요. 그래서 내가 'MT 가는 건…… 내가 필요해서 가는 건데…… 그렇게 함부로 말하지 말라. 사람마다 원하는 게 다 다른 거다……' 그랬어요. 그랬더니 또 뭐라 하고……. 새터민들은 생각이 경직돼서 다양한 생각을 못해요……. 이거면 이거…… 한 면밖에는 몰라……. 내 생각이 점점 남한화가 되니까 새터민들 그런 사고방식이 불편해져서 가까이 하지 않게 되구…… 남한 사람들 만나는 게 좋아지는 거예요. 〈대상자 가〉

소개받은 의과대학 교수님 도움을 받으면서 내가 다시 의대진학 공부를 할 수 있게 됐어요. 그렇게 되니까 한국에서 나를 다시 만들어야겠다는 걸 포기할 수가 없는 거예요. 내가 여기 올 때 내 부모 형제도 내 발을 잡지 못했어요. 그런데 내 부모 형제로 인해서도 다시 돌아갈 생각은 안 생기는 거예요. 한국 사회가 주는 호감이 북으로 돌아가고 싶다는 마음보다 강하기 때문에 돌아가고 싶지 않았어요. 한국에서 살아 보니까 이래서 한국이 굴러가는구나…… 하는 걸 알겠는 거예요. 금방 사회에 나와서는 한국을 원망했어요. 내가 국가에서 한 달에 31만 원 생활비 받고 의대입시 준비하기가 벅차서 식당을 전전했잖아요. 닥친 현실이 너무나 힘들다 보니까 이렇게 고생시키려면 뭐하러 북한 사람들을 받아줬는가……. 한국에 들어온 걸 상당히 후회했었어요. 그런데 주변사람들 도움을 받으면서 내 할 일에 방향이 보이게 되니까…… 한국이 다른 각도로 보이는 거예요……. 〈대상자 나〉

한국에 온 지 3년 만에 대학에 들어가게 됐는데…… 대학에 들어와 보니까…… 전에는 몰랐는데 남한을 보는 관점에 차이가 생기는 거예요. 책을 보더라도 내용을 어떻게 해석하느냐에 따라서 이해하는 방식이 다르잖아요. 새터민들 중에는 남한에 대해 나쁜 것만 말하는 사람들이 있어요. 자본주의는 서로를 뜯어먹고 사는 거라 하고……. 나도 처음에는 그렇게 생각했어요. 그런데 시간이 가니까 남한을 보는 관점이 달라지더라구요. 북한에 없는 남한사회에 좋은 점들이 자꾸 보이는 거예요. 그러니까 남한에 대해서 긍정적으로 생각하게 되고…… 나도 여기서 잘 지내야겠다…… 그런 생각이 들고요…….〈대상자 다〉

한국에 온 지 1년 안 돼서 생활 기반을 잡은 거예요. 주변에서 상당히 빨리 기반을 잡았다고 칭찬해 주시는데…… 다 주변에서 도와주신거지요. 애들이 없어서 그게 힘들어서 그렇지 그동안 나도 한국에 대해서 들을 건 다 들었는데…… 왜 살고 싶지 않겠어요?〈대상자 라〉

힘들었던 식당일 그만두고 봉사자 이모가 소개해준 가구 공장에 다니게 되니까…… 일단은 술손님이 없어서 너무 좋았어요. 내가 힘들 때 그렇게 관심 가져주고 그러니까…… 그래도 한국이란 곳이 살만한 곳이구나…… 그런 생각이 들면서 이왕 온 거 잘 살아야겠다 싶고…….〈대상자 마〉

ⓑ 남북한 통합적 태도 형성

대상자는 특정한 남한 사람과 지속적인 만남은 형성하지 못했지만, 시간이 가면서 다양하게 누적된 관계망을 형성하게 된다. 그 관계망은 새터민에게도 적용되어 이제는 자신의 상황에 맞게 도움이 되는 남북한 사람을 선택할 수 있게 되었다. 또한 만나는 남북한 사람들을 통해 도구적이며 정서적인 지지를 경험한다. 이제 대상자에게 새터민도 새터민 나름이요, 남한 사람도 남한 사람 나름인 것으로 인식된다. 남북에 대한 통합적 사고는 사람 선택뿐만 아니라 사상에도 적용된다. 〈대상자 가〉는 처음에는 성직자가 형성해준 새터민 모임을 이제는 새터민들끼리 서로 돕는 모임으로 발전시켜 나간다. 〈대상자 나〉는 북한사상교육은 전통 한국사상이 아님으로 지킬 가치가 없다고 본다. 오히려 한국에 와서 한국인 고유의 전통사상이 무엇인지 배우게 되었으며, 〈대상자 다〉는 북한의 주체사상을 학교 과제물인 리포트를 작성할 때 적용시켜 좀 더 과제물을 주체적이며 자주적으로 쓰고자 시도하게 된다.

배정받은 집은 지방인데, 학교는 서울이거든요. 그런데 서울에 자취집 선택하는 데 돈이 많이 드는 거예요. 그렇다고 거주지를 서울로 완전히 옮기면 관리비가 더 들거든요. 그래서 수사님한테 말씀드렸더니 합당한 집을 고를 때까지 수도원서 지내면서 학교 다니라고 하시는 거예요. 그러다가 직장은 우리 집 근처 공단인데 거주지 배치를 서울로 받은 새터민을 모임에서 소개받았어요. 그래서 합의를 해서 학기 중에는 집을 임시로 바꿔서 살게 됐거든요. 이제는 남한 사람, 새터민 그런 게 중요한 게 아니구요. 시기적절하게 도움을 주고받으면서 사는 거지요. 성당 새터민 모임도 우리들끼리 모여서 서로 도움을 주고받기도 하는 주체적인 모임으로 바꿨어요. 처음 시작은 신부님이 이끌어줘서 모임이 진행되었는데, 이제는 우리들이 자체적으로 월 일회 모여서 진행하고 어려움이 있으면 나누기도 하고…… 전엔 우리가 주체적으로 하는 모임은 없었어요. 〈대상자 가〉

나를 도와주셨던 의과대학 교수님이 정년퇴직을 하신다는 거예요. 그래서 한국에서 그런 날은 뭘 선물하는질 몰라서 성당에서 만난 남한 언니한테 물어봤어요. 주로 상품권이나 아기금돼지…… 그런 걸 선물한다고 해서…… 언니한테 백화점에 같이 가 달라고 했지요. 그래서 상품권을 사갔어요. 그리고 북한에 대한 강연을 할 일이 있어서 옷에 좀 신경을 써야 했는데…… 그럴 때도 남한 언니한테 옷 고르는 걸 부탁하구요……. 그러다가 북한 가족 일 때문에 해결할 일이 생겨서 몇 날 며칠을 신경 써야 했는데…… 그럴 때는 밤늦게라도 북한친구 만나서 의논하고…… 시간이 가니까 일에 따라서 만나는 사람이 달라지는 거예요. 〈대상자 나〉

남편이 아이들을 찾겠다고 중국에 가기 전날 나하고 대판 싸우고 갔거든요. 나는 남편이 떠난 날 아침에도 남편이 중국에 간지 몰랐어요. 남편이 전화로 중국 가는 배를 탔다고 하기에 그때 안 거예요. 그러니 내 마음이 어떻겠어요. 첫 날부터 혼자 잠을 잘 수가 없는 거예요. 걱정이 돼서……. 그래서 구역 사람들한테 부탁을 했어요. 우리 집에 와서 같이 기도해 달라고……. 북한에 있는 내 자식들이 안전하게 빠져 나올 수 있도록 남편과 브로커들을 위해서 기도해 달라고 했거든요. 그렇지 않고서는 3주를 나 혼자서 버틸 수가 없는 거예요. 그리고 한 달에 한 번 모이는 새터민 모임에 가서도 내 상황을 털어 놓게 되고……. 자식 찾아오는 상황에 나한테 정신적으로 위로가 되면 되는 거지…… 누구면 어때요. 〈대상자 라〉

북한 속담에 '네 잔등도 베고 자지 말라'는 말이 있거든요……. '내 등도 믿지 못하니 베고 자지 말라'는 뜻인데…… 나도 나를 못 믿는데…… 남을 어떻게 믿을 수 있는가…… 그런 말이에요……. 북한 사람들끼리는 북한에서나 중국에서나 서로 속이고 살았으니까, 사회에 나와서는 가능한 고향사람 만나지 말아야겠다 했거든. 한국 사람은 그래도 좀 다르겠지 생각했어요. 그런데 식당일 했는데 임금을 안 주는 거야. 오야봉이 사람들을 모집해서 식당 일을 소개해서 한 달이 지났어요. 그럼 돈을 줘야 되잖아……. 식당 주인한테 돈 딜라고 하면 오야봉한테 입금시켰나는 서야. 그러면서 입금 통장을 보여줘요. 그거 나한테 보여줘야 무슨 소용 있어요? 내가 식당에서 일해준 건 분명한 거구…… 돈은 한국 사람들끼리 말해서 알아서 줘야지……. 한국 사람들끼리 짜고 그러는지 내가 어떻게 알아……. 북한 사람들만 남의 돈 떼어 먹는 줄 알았는데…… 남한 사람들도 그렇구나…… 그 다음부터는 북한 사람, 남한 사람 가릴 것 없고 나한테 도움이 되는 사람하고 잘 지내면 된다는 생각을 하게 되고……. 〈대상자 마〉

한국에 들어와서 북한에서는 알지 못했던 한국인의 전통에 대해서 오히려 배우게 됐어요. 북한에서는 모든 게 김일성 사상으로 덮여서 제대로 된 한민족 사상을 몰랐거든요. 어른께 세배하는 거라든지, 한국전통 민요가 이런 거구나 그런 것들……. 김일성 사상 그런 건 전통 한국사상이 아니기 때문에 지킬 가치가 없는 거지요. 〈대상자 나〉

난 리포트 쓸 때 주체사상을 떠올리게 돼요. 주체사상이란 것이 창조적이며 자주적인 생각으로 혁명과업을 이룬다는 것인데, 그런 정신으로 리포트를 써요. 어떻게 하면 이 리포트를 창조적이며 자주적으로 써볼 것인가 생각하게 되거든요. 여긴 남한이라 그런 생각하면 안 되는 거 알지만…… 어린시절부터 배운 사상이라 버릴 수가 없거든요. 〈대상자 다〉

6. 심리적 충격(trauma) 후 고통을 통한 성장

ⓐ 관계를 통한 혜택 인식

대상자들은 시간이 지나면서 삶의 고통을 극복하는 과정에 만나게 된 남한 사람들을 통해 당시에는 알지 못했지만 그들과의 관계로부터 혜택을 얻었음을 인식하게 된다. 그렇게 대상자들은 일상생활 속에서 누적된 대인관계를 통해서 점차적으로 안정되어 가는 자신을 발견한다.

내가 쓰러지려고 할 때 그래도 일어나라고 옆에서 일으켜 주고 그
래도 다시 쓰러지려고 하면 또 다른 사람이 일어나라고 부추겨 세
워주고 그런 힘이 있었으니까 내가 지금까지 올 수 있었어요. 담당
형사님도 가끔 '공부 열심히 해라. 파이팅' 이런 메시지 보내주죠.
수사님은 '이 세상을 어떻게 바라보면서 살아가야 하는지' 가르쳐
주시죠. 수도원에서 공동체 생활하면서 봉사 나가고 하다 보면 내
가 빈손으로 왔지만 얼마나 많은 혜택을 보며 사는 사람인지……
나보다 더 힘든 사람들을 통해 다른 사람들을 이해하게 돼요. 만나
는 사람들마다 배울 게 있다는 걸 알게 됐어요. 공부할 때 모르면
교수님 찾아 가는데…… 그분들과 술 한잔 마시면서 인생 얘기 하
다 보면 들을 거 많죠. 처음에 내 발로 성당에 나가서 신부님 수녀
님만 알았는데 시간이 가면서…… 그분들이 누굴 소개해 주고……
또 소개받은 사람들이 또 다른 사람들을 소개해 주고…… 돌고 돌
고 그렇게 해서 사람관계가 넓어진 거예요. 그러면서 이제는 내가
힘들고 어려울 때 의논할 수 있는 사람들이 주변에 많다 이거죠.
〈대상자 가〉

요즘은 일기장을 봐도 삶에 여유가 보여요. 내일 할 일이 있으니
까…… 사는 게 기대가 생겨요. 계획이 잡히니까, 갈 곳도 있고, 남
한 사람 이야기도 들어줄 여유도 있게 되고……. 전에는 남한 사람
만나도 듣기보다는 내 말을 많이 했거든요. 그만큼 한국에 와서 남
한 사람들을 많이 만났다는 거지요. 〈대상자 나〉

가는 과정에서 나는 예전에 내가 아니라 점점 달라지는 내 모습을
보게 되었고 나에게 얽매이는 내가 아니라 남한 사람들과의 관계에
서 편안해지는 나를 보게 되었다 이거예요. 그래서 이젠 사는 걸
누리게 됐어요. 〈대상자 다〉

남한 사람들과 같이 밥 먹고, 눈길 마주치고, 이야기하고…… 그런
모든 것들이 나와 연결된 거라 봐요. 관계 속에서……. 혼자 가게

일을 봐야 되니까 중간에 은행도 가야 되고 성당 교육 생기면 잠깐 가봐야 하거든요. 그럴 때 내가 부탁하면 몇 시간이라도 상가 언니들이 잘 봐줘요. 한국 와서부터 알게 된 사이니까……. 살면서 그런 도움을 계속 받지요〈대상자 마〉

내가 지금까지 남한 사람들을 만나면서, 물론 얼마나 만났는지 모르겠지만…… 그때 만난 사람들이 나를 받아주고 붙잡아 주고, 격려해 주고, 일으켜 주고 했던 것들이 이 사회에서 내가 어떻게 살아야 하는지를 알게 해 준 거라고 봐요. 처음 1년간은 여기 사람들이 하는 말대로 하는 것도 힘들었어요. 그래도 내가 그때 만났던 남한 사람들을 아직까지 만나는 거 보면……. 그래도 이제는 뭔가 통하는 게 있는 거 같아요.〈대상자 라〉

ⓑ 심리적 충격(trauma) 후 심리적 성장

대상자들은 과거 심리적 충격(trauma)이 주는 고통을 통해 심리적 성장을 경험하게 된다. 이런 '심리적 충격(trauma) 후 성장(post-traumatic growth)'이란 심리적 충격(trauma) 경험 이후 깨닫게 되는 새로운 삶에 대한 가능성을 인식하고, 자발적인 정서적 표현을 통해 타인을 수용하고 이해함으로써 친밀성을 형성하게 되는 것이다. 그리고 삶의 역경을 다룰 수 있는 자기 신뢰와 강점을 인식하면서, 일상의 삶에 감사함을 느끼고, 영성을 인식하게 되는 경험을 말한다.(Tedeschi & Calhoun, 1996) 이것을 '심리적 고통과 관련된 성장(stress-related growth)'이라고도 하는데, 이것은 극심한 고통과 충격 이후에 일어나는 정서적 성장, 종교와 영적 성장, 타인에 대한 배려, 개인 강점에 대한 인식, 소속됨, 자기에 대한 이해, 그리고 낙천성(Park, Cohen & Murch, 1996)[6]이란 구성 개념으로 이루어진 행동적 함의를 갖는다. 따라서 심리적 고통 이후에 동반된 인지·정서적 영역에서의 삶에 의미 변화로서, 심리적 충격(trauma)의 전환적 힘이라고 할 수 있다.

심리적 고통과 정신적 심리적 충격(trauma) 경험 이후의 긍정적 변화들은 '역경과 싸우는 공통된 요인들'을 공유하고 있다.(Linley & Joseph, 2004) 집단적으로 "역경을 거친 성장(adversarial growth)"이라 언급되며, 역경과 싸워나가는 과정을 통해서 개인은 심리적 충격(trauma) 사건이 일어나기 전에 비해 더욱 높은 기능 수준을 추진시켜 긍정적 변화를 일으키게 된다. 이러한 긍정적 변화를 학자들에 따라서 심리적 충격(trauma) 후 성장(post-traumatic growth), 심리적 고통과 관련된 성장(stress-related growth), 인식된 혜택(perceived benefit), 번영(thriving), 전망의 변화(changes in outlook), 축복(blessing), 긍정적 부산물(positive product), 그리고 긍정적 적응(positive adjustment) 등으로 명명하고 있다.

이렇게 위기를 경험한 개인들은 삶에 근본적인 가치와 신념에 도전을 받게 되고, 역할에서의 변화를 겪게 된다. 비록 이러한 어려움들이 대부분 부정적인 결과로 이어지게 되지만, 이러한 고통과 마주치면서 연계되는 과정을 통해 폭넓은 관점과 새로운 대처 기술, 그리고 개인적·사회적 자원의 개발을 향상시키게 되며, 심리적 충격(trauma) 경험 이전에는 깨닫지 못했던 개인적 삶을 교정하게 되는 기회가 된다.(Park, Cohen, & Murch, 1996, Tedeschi & Calhoun, 1995, 1999)

---

6) Crystal L. Park, L. H. Cohen, & R. L. Murch(1996). "Assessment and predicition of stress-related growth", Journal of Personality, vol.64, pp71-105.

나이가 30이 되니까 이젠 어떻게 살아야 할까 고민도 많이 돼요.
일반직장 다니다가 결혼해서 아이 낳고 그렇게 살다보면…… 정말
내가 하고 싶은 일들 할 수 있을지 모르겠어요. 저는 저처럼 북에
서 온 사람들 입장을 너무 잘 아니까…… 그 사람들을 위한 일을
하고 싶거든요. 그래서 수사가 되어볼까 생각하고서 수도원에서 수
사 생활을 따라해 보았어요. 그날은 새벽에 일어나서 장애아동들
밥먹어주고 목욕시키고 했는데…… 정말 힘들더라구요. 그렇지만
정말 내가 하고 싶은 일과 차이가 없는 거예요. 그래도 수사님이
수도사 되는 것에 대해서는 좀 더 생각을 깊이 해 보라고 하셨어요.
아직 시간이 있으니까……. 그 방법만 나 같은 사람을 돕는 것은
아니라고……. 그런데 요즘에는 확신이 와요. 시간이 가면 갈수록
마음이 자꾸 그런 쪽으로 쏠려요. 내가 여기에 온 궁극적인 뜻이
나 같은 사람 도우라고 하느님께서 그런 고난을 주신 건 아닌
가…… 그런 생각이 자꾸 들구……. 〈대상자 가〉

내가 한국 가려고 하다가 베트남에서 잡혀서 중국에서 수용소 생활
할 때…… 살아야 할 이유도 없고…… 희망이 없으니까…… 자살하
려고 일주일을 물도 끊고 굶었거든요……. 3국에서 두 번째 잡혔을
때는 북송되면 어차피 죽는 거라서 자살하려고 약을 삼키구요…….
결국 살게 돼서 한국까지 왔지만…… 한국에 와서 자살이라는 것이
종교적으로 죄라는 걸 알게 됐어요……. 내가 두 번이나 죄를 지었
고…… 남들은 그 정도면 그냥 죽을 건데…… 하느님께서 나를 두
번이나 살려주신 거예요……. 거기에는 분명히 이유가 있을 거
다…… 하느님께서도 내가 죽기를 원하지 않으신 거다…… 나에게
고통을 주셔서 과거에 내가 어떻게 살았는지를 깨닫고 변화되라고
하시는 거다…… 그런 생각이 드는 거예요. 북한에서는 내가 의사
했지만…… 내 생각만 하고 살았거든요……. 그런데 내가 고생을
해 보고 나니까…… 다른 사람에 대한 이해심이 생기게 되는 거예
요. 수용소 생활하기 전에는 내가 사람에 대한 이해심이 전혀 없었
어요. 누가 내 발을 밟아서 미안해하잖아요. 상대방이 미안해하는데

도 내 발은 아프잖아요……. 그럼 난 표현했어요. '아저씨, 사람 발 밟고 미안하다고 하면 끝이에요?' 표현해야 달라질 것도 없는데…… 상대방 무안하게 그렇게 했어요. 이해심이 조금도 없었어요. 버스에서 옆사람이 졸면서 나한테 기대면 벌떡 일어났어요. 그 사람이 잠에서 깰 때까지 계속 일어나 있었어요. 그리고 내 할 일 끝나면 주변사람들 관계 그런 거 생각하지 않고…… '난 총알이야……' 하면서 다른 사람은 쳐다보지도 않구 있던 곳에서 확 나가고……. 북에서 장사하면서도 사람들한테 속지를 않아서 사람들이 나한데 이빨도 들어가지 않을 여자라고 했었어요……. 그런데 수용소 생활하면서 같은 방 애들이 하나씩 관리소로 나가는 거 보면서…… 쟤도 나가면 고생하겠구나…… 그런 맘이 드니까…… 그때부터 다른 사람 입장을 이해하는 마음이 생기더라구요. 하느님께서 고통을 통해서 나를 변화시키고, 겸손해지라고 하시나 보다 그런 생각이 드는 거예요. 〈대상자 나〉

전에는 내가 소중하다는 생각을 해본 적이 없었어요. 북한에서나 중국에서 살 때는 내가 누군지도 모르고 살았어요. 아무도 말해주는 사람도 없었구요. 그런데 한국에 와서 배우게 되고…… 그러면서 아! 나에게 이런 면이 있었구나, 난 이렇게 생각하고 느끼고 있구나…… 점점 나 자신을 알아가게 돼요. 또 주변사람들이 나에 대해서 말해주기도 하구요. 그러면서 나를 알아가게 되는 거예요. 지금도 내가 어떤 사람인지는 아직 나도 다 몰라요. 하지만 만나는 사람들의 영향을 받으면서 내가 계속 변하고 있다는 걸 알게 됐어요. 그러면서 나도 소중한 인간이구나 그런 생각을 하게 됐구…… 언젠가부터는 이렇게 배워나가면서 갈 때까지 가보자…… 그런 생각이 들면서 모든 사람들한테 배울 게 있구나…… 그리고 사는 게 날마다 기적이구나…… 그런 감사함이 생기는 거예요. 〈대상자 다〉

내가 욱하는 성격이 있어서 순간을 못 넘겨요. 일반적으로 북에서도 온 사람들은 어려운 일을 많이 겪다 보니까 성격이 거칠어진다고 하지만…… 나는 어릴 때부터 그랬어요. 감정조절을 못해요. 내가 옳다고 생각하면 위고 아래고 없이 막가자 판이었어요. 남편도 나보고 연애할 때 '너무 메마르고 차갑다'고 그랬어요. 북에서 살 때도 옆집 사람하고도 말 안 하고 살았고……. 코가 높았던 거지요. 눈 아래로 쫙 깔고 지나가고……. 책 읽다가 누가 나를 불러서 쳐다보면 사람들이 내 눈빛이 너무나 무섭다는 거예요. 소름끼친다고 했어요. 그랬던 나였는데…… 여기 와서 혼자 트럭 행상하면서 생선 팔고…… 가게 내서 손님들 비위 맞추고 살다 보니 따뜻하게 변한 거예요. 장사 하려면 원래 간도 내놔야 한다면서요? 남편 도움 하나도 없이 여기 와서 나 혼자서 장사 길을 헤쳐 나간 거예요. 남편이 나보고 '너 참 많이 변했다. 북한에서는 상상할 수도 없었던 모습'이라고 놀라워하지요. 이게 다 자식 데려와야 한다는 마음에 고통이 있어서 시작할 수 있었던 거지 나 혼자 의지로는 안 됐을 거예요. 〈대상자 라〉

북한에 살 때는 내가 너무 힘들게 살아서 그랬는지 몰라도…… 거리에 거지가 득실거렸지만 내가 동전 한 닢 주질 않았어요. 돈 벌 수 있는 기회도 거의 없었지만 누구에게 뭘 준다 그런 생각 자체가 안 들었어요. 그런데 한국에 와서 살면서 내가 남들보다 잘사는 것도 아닌데, 지하철에서 구걸하는 사람이 지나가면 이제는 동정심이 생기는 거예요. 뭔가라도 주고 싶은 마음이 생기는 거예요. 그래서 동전이라도 주게 되구……. 〈대상자 마〉

ⓒ 생존자의 역할을 하고자 함

대부분의 생존자들은 개인의 삶의 한계 안에서 심리적 충격(trauma) 경험을 해결하고자 한다. 그러나 일부는 심리적 충격(trauma)의 결과로써 좀 더 확대된 세계에 연계되고자 하는 욕구를 느끼게 된다. 생존자들은 개인의 불행이 정치적인 것임을 인식하고 사회적 행동을 위한 근간을 만듦으로써 개인적인 비극에 대한 의미를 전환시킬 수 있게 된다. 즉 타인에게 선사품(gift)을 만들어 주는 것은 생존자의 임무에 근원이 된다. 심리적 충격(trauma)은 그럴 때 회복으로 전환되는 것이다. 생존자가 유사한 경험을 한 희생자를 위해 사회적 노력이 요구되는 일에 참여하는 일은 인내심과 이타심을 발휘케 하는 생존자의 가장 성숙하고 적응적인 대처 전략을 요구하게 되는데, 역으로 그러한 발휘는 생존자가 다른 사람들과 가장 잘 연계되고 있다는 인식을 얻게 한다. 이러한 상호 연계에 대한 인식 속에서 생존자는 자신의 특정한 시간과 장소의 한계를 초월하게 되는 것이다. 또한 생존자는 다른 사람에게 도움이 될 것이라는 신념으로 대중에게 차마 말로 다 할 수 없는 말을 하게 되는 과업을 떠맡게 된다. 그렇게 함으로써, 그들은 자신보다 더 큰 힘과 연계됨을 느끼게 되는 것이다.(Herman, 1997) 대상자들은 자신보다 뒤늦게 한국 사회에 들어온 새터민의 삶의 고통을 예견할 수 있게 된다. 이제는 한국 생활의 선험자로서, 그리고 심리적 충격(trauma)의 고통을 견디어낸 생존자로서, 후발대로 들어온 새터민을 진심으로 수용하게 되어 그들에게 도움이 되고자 한다.

집이 경상도 쪽으로 당첨되었던 북한 분이 그쪽에서는 직장 구하기 힘들다고, 몇 달 정도 우리 집에 와서 지냈어요. 우리 집 근처 공단 쪽으로 직장을 구하려구요. 그런데 그 형이 우리 집에 온 지 두 달이 넘었는데 밖을 나가지 않는 거예요. 밖을 나가야 사람을 만나잖아요. 하루 종일 집에 앉아서 매일 같이 술만 마시고…… 담배 연기로 집안 가득 메우고……. 중국에서 왔다고 한국음식은 이상하다고 먹지도 않으려 하구……. 그래서 내가 '아무것도 안 해도 좋으니까 성당이나 교회라도 나가서 사람을 만나보라. 집에만 틀어 박혀 있다고 해결되는 것도 아닌데……' 그랬더니 자기를 내버려 두래요. 그러면서 '너는 여기서 대학 들어가서 출세했으니까 그런 말 하는 거지' 그러는 거예요. 내가 대학 들어간 걸 북한식으로 해석하고 있어요. 내가 형 생각해서 해주는 말도 짜증내고…… 화내고……그래요. 말이 먹히질 않아서 내버려 뒀어요. 자기가 필요하면 밖으로 나가겠지…… 들으려고 하지 않을 때에는 아무리 좋은 얘기를 해 줘도 안 들려요. 나도 그랬거든요. 그럴 때는 기다려줘야 돼요. 마음이 안정될 때까지……. 그 과정에서 형이 내 생활을 본 거예요. 내가 매주 성당 나가서 청년들하고 어울리고, 교우 봉사자들하고 만나서 이야기하고…… 그렇게 주변사람들하고 교류하면서 지내고…… 학교에 나가고 그런 걸 보면서 뭔가 느낀 것 같아요. 가시같이 솟았던 게 좀 가라앉아 보이더라구요. 어느 날부터는 형이 밥도 다 해 놓고 나를 기다리는 거예요. 그래서 형한테, '내가 양반 생활한다'고 하면서, 내가 북한에서 중학교도 못 나왔지만 한국에 와서 아무것도 안 하고 있으면서 대학생이 된 건 아니라고…… 나도 자살을 생각할 만큼 힘들었었다고…… 한국에서는 대학 다닌다고 출세를 보장하는 건 아니라고…… 그런 말을 해줬어요. 형이 한국에 온 지 5개월 만에 공단에 취업해서 잘 다니거든요……. 〈대상자 가〉

성당에서 새터민 30여 명을 데리고 경주를 갔어요. 그곳에서 한국에 들어온 지 얼마 안 된 형하고 성당에서 우릴 도와주려고 함께 온 도우미랑 오해가 있었어요. 그 형이 도우미를 주먹으로 때렸어요. 모두 놀랐지요. 물어보니까 그 형이 도우미에게 뭘 부탁했는데…… 그 도우미가 한 말을 형이 오해한 거예요. 자신이 남한에서 보잘것없게 있으니까…… 날 무시해서 그렇게 말한 거라고 그러는 거예요. 그래서 내가 '형은 왜 한국에 들어 왔어?' 하고 물었더니 '먹고살려고' 그러더라구요. 그래서 내가 '정히 먹고살기만 하려면 다시 중국으로 가든지, 북한으로 다시 가는 방법도 있어. 그래, 설령 나를 깔본다고 했다고 치자, 그렇다고 그런 일로 주먹질하면 남한에서 살기 힘드니까 일찍 나가는 걸 생각해봐. 나도 남한에서 살

면서 죽고 싶었던 적이 있었어……' 그러면서 내 경험을 이야기했
더니 마음이 좀 가라앉았는지…… 그 도우미한테 사과하더라구요.
〈대상자 가〉

전에는 새터민 만나고 싶지도 않고 그랬는데…… 요전에 누가 나한데
북한에서 사람이 왔다고 하기에…… 내가 전화번호 가르쳐 달라고 했
어요. 에로가 있으면 내가 돕고 싶다고……. 금방 나온 사람보다야 낫
지 않겠나 해서…… 도와주고 싶다고…… 했지요.〈대상자 나〉

남편 이름으로 새터민 후원회에 가입을 했어요. 지금까지 새터민들이
한국사회에 적응 못한다. 못 산다 그런 말은 들어봤어도…… 적응 잘
한다…… 잘 살아가고 있다…… 그런 말은 들어보질 못했어요. 내가
한국에 온 지 1년 만에 장사로 생활기틀을 잡고 나니까…… 주변에
서 새터민 후원회에 들어달라는 부탁을 받았어요. 나도 북에서 애 둘
을 데려오려면 당장 한 푼이라도 아껴야 하지만…… 그래도 부탁받
은 걸 거절하지는 못하겠는 거예요. 나도 사람들 도움 받아서 여기까
지 왔는데…… 다른 새터민도 나처럼 도움 받아서 잘 살아야 하지 않
겠나 싶고…….〈대상자 라〉

이상하게 북에서 온 사람들 중에는 꼭 북한음식점만 찾아다니는 사
람이 있어요. 중국에서 온 사람은 한국음식 이상하다고 중국음식만
만들어 먹으려 하구요……. 한번은 새터민들하고 북한식당에 갔는
데 맛이 별로더라구. 그래서 '북한 음식이 맛이 없네……' 그렇게
말했어요. 그랬더니 그 친구들이 "너 벌써 한국 사람 다 됐구
나……" 그래요. 그래서 "음식도 그 나라에 대한 이해가 생기
면…… 서절로 먹게 되니까…… 너희늘도 한국에 왔으면 한국을 한
번 이해해 보려고 해 봐" 그렇게 말했지요. 나도 처음엔 한국음식
이 낯설고 뭔지를 모르니까…… 시키기도 힘들고 그랬거든요…….
〈대상자 마〉

ⓓ 영성을 통한 새로운 관점을 형성

　Kinzie(2001)는 난민의 심리적 충격(trauma)의 회복에 있어서 자신에게 고통을 준 대상을 어떻게 이해할 것인가를 중요한 마지막 단계로 제시하였다. 그는 내담자가 악의 문제를 영성(spirituality)을 활용하여 이해하고 해석할 수 있다고 한다. 일반적으로 영성이란 종교적 신념이나 행위를 의미하는 것 이상의 인간의 내적 자원의 총체로서 몇 가지 속성을 갖는다고 설명한다.(오복자·강경아, 2000) 첫 번째 속성은 '초월성'으로 자신, 타인 및 신과의 조화로운 관계에 있을 때 당면한 현실상황을 초월하여 새로운 관점을 보게 하여 자기치유, 승화 및 안녕(Wellness)을 이루는 것이다.(Reed, 1992, Frankle, 1962) 두 번째 영성의 속성은 '통합적 에너지'로서 영성이 신체, 정신, 사회적 모든 영역을 통합시키고, 변화와 성장 및 힘을 주는 역동적인 힘, 창조적이고 강인성을 주는 내적 자원의 근원으로 정의된다.(Gdoodard, 1995, Reed, 1991) 세 번째 영성의 속성은 '삶의 의미와 목적'으로 이는 영성이 개인의 내적 신념이나 가치관을 주관하며, 삶의 궁극적인 목적과 의미를 제공하는 것으로 정의될 수 있다.(Farran, et al, 1989, Satllwood & Stoll, 1975) 따라서 영성이란, 종교적, 실존적 의미를 포함하는 다차원적 개념으로서 자신, 이웃, 자연 및 신적 존재와의 조화로운 관계를 통하여 역동적 창조적 에너지로 작용하고, 현실을 초월하여 경험하게 하며, 그 결과 존재의 의미와 목적 및 충만된 삶을 살게 해 주는 영적인 태도 및 행위라 할 수 있다.(오복자·강경아, 2000)

　연구참여자들 역시 과거 자신에게 고통을 준 대상에 대한 증오심과 분노를 느꼈다. 그러나 대상이 처한 당시 상황에 대한 이해에 접근하게 되면서 그러한 감정을 해소하게 된다. 그러한 해소는 개인의 영성 발현으로 가능해진 것이라 할 수 있겠다. 절박한 위기를 경험한 후 개인 자신과 타인, 그리고 신앙의 영향이 어우러져 고통 대상에 대해 현실을 초월한 새로운 관점을 찾을 수 있게 된다. 그러한 결과는 곧 심리적 충격(trauma) 후 개인의 심리적 성장과 회복으로 이어지게 된다고 보인다.

〈대상자 가〉는 수용소에서 자신을 고문한 대상을, 〈대상자 나〉는 수용소에서 자신에게 불리하게 증언했던 대상을, 〈대상자 다〉는 중국에서 작은누나를 한족에게 팔아버린 인신매매자를, 〈대상자 라〉는 자녀를 데려오기로 하고 돈만 가져간 북한 브로커들의 생존 환경을 인식하게 된다. 북한이라는 제도권에서는 개인의 생존을 위해 타인을 탄압하고 상처를 주며, 속여야 되는 상황에 직면하게 된다는 것이다. 자신들 역시 그러한 환경적 요구에서 벗어날 수 없었던 미약한 존재였음을 인정하게 된다. 따라서 자신에게 고통을 주었던 대상을 제도에 짓눌린 한 인간으로 파악하게 되고 아직도 그런 환경에서 살고 있는 대상에게 인간적인 동정심을 느끼게 된다. 〈대상자 마〉는 술주정으로 인해 자신에게 늘 고통을 주었던 중국 남편이 아이에 대한 양육권을 한국에 있는 자신에게 이전시켜주지 않아 중국 남편을 증오하게 된다. 결국 중국 남편과 아이 모두를 잊기로 작정한다. 북한 남성을 만나 재혼하여 아이 둘을 낳게 되면서는 거의 완전히 잊었다고 생각하게 되나, 이제는 오히려 중국에서 출산한 아이를 잊어서는 안 될 명분을 깨닫게 되고 아직도 홀로 살고 있는 중국남편에 대해 동정심을 느끼면서 용서에 이른다.

나도 중국서 북송돼서 수용소 들어가서 맞고 울고 그랬거든요. 한 국 와 살면서 기억날 때마나 그때 그 사람을 죽이고 싶고 그랬어요. 그런데 종교를 갖게 되면서 다른 사람의 상황이나 입장을 생각할 수 있는 여유가 생긴 거예요. 북한에서 그 조사관도 다른 사람을 탄압하고 때리고 그렇게 하지 않으면 그 환경에서는 살아갈 수가 없는 거예요. 정치 환경이 그러니까……. 그가 나를 총살하라고 사 인했다면 난 죽었겠지요. 당시에는 그가 나를 죽일 수도 있고 살릴 수도 있다고 생각했으니까 나 중심적으로 생각해서 그가 나를 죽인 다고 생각한 거예요. 그래서 그 사람을 죽이고 싶도록 저주했거든 요. 그렇게 생각하는 내가 맞는다고 생각했어요. 그런데 한국 와서 신앙 생활하다 보니 나 중심이 아닌 상대방의 환경이나 생활방식을 이해하게 되는 거예요. 그도 인간인데 양심은 있었겠지……. 오히려 불쌍한 인간이란 생각이 들고 동정심이 느껴져요. 지금도 그런 환 경에서 잘 지내나 궁금해지고……. 〈대상자 가〉

수용소에서 보위부 사람들한테 조사받을 때 중국수용소에서 같은 방에 있다가 먼저 나온 애들이 나를 사상적으로 이상하다고 증언을 한 거예요. 내가 중국서 기독교를 알게 돼서 수용소 방에서 찬송가 부르고 벽보고 기도하고 그랬거든요. 수용소에서 같이 있을 때 내 가 먼저 나간 애들한테 잘해 줬어요. 그때가 겨울이었는데 애들이 나가게 될 때 내가 입던 겉옷도 벗어주고 위로해주려고 기억나는 성경구절도 말해주고 했지요. 그런데 나를 사상에 문제 있는 사람 으로 증언을 했으니까……. 그것도 한국 가다가 잡혀 온 건데……. 총살 아니면 무기도형인 거예요. 그렇게 되니까 북한 애들이 증오 스러웠어요. 북한 애들은 잘해줘도 소용이 없구나…… 그렇게 생각 한 거지요. 내가 처음 한국 와서 북한 애들을 쳐다도 안 봤어요. 하 나원 화장실에서도 몇 달을 서로 마주쳐도 그냥 확 지나가고…… 눈길을 마주치기 싫었거든요. 그런데…… 사회에 나와서 1년쯤 지 났는데 지하철에서 누가 '언니?' 그래요. 보니까 하나원 동기인 거 예요. 나는 하나원에서도 새터민하고 전혀 말 한 마디 안 하고 지

232

내서 나중에도 연락할 사람 하나 없었거든요. 그런데 나도 지하철
서 만난 동기가 너무나 반가운 거예요. 그 애도 많이 변했더라구요.
상냥하게……. 서로 변한 거지요. 내가 왜 그렇게 반가워했을까 생
각해봤지요. 사회 나와서 교회에 다니는 사람도 만나보고 성당에
다니는 사람도 만나고 그랬거든요. 물론 모든 사람이 나한테 잘해
준 건 아니었지만 10명이면 7명은 나한테 참 잘해줬어요. 나한테
사랑을 느끼게 해 준 거예요. 그게 제도가 됐든 자원봉사든 간에
내가 전에는 알지 못했던 인간에 대한 사랑을 느끼게 해준 거예요.
이런 곳에서 지내게 되니까 나도 하루하루 달라지구요……. 그러니
까 수용소에서 조사받을 때 그 애들도 나를 나쁘게 말해야 자기들
이 한 대라도 덜 맞을 테니까…… 그랬겠지요. 그 당시에는 애들이
나를 나쁘게 말했기 때문에 내가 죽게 될 수도 있다고 생각했으니
까…… 애들만 증오했거든요. 그런데 그게 아닌 거예요. 나도 중국
수용소에서 나오는 조건으로 변방대 일을 한 적이 있었어요. 중국
에서 한국 가려는 북한 사람 잡는 일이거든요. 나도 살기 위해서
같은 북한 사람 잡아들이는 일을 할 수밖에 없었던 거예요. 그러니
까 마찬가지겠지요. 〈대상자 나〉

내가 작은누나하고 처음 중국에 넘어가서 길잡이가 인도하는 집에
들어갔거든요. 방 벽에 하얀 천으로 덮인 게 있었어요. 그게 뭔가
궁금해서 아무도 없을 때 천을 살짝 들어봤는데 나무에 죽은 시체
가 걸려 있는 거예요. 깜짝 놀랐지요. 그때는 그게 십자가 고상인
줄 몰랐으니까……. 누나하고 둘이서 집 주인 여자가 이상한 사람
인가 보다 생각했어요. 그런데 집주인 여자하고 길잡이하고 짜고서
4일 만에 작은누나를 한족한테 팔았거든요. 나한테는 남동생 딸린
북힌 여자는 시집가기 힘들니고 혼자 북한으로 가든지 아니면 길잡
이를 하든지 하라고 해서…… 결국 나도 길잡이를 하게 됐지만……
당시에 누나를 넘긴 집주인 여자하고 길잡이 놈을 죽여 버리고 싶
었어요. 나중에 나도 인신매매하느라 80번이나 두만강을 넘었지만.
나 따라오는 북한 여자들 보면서 속으로는 괴로운 적도 있었어요.

그런데 우리 누나도 그렇게 넘겨졌고……. 그러니까 내가 국경에서 잡히지만 않았다면 80번 넘게 계속했을 거예요. 나중에는 괴롭고 뭐고 없어요. 그 체제에서는 자기가 살기 위해서 서로 속고 속이면서 모두 그렇게 사는 거니까 나도 살려면 어쩔 수 없다고 생각한 거예요. 그러다 한국에 와서 인간답게 산다는 걸 알게 된 거지요. 6년 만에 중국에 있는 작은누나를 찾을 때 처음 누나를 넘겼던 길잡이 놈을 만나게 됐어요. 가니까 그때까지도 그 집에 살더라구요. 40대 후반 정도 된 남자였는데 내가 '누나 어디로 넘겼냐'고 따지니까 '나도 네 나이 먹은 딸 가진 아버지다' 그러는 거예요. 그래서 내가 그놈 멱살을 잡고 얼굴을 한 대 때려줬어요. 너무 화가 나서. '너는 네 딸도 팔아 먹냐? 생각이나 하고 말을 해라' 그랬거든요. 결국 몇 달 만에 누나를 한국에 데려왔지만…… 당시에는 그놈을 죽여 버리고 싶을 정도였어요. 지금은 중국에 사는 북한 사람들이 왜 그렇게 살 수밖에 없는가를 아니까…… 북한 사람들 모두가 희생자구나…… 불쌍하다는 생각이 들지요.〈대상자 다〉

북한에 있는 내 자식들 데려오는 걸 두 번이나 실패하고 브로커들은 돈만 갖고 소식도 없는 거예요. 처음에는 브로커만 죽일 놈들이라고 욕했는데…… 북한사회라는 곳이 돈 받고 나면 책임지고 그런 것도 없고 그걸로 끝이에요. 그런 사회가 문제인 거예요. 어떤 사람은 보위부 사람을 통하면 애들 데려올 수 있다고 3천만 원은 필요하다고 하는데…… 나한테 그렇게 큰 돈도 없지만 보위부 사람이라고 해서 돈 받고 나서 우리 애들을 국경 넘게 해 준다는 보장이 어디 있어야지요. 나는 애 아빠가 중국 나가서 애들 데려오겠다고 갈 때마다 브로커를 위해 기도하고 그랬는데…… 아무 소용이 없는 거예요. 브로커 탓만도 아니겠지만…….〈대상자 마〉

사회에 나와서 식당에서 일하면서 목돈도 벌게 되니까 중국에 있는 아이를 데려와야겠다는 생각에 중국 남편한테 연락을 했어요. 돈을 보내줄 테니 아이를 나한테 보내라……. 그런데 남편 말이 아이는 줄 수 없고 대신 나보고 와서 같이 살자는 거예요. 그것 때문에 내가 몇 년간 신경 엄청 썼어요. 중국서 같이 사는 동안에도 남편 술꼬장에 나만 녹아나구…… 결국 수용소 생활까지 하게 돼서 한국에 오게 된 건데……. 중국서는 애가 있어서 어떻게든 함께 살아보려고 했거든요. 그런데 이제 와서 자식 보려고 다시 그런 끔찍한 구석으로 들어갈 수도 없고…… 그렇다고 합의를 안 해주니까…… 속이 타는 거예요. 중국 남편도 자식을 키울 수 없는 상황이라면 애를 나한테 보낼 건데 이웃에 자기 형제들이 함께 사니까 형제들이 못 보내게 하는 거예요. 그리고 자기네들이 나를 돈 주고 데려왔다 이거지요. 그러니까 나보고 와라 그거예요. 같이 사는 동안에도 지겹게 싫었는데 헤어지고 나서도 그러니까 미운 거예요. 처음부터 애를 줬으면 애를 생각해서 아빠가 있어야 되니까 중국남편을 한국에 데려왔을지도 몰라요. 그런데 합의를 안 해주니까 정말 미워지고 그 집안에서 받은 학대를 생각하면 지긋지긋했어요. 그런 상황에서 성당을 다니면서 하느님께 중국생활은 모두 잊게 해 달라고 기도를 했어요. 자식까지도 잊게 해달라고……. 그래야 내 맘이 편해지니까……. 그러다가 북한 남자 만나 애 둘 낳고 살다보니까 거의 생각이 안 나는 거예요. 잊은 거지요. 그런데 어느 날인가 교회에 나가는 북한 여자가 놀러왔어요. 그분이 중국에 있는 아이도 어찌됐든 내 자식이니까 잊어서는 안 된다는 거야. 크면 어머니를 찾아 올 날이 올지도 모른다는 거예요. 그러니까 잊지 말고 지내야 한다는 거예요. 그 말을 들으니까 예전 같지는 않지만 마음이 아프더라구요. 중국 남편에 대해서도 다시 생각하게 되구요. 그래도 나쁜 사람은 아니었구나 싶구……. 그 사람 입장에서는 시골서 장가 가려고 소 팔아서 날 데려온 건데……. 내가 한국에서 재혼한 줄도 모르고 나 보고 인제 중국에 올 거냐고 물어보더라구요. 내가 논 더 벌어서 내년 봄에 간다고 거짓말을 했거든요. 아직 혼자 살고 있는데 불쌍하기도 하고……. 어쨌든 혼자서 자식 기르느라 쉽진 않겠지요. 그런 맘이 드니까 용서가 되는 거예요.〈대상자 라〉

ⓔ 부모형제는 잊을 수 있으나, 자녀는 자신의 삶을 확장시킴

　성인 대상자는 북한에 있는 부모형제와 헤어져 살 수밖에 없는 어쩔 수 없는 현실을 운명으로 받아들인다. 또한 삶이 외롭고 힘들 때는 의지할 대상이 필요함으로 부모형제가 간절히 그리워지나, 삶의 방향이 보이게 되면서부터는 그리운 감정도 차츰 무디어진다. 또짝이 생겨 생활공간이 분리된 형제 역시 관계가 소원해진다. 하지만 자녀에 대한 그리움은 시간이 갈수록 더욱 간절해진다.〈대상자 라〉는 아이들을 북에서 데려올 때까지 기도를 멈출 수 없으며,〈대상자 마〉 자신의 눈은 현실밖에 볼 수 없지만, 마음은 자식이 있어 미래를 볼 수 있다고 한다. 자녀는 자신의 삶을 이어주고 현실을 견디어 내도록 하는 힘이 되는 것이다. 따라서 부모형제는 잊게 되어도, 자식은 자신의 정체성을 이어주는 영원히 잊을 수 없는 존재인 것이다.

　　혹시 통일이 되면 만날 수 있을까 해서 내가 대성공사에 생년월일도 바꾸지 않고 그대로 말했거든요. 혹시 바꿔놓으면 통일돼서 가족들이 날 찾을 땐 생년월일에 착오가 생겨서 혼란스러워 할까 봐……. 그런데 통일이 빨리 되기는 힘들 것 같구요. 이젠 같이 살 수 없는 건 운명이라고 생각해요.〈대상자 가〉

　　마음이 편안해지니까 부모형제 생각은 안 나요. 신앙도 내가 고통스러워야 더 간절하게 매달리잖아요. 내가 외롭고 힘들 때는 부모형제 생각이 날카롭게 나고 그랬어요. 그런데 시간이 가면서 내 갈 길이 보이니까…… 그런 감정은 갈수록 무뎌지구……. 북에서 동생이 아프다고 하니까 내 가슴도 많이 아팠어요. 그래도 목구멍에 밥이 안 넘어 갈 정도는 아니었어요. 그냥 가슴이 아프다…… 하는 정도지……. 눈에 보이면 더 가슴이 아팠겠지요. 그런데 눈에 안 보이니까…… 그럴 수도 있겠는데…… 그게 동생이니까…… 그런가

봐요. 만약 자식이었으면 어땠을까…… 생각해 봤어요. 내가 책임을
져야 하는데 여기에 와 있다면 어땠을까 그래요. 내 자식은 아니니
까…… 밥 먹으며 지내지 않겠나 싶어요. 〈대상자 나〉

나는 북에서 부모님 돌아가시고, 한국에 와서 6년 만에 작은누나까
지 중국에서 찾아왔으니까…… 우리 형제들은 한국에 다 살고 있거
든요. 그래서 그런 일로 근심은 없어요. 한국에 와서 3개월 만에 큰
형 장가가고, 3년 만에 큰누나도 시집가고, 작은누나도 온 지 얼마
안 돼서 남자 생겨 살고……. 형제도 짝이 생겨 나가면 자기 살기
바쁜 거예요……. 다시 나 혼자로 돌아가게 되는 거구요……. 〈대상
자 다〉

사실은 남편하고 사회에 나오면 한 달 안에 아이들을 데리고 오기
로 했어요. 그런데 벌써 1년 6개월이 다 돼가요. 사람의 목숨이 이
렇게 질겨요. 아직도 살아 있는 거 보면……. 처음에는 아이들 없이
단 하루를 견디기 힘들었어요. 이제는 아이들이 올 때까지 계속 기
도할 거예요. 하느님밖에는 이 절박한 일을 해결해 줄 수 있는 분
은 없다고 생각하게 됐으니까요. 아이들에 관한 모든 일을 하느님
께 맡기기로 했어요. 내가 할 수 있는 일은 오로지 기도밖에 없
다…… 그래서 포기하지 않고 기도하면…… 아이들이 올 수 있을
거다. 그렇게 믿으면서 살아요……. 〈대상자 라〉

내 눈은 현실밖에 못 보지만, 내 마음은 미래를 보거든요. 그래도
자식이 있으니까……. 내가 아무것도 없이 한국에 들어왔어도……
지금은 사는 게 처음하고 다르거든요. 내가 앞으로 5년 후, 10년 후
에는 지금보다는 훨씬 낫게 잘살 거라는 확신이 늘어요. 만일 20년
후에 내가 가게라도 내서 사장이 됐는데 그날 죽었다고 쳐……. 그
래도 내 자식들이 있으니까 물려받을 거니까 자식이라도 잘 살면
돼요. 그래서 이북에서 고생한 거 생각하면서 돈 열심히 모았어요.
일산에 아파트 일반 분양도 받았거든요. 남편도 이북사람이라 정말

짜요. 하고 싶은 거 다 하고 못 사는 거니까…… 참고……. 북한 남
편 사이에 자식이 둘 있으니까 애네들 미래 위해서 통장 만들
고…… 계획 세워서 투자하고……. 〈대상자 마〉

ⓕ 희망으로 내면의 고통을 넘어 현실을 지탱해 감

과거 심리적 충격(trauma)에 대한 재구성은 결코 종결됨이 없다.
심리적 충격(trauma) 사건의 영향은 생존자의 일생을 통해 반복적
으로 되 튀기게 된다. 생존자가 인생 발달단계에서 새로운 시점에
돌입하게 되면, 즉 질병이나, 가족의 탄생, 죽음, 결혼, 이혼 등 특정
한 이정표에 걸리게 되면 과거의 심리적 충격(trauma)이 불현듯 다
시 떠오르게 된다.(Herman, 1997) 〈대상자 나〉의 경우에는 의료인
이라는 직업을 떠올릴 때마다 한국에 와서 상실하게 된 자신의 직
업적 정체성을 다시 회복하고 싶어 한다. 〈대상자 다〉는 슬프고 외
로울 때 과거의 심리적 충격(trauma)이 다시 살아난다고 하였으며,
〈대상자 마〉는 한국에서 둘째 아이를 낳으면서, 중국에 두고 온 첫
아이가 더욱 강하게 되살아난다.

대상자들은 삶의 이유를 '희망'으로 압축한다.

희망은 심리적 고통과 관련된 성장의 강력한 예측요인이 될 수
있는 개인 자원들 중 하나이다.(Tedeschi, Park & Calhoun, 1998)
이는 목표 지향적 에너지를 갖고 있는 주체(Agency)가 되며, 그 목
표 성취를 위한 계획에 연계된 경로(Pathway)가 상호작용하여 나
오는 인식을 기반으로 한 긍정적인 동기 상태라고 정의된다.(Synder,
Irving & Anderson, 1991, Snyder, 2002에서 재인용) 희망과 심리적
고통원에 관련된 문헌연구를 고찰해 볼 때, 높은 희망을 지닌 개인
은 심리적 고통원을 도전으로 인식하여 대안적 경로를 탐색하게 되

고, 주체는 새로운 경로를 향해 삶의 동기를 재수정하게 된다. 이러한 과정을 통해, 심리적 고통을 성공적으로 처리하게 되면, 그 성공의 순환은 긍정적인 정서적 접근을 통해 개인의 희망적 사고를 강화시켜 다시 환류(feedback)된다. 하지만, 낮은 희망을 가진 개인은 전형적으로 심리적 고통에 압도되고 고착되어 반추적인 사고와 부정적인 정서를 경험하게 된다. 그 결과 개인의 목적 추구를 포기하는 경향이 발생된다고 하였다.(Synder, Harris, et al, 1991, Snyder, 2002에서 재인용) 〈대상자 가〉에게서는 과거의 고통은 평생을 가도 잊혀지지 않을 것이나, 삶에 희망이 현실을 견디는 힘이 된다고 한다. 〈대상자 나〉는 한국에서 의료인이 되어 통일 후 북한으로 돌아가는 것을 희망으로 삼고 있으며, 〈대상자 라〉는 아이를 데려올 수 있다는 희망으로 절망스런 현실을 견디게 된다. 이렇게 희망은 대상자들에게 불투명한 현실을 헤쳐 나가 절망에서 빛을 찾을 수 있다는 힘을 제공하여 삶의 끈을 이어가게 한다.

새터민 중에 마음에 고통이 없는 사람이 어디 있겠어요? 한국에 와서 아무것도 안 하고 있다고 해서 누가 뭐라는 사람은 아무도 없어요. 그렇다고 아무것도 안 하고 있으면 마음이 더 편해지냐? 그것도 아니거든요. 혼자 집안에 있으면서 아무것도 안 하면 마음이 더 답답해지고 더 힘들어요. 그야말로 수용소 생활이 따로 없어요. 나는 뭐 때문에 산다…… 그런 게 있어야 사는 데 희망이 생겨요. 과거의 고통은 10년이 간다고 해도 지워지지는 않을 것 같아요. 평생 잊혀지지 않을 수도 있어요. 그래도 내 사는 목표가 있고 희망이 있으니까 삶을 이어가는 거지……. 지금도 마찬가지지만 처음 1년간이 가장 힘들었어요. 과거가 떠올라서 힘들고 고통스러웠어요. 그런데다 어떻게 살아가야 할지 막막하니까 마음이 늘 불안하고 휘청거렸지만……. 그러면서도 한국생활에 적응하려고 따라했어요. 그렇게 아픈

마음을 담고 그냥 가는 거예요. 구르는 걸 포기하지 않구. 〈대상자 가〉

지금 희망은 물론 여기서 의사를 하는 거지만, 내가 살아 있는 동안에는 통일이 되지 않겠나 기대하면서 다시 북으로 가겠다는 것이 나의 희망이에요. 물론 여기서 살아남아야 그것도 가능하겠지요. 한국에 와서 작년에 의대에 입학하려고 4군데나 시험을 봤는데 모두 떨어졌어요. 그중에 한 학교 정도는 합격할 줄 알았는데……. 주변에서도 한군데 정도는 꼭 붙을 거라고 해서 나도 기대를 많이 했거든요. 그런데 모두 떨어지고 나니까…… 마음이 불안해지고 정신적으로 견디기가 너무 힘든 거예요. 앞으로 내가 한국생활을 잘 견디어 낼 수 있을지 걱정이 되고……. 직업을 생각하면 아직도 북한생활이 그립다는 마음은 여전해요. 다른 이유라면 다시 오고프겠지요. 직업은 현재 여기서는 발휘할 수 없는 내 생활이니까……. 그때는 사는 보람이 있었거든요. 상대방의 인정 속에서 살았지요……. 그런데 한국에 와서는 내가 능력이 없으니까…… 다른 사람이 주는 도움을 무작정 받아야 하고, 내 자존심을 지킬 수 없는 거예요. 결국에는 누구나 자존심 지키려고 사는 건데……. 하지만, 내가 원해서 한국에 왔으니까 내 가치를 내가 만들어야겠다는 마음은 변함이 없어요. 올해도 해 볼 때까지 해보고 만약에 안 되면 내년까지 도전해 보려고 해요. 기도하면서 가는 거지요……. 〈대상자 나〉

시간이 흐르면 아팠던 추억이 묻혀지게 마련이라는데…… 그 시간 가는 것이 더디게 느껴져요. 그러니까…… 아픈 추억이 지워지지 않는다는 거지요. 늘 마음 한구석에 자리잡고 있고…… 슬프거나 외로울 때 그 아픈 추억이 다시 살아나요. 아마 평생 잊을 수는 없을 거예요. 충격이 너무 컸기 때문에……. 〈대상자 다〉

가진 것 하나도 없이 알몸으로 한국에 왔지요. 삶의 언덕이 마치 절벽과도 같았어요. 그래도 희망이 있었으니까 이 모든 어려움을 극복해야겠다 생각했어요 그리고 보면 산다는 게 내일에 대한 희망

이 아닌가 싶어요. 그 희망마저도 사라진다면…… 살아야 할 이유
도 곧 없어지겠지요……. 내가 강아지 인형 두 마리를 사서 아이
대신 그거 안고 자거든요. 아이들을 데려올 때까지는 한국에서 사
는 걸 후회할 거예요. 아픈 데는 없어도 애들 때문에 늘 힘들구
요……. 남편 없이는 살아도 애들 없이는 못 사는데……. 그래서 힘
들어도 장사해서 돈을 마련해놔야 돼요. 그래야 아이를 데려올 수
있으니까……. 애들만 데려올 수 있다면 부모 껍데기라도 벗겨서
잘 키우려고 하는데……. 영세민 아파트에서 벗어나려고 청약저축
들어놓고…… 한국에는 사교육비 많이 든다고 해서 교육비 준비하
느라 통장 따로 만들어 두고 그랬는데……. 〈대상자 라〉

이제는 중국생활도 다 잊혀졌어요. 애 때문에 그런데……. 그곳 사
람들은 평생 기차 한 번 타보지 못하고 마을 밖을 나가보지 못한
사람들이에요. 그만큼 세상하고 동떨어져 살아요. 한국으로 말하면
아주 벽지산간 판자촌 같은 곳이에요. 그런 곳에서 애가 크니까 안
타깝지요. 그래도 나한테는 첫 아이고……. 중국에서 몇 년을 키웠
는데……. 지금은 북한 남편 사이에 아이가 둘 있어요. 둘째는 아직
젖먹이라 키우는 데 정신은 없지만…… 그렇다고 중국에 있는 아이
를 영원히 잊은 건 아니에요. 하지만 한국에서 낳은 두 아이를 키
우고 교육시키면서 살아가야 하니까……. 〈대상자 마〉

❑ 전체적 맥락 속에서의 난민으로서의 새터민의 심리적 충격(trauma) 회복 경험

이제 난민으로서의 새터민의 심리적 충격(trauma) 회복 경험에
따른 구조를 시간성에 따라 전체적인 맥락 속에서 하나의 현상으로

이해하기 위한 도식화된 모델 〈그림-5〉를 제시하고자 한다. 이러한 도식은 대상자가 북한에서, 중국 및 또 다른 제3국에서, 그리고 한국이라는 사회문화적 시공간적에서 취해지는 인지적, 행동적, 심리적인 영역에서의 역동을 함축하고 있다고 판단된다.

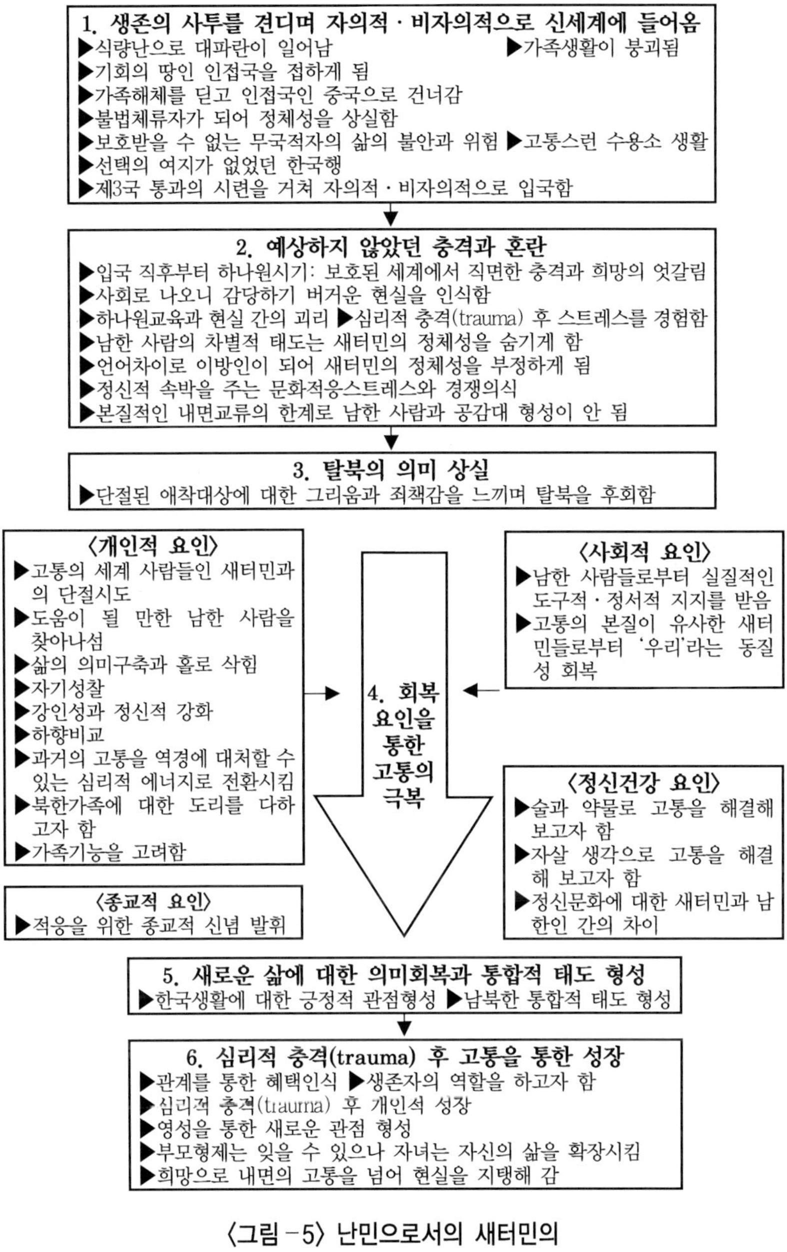

〈그림 -5〉 난민으로서의 새터민의
심리적 충격(trauma)의 회복 경험에 따른 맥락적 의미구조

Ⅴ. 연구결과에 대한 논의

본 연구결과에서는 새터민 개인이 과거 난민으로서 누적된 심리적 충격(trauma)을 경험했으며, 현실에서 문화적응 스트레스와 심리적 충격(trauma) 후 스트레스 및 차별과 이방인이라는 심리적 고통을 경험했을지라도 긍정적인 대처 자원들을 통하여 끊임없이 회복과 성장 지향적인 태도를 취하고자 한다는 점을 제시하였다. 결과적으로 이들이 심리적 충격(trauma) 후 고통을 통한 성장에 이를 수 있다는 것을 밝히고 있는데 이는 향후 한국사회에 입국한 새터민들 역시 심리적 충격(trauma)의 회복 가능성이 있음을 예측하게 해 준다. 따라서 이들의 특성에 맞는 심리적 충격(trauma)의 회복 요인 및 이들의 심리적 충격(trauma) 후 고통을 통한 성장이란 어떠한 것인가를 정리해 나가는 것이 본 연구에서 중요한 핵심이라고 보인다.

본 연구에서는 새터민의 고통 극복을 위한 회복요인들을 크게 〈개인적 요인〉, 〈사회적 요인〉, 〈종교적 요인〉 그리고 〈정신건강의 부정적 요인〉 4개로 분류할 수 있었다. 4개에 해당되는 각 요인들의 속성은 〈그림-5〉를 통해 이미 제시된 바 있다. 이들 중 '북한 사람들과의 단절시도'를 통한 개인의 심리적 보호는 더 이상 같은 북한 사람으로부터 상처받고 싶지 않은 그들의 개인 방어기제로서 입국 초기부터 강하게 기능하게 된다. 그러나 이러한 경향성은 현실적으로 새터민들이 같은 새터민을 도우려는 인식이 구축되고, 실질적인 도구적, 정서적 지지 제공 능력이 갖추어져 실천할 수 있게 된다면 오히려 새터민으로서의 동질성 회복으로 전환될 것으로 생각된다. 나아가 새터민들의 동질성 회복은 그들이 정체성을 통합할 수 있게 하는 데 기여할 수 있는 것으로 파악된다.

또한 본 연구에서 나타난 새터민의 통합적 태도에서 두드러지는 패턴은 개인에게 실질적으로 도움을 제공해 줄 수 있는 남북한 사람을 선취하여 만나거나, 과제물을 수행할 때에도 주체사상의 본질을 적용하여 해결하고자 한다는 점이다. 이러한 패턴을 전제로 할 때, 자신에게 도움이 되는 자원을 어느 정도 확보하고, 한국사회에서 자신의 자리를 어느 정도 찾았다는 심리적 안정을 통해서 심리적 충격(trauma) 후 성장이 가능하다는 설명을 할 수 있을 것으로 보인다. 즉 고통 과정 중에는 성장이나 회복이 이루어질 수는 없을 것이다. 그 고통이 회복요인들을 통해 점차적으로 치유되는 과정 동안 성장을 이루게 된다는 점이다. 여기서 회복이나 성장에 이르는 과정은 선형적인 양상을 보이지는 않는다. 본 연구에서 나타난 새터민 대상자 역시 심리적 고통을 술이나 약물 및 자살 시도를 통해 해결해 보기도 한다. 그러나 이러한 요인은 개인의 성장이나 회복에 역기능적인 역할을 한다는 것을 알고, 하향비교나 종교적 대처, 살아야 하는 의미를 구축하고 홀로삭힘 등의 긍정적인 회복 요인을 통해 내면의 균형을 이루려고 한다. 또한 단절하고 싶었던 과거의 고통을 역경에 대처할 수 있는 심리적 에너지로 전환시킬 수 있게 된다는 점인데 이 요인은 본 연구의 내용분석상 남한 사람들로부터 실질적인 도구적, 정서적 지지, 즉 사회적 지지를 적절히 받게 된 후 형성되는 것이라 볼 수 있다. 물론 그러한 역할을 새터민이 대치해도 무방할 것이다. 본 연구의 의미구조 표인 〈그림-5〉에서는 그러한 관계를 시각적으로 처리하지 못한 한계가 있다.

그리고 심리적 충격(trauma) 후 고통을 통한 성장에서 보여주는 요인들 중 하나인 '희망으로 내면의 고통을 넘어 현실을 지탱해 나간다'는 것은 다음과 같은 사항을 전제로 하고 있음을 알 수 있다. 새터민이 심리적 충격(trauma) 후 성장을 경험한다고 하여 그들이 과거에 경험했던 고통에 대한 기억이나 정서가 현실에서 완전히 사라졌다는 것을 의미하지 않는다는 것이다. 또한 현실에서 상처받을 수 있는 개인의 취약성이 완전히 사라졌다는 것을 의미하지 않는다는 점이다. 이들은 여전히 현실 속에서 과거의 아픔을 촉발시킬 수 있는 계기를 만나게 되면 변함없이 과거 심리적 충격(trauma)이 남긴 고통을 인식하게 된다. 다만 이미 회복 요인을 통해 고통 경험 이전 상태보다는 좀 더 심리적으로 성장한 상태에 있는 대상자는 유사한 고통을 경험할지라도 대처능력이 생겨 빠른 회복력을 보일 수 있다는 것이다. 결과적으로 심리적 충격(trauma)과 관련된 정서를 충분히 다룰 수 있게 되면서 자신의 고통 경험을 이야기할 수 있게 된다. 그러므로 이들의 정신적이며 심리적인 회복이란 반드시 고통 경험 이전 상태로 돌아가야 할 필요는 없다고 보인다.

새터민의 심리적 충격(trauma)의 회복을 돕기 위해서 임상전문가는 무엇보다도 생존자로서의 대상자가 인식한 자신, 자신의 가치, 그리고 자신의 삶의 목표에 대해 강력한 영향력을 줄 수 있어야 하는데, 이유는 이들은 이미 빠른 회복을 통해 심리적 충격(trauma) 사건 자체를 뛰어넘어서 일상생활의 이슈를 인식하고 있기 때문이다. 따라서 임상전문가는 대상자가 고통 속에서도 혜택을 인식할 수 있는 개인적 경향성을 개발토록 도와주어야 할 것이다. 이렇게 부정적인 사건으로부터 발생된 성장에 대한 인식은 대상자의 자존감을 유지시키고, 통제감을 향상시키며, 절망이 현재를 위협하고 아직도 취약함 속에 있다고 해도 희망을 유지할 수 있도록 대상자를 도울 수 있을 것이라 본다.(Tedeschi & Calhoun, 1995)

그러나 심리적 충격(trauma)의 고통 후 성장은 시기(time)가 있다고 할 수 있다. 대상자에게 심리적 충격(trauma) 경험 직후 고통의 의미에 대한 긍정적인 해석을 적용하려 하거나, 피상적인 위로는 고통 중에 있는 대상자에게 전혀 도움이 되지 않을 것이다. 또한 고통 중에 있는 대상자가 자신의 회복을 위해 취하는 개인적인 대처 과정을 존중할 필요가 있다는 점이다. 왜냐하면 고통 중에 있는 대상자들이 고통에 반응할 때 객관적으로 바람직하다고 생각되는 방식으로 대처하지 않을 수 있기 때문이다. 그럴 때 임상전문가들은 대상자를 낙인화하며 돕지 않으려는 경향이 있을 수 있다. 대부분의 대상자들은 잘못된 방식으로 반응할 수도 있다는 점을 전제로 해야 할 필요가 있을 것이다.(Tedeschi & Calhoun, 1995) 본 연구에서 새터민 대상자들 역시 술과 약물 및 자살 충동 등을 경험하면서 그들의 고통을 다른 방식으로 대처하였으며, 자녀를 북에 두고 온 대상자 역시 장기간의 슬픔을 보이는 대상자임에 틀림없으나, 그 대상자가 반드시 심리적인 문제가 있다고 생각할 필요는 없는 것이다. 임상전문가는 고통에 대한 다른 반응들을 수용하는 것 역시 대상자를 돕는 간접적인 방식이 될 수 있으며, 당장 대상자의 문제를 해결해 주지 않더라도 그들의 심정을 진심으로 경청해 주는 자체도 고통 중에 있는 대상자에게는 성장으로 향하는 디딤돌이 될 수 있음을 인식할 필요가 있겠다.

결과적으로 '성장이 발생하는 영역'과 '적응의 영역'은 개념적으로 구분될 필요가 있다고 볼 수 있는데, 성장이란 다가올 어려움에 직면했을 때 상대적으로 개인을 안전하게 유지시킬 수 있도록 지탱시켜주는 대처자원 및 회복요인들이 증가하는 과정 중에 발생될 수 있는 것으로 보고 있다.(Park, 1998) 즉 성장이란 완료가 아닌 현재 진행형인 것이다. 이는 성장이나 자원의 개발은 다가올 '적응'으로 이어질 수 있기 때문인 것으로 파악된다. 다시 말하면 새터민의 남한사회 적응을 위해서는 그들의 '심리적 충격(trauma) 후 성장' 경험이 선행되어야 한다는 것이라는 것을 본 연구논문 결과를 통하여 강조하고자 한다.

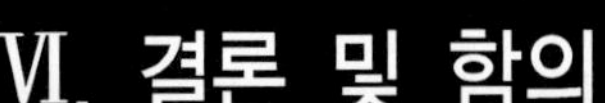

VI. 결론 및 함의

1. 결 론

본 연구자는 국내 새터민을 난민이라는 관점에서 바라보면서, 이들의 심리적 충격경험이란 어떠한 것이며, 또한 과거 난민으로서의 경험자가 입국 후 현재에 이르기까지 시공간을 넘어선 그들의 심리적 충격(trauma) 경험을 어떻게 회복하는지에 대해 풍부하게 이해하고자 하였다. 이러한 난민의 심리적 충격(trauma) 경험에 따른 회복 경험은 시공간상을 넘나드는 개인의 심층적 이해를 전제로 해야 한다. 따라서 질적 연구방법이 합당하다고 생각했으며 다양한 질적 연구방법 중에서도 현상학적 연구방법에 의거하여 그들이 경험했던 사회문화적 맥락 안에서 난민으로서의 개인 심리적 충격(trauma) 경험의 본질을 있는 그대로 반영해 보고자 하였다.

본 연구의 참여자들은 한국에 입국한 새터민들로서 남녀 20~30대 일반 성인으로 난민으로서의 공통된 경험을 하였으며, 현재 대학생, 주부, 전직의료인이다. 표집방법은 의도적인 눈덩이 표집으로써 본 연구의 주제를 잘 반영하는 대상자들 중에서 난민으로서의 경험을 진솔하게 드러낼 수 있는 대상자를 선택하였다. 상대적으로 남한 사람들과 대인간 상호관계가 원활한 대상자들이라고 할 수 있다.

자료수집은 2006년 6월부터 11월까지이다. 하지만, 본 연구자가 2004년부터 시작한 자원봉사나 사적 모임을 통해 만나게 된 일부 대상자의 경우에는 주제에 관련된 부분은 메모를 통해 정리해 두었다. 참여대상자는 총 5명이며, 자료수집 방법은 개방형 질문지를 통한 심층면접과 비구조화된 대화를 번갈아 적용하였다. 또한 참여자가 직접 저술하여 출판한 책이나 일기장, 이메일 교환, 가족소개 및 연구자가 대상자들을 만날 때마다 기록한 노트 등을 활용하였으며, 사실가치를 확보하기 위해 대상자들과 수시로 전화 교류를 하여 결과반영을 수정, 검토하였다. 면담횟수는 더 이상 새로운 자료가 나오지 않아 포화가 될 때까지 최소 5회에서 10회 정도였으며, 1회기에 최소 약 1시간 30분에서 2시간 정도 소요되었다.

본 연구에서는 난민으로서의 새터민의 심리적 충격(trauma) 회복 경험에서 기술된 내용을 연구자의 자유로운 상상적 변형을 통한 해석으로 총 41개의 하위구성요소로 묶은 후 다시 6개의 구성요소로 정리하였다.

본 연구는 다음의 이론적, 실천적, 그리고 정책적 함의를 갖는다.

2. 함 의

1) 이론적 함의

첫째, 새터민의 인식변화에 대한 연구(전우택 외, 2006)에 따르면 새터민은 입국 후 3년이란 시간이 지나도 자신들 간에 관계 인식에 있어서 긍정적인 변화가 없다고 제시되고 있다. 그러나 양적 연구의 한계로 인하여 어떠한 이유로 그러한 결과가 나오게 되었는지는 밝혀지지 않았다. 본 연구에서도 새터민들은 하나원에서부터 사회로 나오게 되면서 자신의 심리적 안전을 지키기 위해 같은 새터민을 만나기를 꺼려하는 것으로 나타났다. 본 연구결과로부터 밝혀진 이유는 다음과 같이 설명될 수 있다.

새터민들은 자신들과 유사한 경험이 반영되는 새터민들로부터 자신의 자화상을 확인하고 싶지 않기 때문인 것으로 추측할 수 있다. 이들은 북한 수용소에서 경험했던 같은 새터민들 간에 폭력행위와 심리적 공격성, 중국으로 건너가 살 수밖에 없었던 이유, 한국을 찾아 들어올 수밖에 없었던 상황 등, 새터민이라면 일부러 설명하지 않아도 공통적으로 인식하게 되는 사실들을 암묵적으로 알기 때문이다. 하나원에서도 이들은 새터민들끼리 서로 싸우고 때리는 모습을 통해 시공간이 달라져도 여전히 노출되는 북한인의 공격성을 확인하게 된다. 새터민들로부터 심리적 충격(trauma) 후 스트레스와 연관된 경험들을 떠올리게 되면서 같은 새터민에 대한 수용을 스스로 거부하게 된다. 따라서 자연스럽게 남한사회에 '동화'를 추구하려고 한다. 이러한 경향이 한국문화 적응에 빠르게 흡수하려는 그들의 욕구에 박차를 가해 남한 사람으로부터 필요한 사회적 지지를 찾아 자발적으로 나서게 되는 기회가 되는 것으로 해석된다. 이러한 경향성은 로마에 오면 로마법을 따라야 한다는 하나원 교육 내용을 통해 강화된다. 나아가 새터민들이 직면한 현실을 통해서 재확인되는데 현실에서 만나게 된 새터민들은 인식 면에서나 능력 면에서 서로 도울 수 있는 여력이 부족한 것도 사실인 것으로 보인다.

둘째, 새터민 역시 다른 나라에 입국한 난민의 경우와 마찬가지로 정도의 차이는 있으나 심리적 충격(trauma) 후 스트레스를 경험하는 동시에 문화적응 스트레스를 경험하게 된다. 또한 감당하기 힘든 현실의 버거움 속에서 남한 사람들로부터 은근한 차별과 멸시, 외국인이 된 것 같은 이방인의 경험을 하게 된다. 그러나 이주문화에 동화되는 방향으로 행동변화를 경험하게 되는 이주민의 경우에는 덜 차별받는 경험을 하게 될 것(Mummendey & Wenzel, 1999)이라는 사실은 한국사회에 거주하는 새터민의 경우에도 예외가 될 수 없다는 것을 알 수 있다. 그러나 이주자의 경우 '동화'보다는 '통합'적인 즉 양문화적인 전략이 정신건강에 긍정적인 영향을 준다는 연구(Kim, 1988, Berry & Dona, 1994, Pumariega et al., 2005) 결과는 난민 이주자였던 새터민의 경우에도 동일하게 적용될 수 있다. 물론 이러한 경향성은 이들에 대한 이주국가의 문화적응 기대와 맞물리는 것이기는 하나, 한국 내 새터민의 경우에는 한국 입국 전 자국민에 관련된 경험들이 한국 입국 후 이들은 자신들을 받아들인 이주사회에 적극적인 동화를 추구하게 기여하기도 한다. 후에 이러한 경향은 한국문화 적응 스트레스를 경험하게 되면서 남한 사람과의 본질적인 심리적 교류의 한계를 느끼게 하여 자연스럽게 새터민과의 교류를 형성하게 되면서 새터민의 정체성을 회복하게 된다. 즉 내면적으로 남북이 통합된 문화적응 전략으로 발전시키게 되는 것이다. 이러한 결과는 새터민의 문화적응전략 변화와 정체성 변화 과정 선행연구(금명자 외, 2004)에서는 양적 연구의 한계로 인해 구체적으로 설명되지 않았던 부분이라 할 수 있다.

셋째, 난민이었던 새터민의 경우에도 적절한 회복요인들을 통해 심리적 충격(trauma) 후 회복 및 성장이 가능하다는 결과는 국외 연구((Tedeschi & Calhound, 1995, Herman, 1997)의 결과와 일치한다. 우선 심리적 충격(trauma) 후 성장과 회복에 기여하는 요인들 중 하향비교, 종교적 대처, 삶에 대한 의미구축, 강인성 발휘를 통하여 과거 조각난 삶의 파편에서 새로운 삶의 의미를 재해석할 수 있

게 된다는 것, 과거의 고통 경험을 현실을 이겨내는 심리적 에너지
로 전환시키게 된다는 것은 Tedeschi & Calhound(1995)의 연구결
과와 일치한다. 또한 새터민은 북한이나 중국에 남은 가족을 찾아
한국에 데려오려 하거나, 돈을 송금하거나, 소식을 주고받으면서 단
절되었던 관계를 재형성하게 된다. 이러한 연구결과 역시 난민의 심
리적 충격(trauma)을 가족의 중요성으로 회복할 수 있다는 연구결
과(Weine, 2004)와 일치한다고 할 수 있다. 덧붙여, 역기능적인 대
처방법도 파악되었다. 즉 자살충동과 알코올 및 습관적으로 수면제
를 복용하는 것이다. 이러한 결과 역시 선행연구인 Herman(1997)과
전우택(2000)의 연구에서 밝혀진 바 있다.

넷째, 새터민의 경우도 심리적 충격(trauma)을 통한 회복 및 성장
이 가능하다는 것을 본 연구결과로서 제시할 수 있었다. 그 결과는
생존자로서 자신과 유사한 고통을 경험한 이들에게 도구적, 정서적
으로 기여하려 하며(Herman, 1997), 교정된 삶의 방식을 얻게 하
고,(Tedeschi & Calhound, 1995) 악의 문제를 영성을 통해 새로운
관점으로 전환시킨다는 점(Kinzie, 2001)에서는 기존 선행연구의 연
구결과와도 일치한다.

2) 실천적 함의

첫째, 난민으로서의 새터민은 북한에서, 탈북과정에서, 제3국에서,
그리고 한국입국과정에서 심리적 충격(trauma) 경험을 하게 된다.
본 연구자는 그들이 생존의 사투를 견디며 자의적ㆍ비자의적으로
신세계에 들어오는 과정에 대한 이해는 사회복지 임상실천 과정에

256

서 새터민이 일반 이주자가 아닌 난민 이주자로서 이해되고 개입해야 할 필요성이 있음을 강조하고자 한다. 또한 연구자는 이들이 인접국인 한국에 입국하고자 하는 것 자체도 개인의 생존 자체에 대한 위협이라는 충격적인 심리적 충격(trauma)을 회복시키고자 하는 그들의 의지로 파악될 수 있다고 보았기 때문에 심리적 충격(trauma)의 회복 첫 단계의 구성요인으로 포함시켰다는 점이다. 특히 임상가들에게는 난민의 경험이 어떠한 것인지에 대한 이해가 선행된다면 새터민에 대한 임상적 개입이 수월해질 것으로 생각된다.

둘째, 새터민들은 한국입국 이전부터 누적된 심리적 충격(trauma) 경험이 있었음에도 불구하고, 새로운 문화권에 연계됨에 있어 수동적인 존재로 머물지 않고 적극적인 삶의 태도를 보여주고 있다. 심리적 고통 속에서도 남한 사람들과 애착과 신뢰를 형성하면서, 과거에 머물지 않고 취약하고 상처받기 쉬운 현실 속에서도 도움을 구하는 적극적인 태도를 나타낸다. 따라서 이들을 병리적이고 결핍된 모델(Papadopoulos & Hildebrand, 1997, Papadopoulos, 2001에서 재인용)에서 벗어나야 한다는 것을 시사한다. 오히려 체계적 관점으로 접근하는 것이 그들을 회복적 과정으로 연계시킬 수 있음을 밝히고 있다. 따라서 이들이 과거 심리적 충격(trauma) 후 스트레스를 호소한다고 할지라도 자존감 회복과 관련된 현실 영역에서의 욕구를 간과해서는 안 된다고 보인다.

셋째, 정신건강에 대한 인식이 부족한 새터민들에게 상담의 필요성을 교육할 필요가 있겠다. 이들에 대한 상담이 반드시 약물처방을 받아야 하는 정신병원이라는 의료세팅에서 이루어지는 것이라기보다는 교육이나 생활상담 등 현실적 욕구가 동시에 고려될 수 있도록 생태체계적 관점을 고려할 필요가 있다는 점을 강조한다. 특히 남한 사회에서 의미 있는 사회적 상호작용과 친밀한 관계성의 부족은 결국 술이나 수면제 복용 및 자살 충동으로 이어지기 쉽다는 점이다.

따라서 난민을 위한 정신건강교육프로그램은 그들의 문화적 경험과 접목시켜 임파워먼트 프로그램으로 발전시켜야 한다고 본다. 임파워먼트란 개인의 삶에 영향을 줄 수 있는 자원을 당사자가 통제하여 획득하도록 돕는 것을 의미한다. Khamphakdy-Brown, et al.(2006)에서 제시된 바처럼 임파워먼트 프로그램 운영은 난민의 문화를 이해하는 상담전문가와, 임상의료인, NGO 단체라는 세 영역의 파트너가 하나의 팀으로 접근하는 것이 바람직하다고 본다. 난민 대상자를 위한 프로그램 서비스는 정신교육워크샵, 상담지원, 정신건강상담을 위한 가정방문, 옹호활동 및 사례 관리, 상호 신뢰를 지지 기반으로 하는 1:1 돌봄을 제공하는 비공식적 만남 등을 포함한다. 특히 문화적으로 민감한 정신건강교육의 경우 신체건강, 가족과 성역할, 부모역할, 건강, 상실과 깊은 슬픔, 법률적 이슈, 실업과 이력 장벽, 및 스트레스 자기 관리 등과 같이 특정 주제에 초점을 두고 이루어지는 것이 바람직하다고 본다.

넷째, 한국 입국과정에서 비자의적으로 들어오게 된 대상자나, 자녀를 잃은 부모의 경우에는 심리적 상실에 대한 애도 과정을 깊게 다룰 필요가 있다고 본다.

본 연구에서 파악된 것처럼 대상자들에게 있어서 부모나 형제를 상실한 것보다 자녀를 상실한 경우 심리적 충격(trauma) 후 고통은 감당하기 큰 것으로 파악되었다. 그러나 난민의 가족 기능 설명 중

자녀의 상실에 대해서는 기존 난민 연구에서도 구체적으로 다루어
진 바가 없었다. 따라서 새터민의 정신건강 중 특히 자녀를 잃은 부
모의 심리적 상실감을 다루는 것이 중요하게 인식될 필요가 있다고
보인다.

다섯째, Gjerde(2004)는 특정 문화출신은 거의 동일하다고 믿어버
리는 것은 오류라 하였다. 이러한 전제는 임상실천가에게 그 문화
집단에 소속된 개인에 대해 개별성을 두지 못함으로 합당한 개입을
미루게 하는 부정적인 영향을 줄 것이라 본다. 따라서 실천현장에서
는 이들을 한국사회에 소속된 한 개인으로 인식해야 할 필요가 있
으며, 본 연구결과에서 도출된 새터민의 긍정적 대처자원들을 적용
하여 대상자에게 잠재되어 있는 긍정적인 대처 자원과 강점을 충분
히 끌어내도록 임파워시켜야 할 것이다.

여섯 번째, 새터민 대상자의 심리적 충격(trauma)의 회복을 도모
하기 위하여 이들이 실천할 수 있는 이타적 활동을 촉진시킬 필요
가 있다는 점이다.
이러한 점은 하향비교를 통해 한국 내에서도 자신의 도움을 필요
로 하는 대상자가 있음을 인식시켜 개인적으로 삶의 의미를 회복시
키는 데 기여할 것으로 보인다. 나아가 이들에게 생존자의 역할을
할 수 있는 여지를 확대시켜주는 것은 그들 자신의 내면적 치유에
기여하게 된다는 점이다. 생존자가 자신과 유사한 입장에 있는 대상
자를 돕는 것에 만족하게 될 때, 그리고 자신이 돕는 대상자를 낙인
화하지 않게 될 때 새터민 대상자 역시 낙인감을 느끼지 않으면서
좀 더 자발적으로 고통 중에 있는 새터민을 돕게 될 것이다. 이렇게

새터민 대상자의 상호 지지는 새터민에 대한 남한 사람의 부정적인 인식개선에도 긍정적인 영향을 줄 것으로 생각된다.

3) 정책적 함의

첫째, 새터민이 하나원 교육내용을 바탕으로 직업을 구하기 위해 사회복지사를 통해 고용안정센터를 찾아가 직장을 구하게 되는 경우, 동시에 국가보조금이 단절되는 것에 따르는 문제에 대한 검토가 필요하다.

북한에서 정해준 일을 하며 수동적인 삶을 살았기 때문에 한국사회에서 자신에게 잘 맞는 일터를 찾기 쉽지 않은 것이 현실이다. 특히, 고용안정센터의 경우 새터민 대상자가 직업을 구하는 시점에 들어와 있는 직업군 중에서만 선택해야 함으로 직업 선택의 폭이 상대적으로 적다고 할 수 있다. 또한 새터민 대상자는 몇 번 이직을 하는 가운데 새로운 현실을 배우게 된다는 점이다. 따라서 자신에게 적합한 일터를 결정할 수 있는 여지를 재고하고 있지 않아 4대 보험이 제공되는 일터에 다니게 되면 그날로 국가보조금이 단절되기 때문에 혹시나 발생될 이직기간 사이에 생활고를 염려하게 되는 것이 현실이다. 그들이 고용안정센터를 통하여 개인권익을 보호받을 수 있는 일자리를 찾아갈 수 있도록 장려하기 위해서는 이러한 현실적 불안을 해결할 수 있는 정책적 고려가 필요하다고 본다. 따라서 시범적으로 종교기관이나 NGO 등 지역사회의 후원을 통해 국가지원금을 제공받으면서 4대 보험이 되는 직종을 선택할 수 있도록 운영해 본다면 그 효과성을 검증할 수 있으리라고 본다.

둘째, 사회에 나와 첫 달부터 브로커 비용을 주어야 하는 대상자의 경우 다음달 생활비가 나올 때까지 사회생활의 첫 출발부터 혼란에 직면한다는 점이다. 이 시기에 특히 지역사회복지사는 이들에게 응급 지원을 제공할 필요가 있겠다. 그러나 지역사회복지관이 부재한 경우 해당 동사무소 사회복지 담당자는 이들에 대한 응급지원 및 지역사회자원연계에 더욱 관심을 둘 필요가 있다고 본다.

참고문헌

□ 국내문헌

강성록(2000), 탈북자의 외상(trauma)척도개발 연구, 연세대학교 대학원 석사논문.

강창호(2000), 탈북청소년의 적응에 관한 사회사업적 고찰, 강남대학교 대학원, 석사논문

국제연합 난민고등판무관사무소, UNHCR(1997), 난민 관련국제조약집.

국제연합 난민고등판무관사무소, UNHCR(1999), 난민지위의 인정: 훈련서 2.

금명자·권혜수·이희우(2004), 탈북 청소년의 문화 적응 과정 이해, 한국심리학회지: 상담 및 심리치료, Vol.16, No.2.

독고순(1999), 비교문화적 관점에서의 탈북 주민 적응 연구, 연세대학교 사회학과 박사논문.

박희정(1998), 북한이탈여성의 남한사회 적응에 관한 사례연구, 가톨릭대학교 대학원 사회복지학과 석사논문

손문경(2002), 북한이탈주민의 사회적응에 관한 연구, 이화여자대학교 대학원 석사논문.

신경림 역(2001), Anselm Straumss & Juliet Corbin 저, 근거이론의 단계, 현문사.

신경림(2001), 현상학적 연구, 현문사.

신응섭, 채정민 역(1996), 외상(trauma) 후 스트레스 장애의 통합적 접근, Peterson K. C., Prout, M. F. & Schwarz, R. A. 저, 하나의학사.

원승룡(1992), 현상학적 방법에 관한 연구, 철학연구회, 제32집, pp.395 - 426.

여종현(1996), 현상학적 심리학과 제일철학, 한국철학회, 제49집, pp.181 -217.

이금순, 김규륜, 김영윤, 안혜영, 윤여상(2005), 북한이탈주민의 사회적응 프로그램 연구, 통일연구원.

유명복(2005), 탈북청소년의 남한사회 적응과 기독교교육의 과제, 한국복음주의신학회, 성경과 신학, Vol.37, pp.297 -319.

유시연(2001), 북한이탈주민의 사회적응에 영향을 미치는 요인, 가톨릭대학교 석사학위 논문.

유태균, 이선혜, 서진환 역(2001), 사회복지질적연구방법론, 나남출판.

_______________________(2003), 사회복지질적연구방법의 이론과 활용, 나남출판.

윤인진(1999), 탈북자의 적응실태와 정착지원의 새로운 접근, 한국사회학, 제33집(가을호), pp.511 -549.

윤인진(2000), 북한이탈주민의 이해와 자원봉사, www.korea.edu/~yoonin/achieve/

이기영(1999). 탈북자의 정신건강을 위한 사회복지서비스의 모색, 정신보건과 사회사업 제8집 pp.161 -176.

이기영(2002), 탈북청소년의 남한사회 적응에 관한 질적분석, 한국청소년연구, Vol.13, No.1.

이기연(2005), 자활사업 사회적응프로그램 담당사회복지사의 법적 의무서비스 수행 경험: 시지프의 노동, 이화여자대학교 대학원 박사학위논문.

이영희(1993), 질적간호연구: 5장 현상학적 연구방법, 최영희 편저, 수문사.

이상준(2005), 가정폭력 경험 청소년의 탄력성과 보호요인, 가톨릭대학교 박사논문.

이종훈(1992) 생활세계의 현상학과 해석학: 생활세계의 역사성, 한국현상학회편, 서광사 p.100.

임상순(1999), 북한이탈주민 지원 정책에 관한 연구, 서강대학교 대학원 석사논문.

이소래(1997), 남한이주 북한이탈주민의 문화적응 스트레스에 관한 연구, 이화여자대학교 석사논문.

윤인진(2000), 북한이탈주민의 이해와 자원봉사, www.korea.edu/~yoonin/achieve/

장혜경(2006), 현상학적 태도로 조망한 정신분열 현상, 가톨릭대학교 대학원 박사학위논문.

조한범, 허문영, 정영태, 이석, 전병곤, 최대석, 이종무, 김병로, 유호열, 이진영(2005), 동북아 NGO 연구총서, 통일연구원.

조용완(2006), 문헌정보학 분야의 난민연구 문헌고찰, 한국도서관 정보학회지, 제37권, 제1호. pp.193-219.

조영아·전우택(2004), 북한 출신 대학생들의 대학생활 적응에 대한 질적 연구, 한국심리학회지: 상담 및 심리치료, Vol.16, No.1, pp.167-186.

전우택(2000), 사람의 통일을 위하여, 오름 도서출판.

전우택(2006), 새터민의 정신적 외상(trauma)과 그 회복, 국경없는 의사회 연세의대 의학행동과학연구소 공동 심포지엄 자료집.

전우택·정병호·정진경(2006), 웰컴투 코리아 북조선사람들의 남한살이, 한양대학교 출판부.

전우택·조영아·유시은·엄진섭(2006), 북한이탈주민의 우울 예측 요인:3년 추적 연구, 상담 및 심리치료, 제17권 2호, 한국상담심리학회, pp.467-484.

좋은벗들(1999a), 두만강을 건너온 사람들, 정토출판.

좋은벗들(1999b), 사람답게 살고 싶소, 정토출판.

한인영(2001), 북한이탈주민의 우울성향에 관한 연구, 정신보건과 사회사업, Vol.11(6), pp.78-94.

한인영, 김연미, 장수미, 최정숙, 박형원, 이소래 역(2002), Richard K.

James & Burle. Gilliland 저, 위기개입, 나눔의 집.

홍창형(2004), 북한이탈주민의 외상(trauma) 후 스트레스 장애에 대한 3년 추적연구, 연세대학교 의학대학원 석사논문.

통일부(2005), 통일백서 www.unikorea.go.kr/index.jsp

통일부(2006), 통계자료 www.unikorea.go.kr

북한인권시민연합 홈페이지, www.NKhumanrights.or.kr

조선일보 2006. 6. 16. A5면 "중국에 탈북자 5만 명······작년 5000명 강제 북송"

KBS 한국방송 남북교류협력기획단(2003), 탈북자 문제의 이해, 통일방송연구 8호

UNHCR home page, http://www.unhcr.or.kr.

□ 국외문헌

Adams, G. R., & Marshall, S. K.(1996), A develompental socail psychology of identity: Understanding the person-in-context, Journal of Adolescence, 19, pp.429-442.

Ahearn, Frederick L.(2000), Psychosocial Wellness of Refugess: Issues in Qualitative and Quantitative Research, Berghahan Books Nwe York·Oxford, p.114.

Alcock, M.(2003), Refugee Trauma-the Assault on Meaning, Psycho-dynamic Practice, 9.3 August, pp.291-300.

Aldwin, C. M.(1994), Stress, coping and development, New York, Guilford.

Bauer, M., & Priebe, S.(1994), Psychopathology and long-term adjustment after crises in refugees from East Germany. The International Journal of Social Psychiatry. 40(3). pp.165-176.

Baumeister, R. F.(1991), Meanings of life, New York:Guilford.

Berry, J. W.(1974), Psychological aspects of cultural pluralism: Unity and identity reconsidered. Topics in Culture Learning, 2, pp.17-22.

Berry, J. W.(1980), Acculturation as varieties of adaptation. In A. Padilla(Ed.), Acculturation:Theory, models, and findings. pp.9-25. Boulder, CO: Westview.

Berry, J. W.(2001), A psychology of immigration, Journal of Social Issues, 57, pp.615-631.

Berry. J. W., & Dona, G.(1994), Acculturation attitudes and acculturative stress of Centeral American refugees, International Journal of Psychology, 29, pp.57-70.

Berry, J. W. & Kim, U.(1988), Acculturation and mental health, In P. Dasen, J. W. Berry & N. Sartorius(Eds.), Cross-Cultural Psychology and Health: Towards Applications. pp.207-236. London:Sage.

Berry, J. W., Kim, U., Thomas M., & Doris, M.(1987), Comparative Studies of Acculturative Stress, IMR Vol.11(3), pp.491-510.

Berzonsky, M. D.(1990), Self-contstuction over the lifespan: A process perspective on identity formation. In G.J. Neimeyer & R. A. Neimeyer(Eds.), Advances in personal construct theory. Vol.1, pp.155-186. Greenwich, CT:JAI Press.

Bhatia, S., & Ram, A(2001), Rethinking 'acculturation' in relation to diasporic cultures and postcolonial identities. Human Development, 44, pp.1-18.

Bower, B.(2001), Many refugees can't flee mental ailments, Science News, Vol.159, issue 20, pp.310-311.

Bourhis, R. Y., Moise, L. C., Perreault, S., & Senecal, S.(1997), Towards an interactive acculturation model: A social psychological approach. International Journal of Psychology, 32, pp.369-386.

Brough, M., Gorman, D., Ramirez, E. & Westoby, P.(2003), Young refugees talk about well-being: A qualitative analysis of refegees youth mental health from three states, Australian Journal of Social Issues Vol.38. No.2, pp.193-208.

Brown, R.(2000), Social identity theory: Past achievements, current problems, and future challenges, European, Journal of Social Psychology, 30, pp.745-778.

Brune, M., Haasen, C., Krausz, M., Yagdiran, O., Bustos, E. & Eisenman, D.(2002), Belief systems as coping factors for traumatized refugees: a pilot study, European Psychiatry, Vol. 17, Issue 8, pp.451-459.

Bhugra D., Bhui K., Mallett Rosemarie, Desai M. Sin gh J, & Leff J(1999), Cultural identity and its measurement: a questionnaire for Asians, International Review of Psychiatry, Vol.11, pp.244-249.

Bryant-Davis, Thema(2005), Thriving in the Wake of Trauma: A Multicultural Guide, Westport, Connecticul, London, p.148.

Carter, B., & McGoldrick, M.(1988), The Changing Family Life Cycle: A Framework for Family Therapy(2nd ed.), Boston: Allyn and Bacon.

Chen, Y. R., Brockner, J., & Katz, T.(1998), Toward and explanation of cultural differences in-group favoritism: The role of individual versus collective primacy, Journal of Personality and Social Psychology, 75, pp.1490-1502.

Colaizzi, P. F.(1973), Reflection and Research in Psychology: A Phenomenological Study of Learning, Kendall/Hunt Publishing Company.

Colaizzi, P. F.(2002), Psychotherapy and Existential Therapy, Journal of Phenomenological Psychology, Vol.33, No.1, pp.73－112.

Cote, J. E., & Levine, C.(2002), Identity development, agency, and culture: A social psychological synthesis, Mahwah, NJ: Lawrence Erlbaum Associates.

Davis, A. J.(1978), The Phenomenological approach in nursing research, In N. Chaska (Ed). The Nursing Profession: Views through the mist, New York: McGrow－Hill Book Co.

Dilthey, W.(1976), Dilthey: selected writings, H.P. Rickman(ed), Cambridge: Cambridge University Press.

Erikson, E. H.(1968), Identity: Youth and crisis, New York: Norton.

Finch, B., Kolody, B., & Vega, W.(2000), Perceived discrimination and depression among Mexican origin adults in Calif. Journal of Health and Social Behavior, 41(3), pp.295－313.

Ford, K., & Norris, A.(1993), Urban Hispanic adoloescents and young adults: Relationship of acculturation to sexual behavior. Journal of Sex Research, 30, pp.316－323.

Gibson, M.A.(2001), Immigrant adaptation and patterns of acculturation. Human Development. 44, pp.19－23.

Giorgi, A.(1999), Phenomenological perspective on some phenomenographic results on learning. Journal of Phenomenological Psychology, Fall, Vol.30 Issue 2, pp.68－84.

Giorgi, A.(2004), A Way to overcome the methodological vicissitudes involved in researching subjectivity. Journal of Phenomenological Psychology, Spring, Vol.35. Issue 1, pp.1－25,－50.

Giorgi, A.(2004), The early history of phenomenological psychological research in America, 한국질적연구센터, 제5권, 2호,

Gil, A., Wagner, E., & Vega, W.(2000), Acculturation, familism and alcohol use among Latino adolescent males: Longitudinal relations.

Journal of Community Psychology, 28, pp.443-458.

Gjerde, P. F.(2004), Culture, power, and experience: Toward a person -centered cultural psychology, Human Develpment, 47, pp.138-157.

Goldenberg, L., & Goldenberg, H.(2000), Family Therapy: An overview, Pacific Grovee, CA: Brooks/Cole.

Goodkind, J. R.(2006), Promoting Hmong Refugees' Well-Being Through Mutual Learning: Valuing Knowledge, Culture, and Experience, American Journal of Community Psychology, Vol.37, Nos.1/2, pp.77-93.

Guba, E. & Lincohn, Y.(1981), Effective evaluation, San Francisco: Jossey Bass.

Hauff, E. & Vaglum, P.(1995), Organised violence and the stress of exile: Predictors of mental health in a community cohort of Vietnamese refugees three years after reselltement. British Journal of Psychiatry. 166. pp.360-367.

Harvey, John H., Carlson, Heather R., Huff, Tamara M., Green, Melinda A.(2003), Embracing Their Memory: The Construction of Accounts of Loss and Hope, In Neimeyer, Robert A.(Eds), Meaning Reconstruction & the Experience of Loss, pp.231-245.

Herman, J. Lewis(1997), Trauma and Recovery, Basic Books.

Hovey, J. D.(2000), Acculturative stress, depression, and suicidal ideation among Central American immigrants, Suicide & Life-Threatening Behavior, Summer2000, Vol.30 Issue 2, pp.125-140.

Hovey, J. D. & King, C. A.(1997), Suicidality among acculturating Mexican Americans: Current, Suicide & Life-Threatening Behavior, Spring, Vol.27 Issue 1, pp.92-104.

Hsu, E., Davies, C. A., & Hansen, D. J.(2004), Understanding mental health needs of Southeast Asian refugees: Historical, cultural, and contextual challenges, Clinical Psychology Review, 24, pp.193-213.

Janoff-Bulman, R.(1992), Shattered assumptions, New York: Free Press.

Jensen, L. A.(2003), Coming of age in a multicultural world: Gloalization and adolescent cultural identity formation, Applied Developmental Science, 7, pp.189-196.

Jong, Kaz de., Ford, N. & Kleber, R.(1999), Mental health care for refugees from Kosovo: the experience of Medecines Sans Frontieres, Vol.353, Aug, pp.1616-1617.

Kalin, R., & Berry, J. W.(1995), Ethnic and civic self-identity in Canada. Canadian Ethnic Studies, 27, pp.1-15.

Keyes, E. F.(2000), Mental heanlth status in refugees: An integrative review of current research, Issues in Mental Health Nursing. 21. pp.397-410.

Keyes, E. F., & Kane, C. F.,(2004), Belonging and adapting: Mental health of Bosnian refugees living in the United States, Issues in Mental Health Nursing, 25, pp.809-831.

Khamphakdy-Brown, S., Jones, L. N., Nilsson, J. E. Russell, E. B., & Klevens, C. L.(2006), The empowerment program: An application of an outreach program for refugee and immingrant women, Journal of Mental Health Counseling Vol.28, No.1, pp.38-47.

Kinzie , J. D., Boehnlein, J. K., Leung, P., Moore, L., Riley, C., & Smith. D.(1990), The prevalence of posttraumatic stress disorder and its clinical significance among Southeast Asian refugees. American Journal of Psychiatry, 147(7), pp.913-917.

Kinzie, J. D.(2001), Psychotherapy for Massively Traumatized Refugees, American Journal of Psychotherapy, Fall, Vol.55

Issue 4, pp.475－491.

Knipscheer, J. W., & Kleber, R. J.(2006), The relative contribution of posttraumatic and acculturative stress to subjective mental health among Bosnian refugees, Journal of Clinical Psychology, Vol.62, Issue 3, pp.339－353.

Kobasa, S. C.(1979), Stressful life events, personality, and health: An inquiry into hardiness, Journal of Personality and Social Psychology, 37, pp.1－11.

Kobasa S. C., Maddi, S. R., Puccetti, M. C., & Zola, M. A.(1985), Effectiveness of hardiness, exercise and social support as resources against illness, Journal of psychosomatic Research, 29, pp.525－533.

Koreapeace Forum(2007, March, 29), Are one Thousand North Korean defectors our burden or power?, Vol.1, Seoul Press Center.

Lang, A., Goulet, C., & Amsel, R.(2003), Lang and Goulet hardiness scale: development and testing on bereaved parents following the death of their fetus/infant, Death Studies, 27, pp.851－880.

Lavik N. J., Hauff E., Skrondal A., & Solberg O.(1996), Mental disorder among refegees and the impact of persecution and exile: Some findings from an outpatient population. British Journal Psychiatry, 169, pp.726－732.

Lavik N. J., Laake, P., Hauff, E. & Solberg O.(1999), The use of self －reports in psychiatric studies of traumatized refugees: Validation and analysis of HSCL－25, Nord J Psychiatry, 53, pp.12－20.

Lazarus, R. S., & Folkman, S.(1984), Stress, Appraisal and coping, New York:Springer.

Linley, P., & Joseph, S.(2004), Positive change following trauma and adversity: A review., Journal of Tramatic Stress, 17(1), pp.11-27.

Mann, M. A.(2004), Immigrant parents and their emigrant adolescents: The tension of inner and outer worlds, American Journal of Psychoanalysis, 64, pp.143-153.

Maton, K. I.(1989), The stress-buffering role of spiritual support: cross-sectional and prospective investigations, Journal for the Scientific Study of Religion, Sep., Vol.28 Issue 3, pp.310, 324.

McCann, I. L., & Pearlman, L. A.(1990), Psychological trauma and the adult survivor: Theory, therapy, and transformation, New York: Braunner/Mazel.

McKelvey, R., & Webb, J.(1997), A prospective study of psychological distress related to refugee camp experience. Australian and New Zealand Journal of Psychiatry, 31, pp.549-554.

Mahtani Aruna(2003), The Right of Refugee Clients to an Appropriate and Ethical Psychological Service

Mekki-Berrada, A., Rousseau, C., & Bertot J.(2001), Research on Refugees: Means of Transmitting Suffering and Forging Social Bonds, International Journal of Mental Health, Vol.30, No.2, Summer, pp.41-57.

Merleau-Ponty, M.(1962), Phenomenology of perception(C. Smith, Trans.). London: Routledge & kegan Paul.

Mollica R. F, Cui X, & massagli MP(2002), Science-based policy for psychosocial interventions in refugee camps. The Journal of Nervous and Mental Disease, Vol.190, pp.158-166.

Mummendey, A., Klink, A., & Brown, R.(2000), Nationalism and patriotism: National identification and out-group rejection, British Journal of Social Psychology, 40. pp.159-172.

Newman, J. S., Pargament, K. I.(1990), The role of religion in the problem-solving process, Review of Religious Research, Jun, Vol.31 Issue 4, pp.390-345.

Nicholl, C., & Thompson, A.(2004), The psychological treatment of Post Traumatic Stress Disorder in adults refugees: A review of the Current state of psychological therapies, 13(4), pp.351-362.

Nicholson, B. L., & Walters, T. K.(1997), The Effects of Trauma on Acculturative Stress:A Study of Cambodian Refugees, Journal of Multicultural Social Work, Vol.6, 3/4, pp.27-46.

Ovitt, Nancy, Larrison, Christopher R., & Nackerud, Larry.(2003), Refugees' responses to mental health screening, International Social Work, Apr2003, Vol.46. Issue 2, pp.235-250.

Padilla, A. M. & Perez, W.(2003), Acculturation, social identity, and social cognition: A new perspective, Hispanic Journal of Behavioral Sciences, 25, pp.35-55.

Park, C.(1998), Implication of posttruamatic growth for individauls, In Tedeshi, R., Park, C., & Calhoun, L.(Eds.), Posttraumatic growth: positive changes in the aftermath of crisis, Lawrence Erlbaum Associates, Publishers, pp.153-177.

Park, C., Cohen, L., & Murch, R.(1996), Assessment and prediction of stress-related growth, Journal of Personality, Vol.64, pp.71-105.

Papadopoulos, R. K.(2001), Refugee families: issues of systemic supervision, The Association for Family Therapy, Journal of Family Therapy, pp.405-422.

Pernice, R., & Brook, J.(1996), Refugees' and Immigrants' Mental Health: Association of Demographic and Post-Immigration Factors, The Journal of Social Psychology, 136(4), pp.511-519.

Phinney, J. S., & Flores, J.(2002), 'Unpacking' acculturation: Aspects of acculturation as predictors of traditional sex role attitudes,

Journal of Cross-Cultural Psychology, 33, pp.320-331.

Phinney, J. S., Horenczyk, G., Liebkind, K., & Vedder, P.(2001), Ethnic identity, immigration and well-being: An interactional perspective, Journal of Social Issues, 57, pp.493-510.

Procter, N. G.(2005) p.286 They first killed his heart thean he took his own life. Part 1: A review of the context and literature on mental health issues for refugees and asylum seekers, International Journal of Nursing Practice 2005, Vol.11, pp.286-291.

Pumariega A. J. Rothe, E., & Pumariega, J. B.(2005) Mental health of immigrants and refugees, Community Mental Health Journal, Vol.41, No.5, Oct.

Roberts, R. E., Phinney, J. S., Masse, L. C., Chen, Y. R., & Romero, A.(1999), The structure of ethnic identity in young adolescents from diverse ethnocultural groups. Journal of Early Adolescence, 19, pp.301-322.

Rothbaum, F., Weisz, J. R., & Synder, S. S.(1982), Changing the world and changing the self: A two-process model of perceived control, Journal of Personality and Social Psychology, 42, pp.5-37.

Schoen, A. A.(2005), Culturally sensitive counseling for Asian Americans./ Pacific Islanders, Journal of Instructional Psychology, Vol.32, No.3, pp.253-258.

Schwartz, S. J.(2001), The evolution of Eriksonian and neo-Eriksonian identity theory and research: A review and integration. Identity, 1, pp.7-53.

Schwartzberg, S. S., & Janoff-Bulman, R.(1991), Grief and the search for meaning: Exploring the assumptive worlds of bereaved college students, Journal of Social and Clinical Psychology, 10, pp.270-288.

Schweitzer R. Melville, F., Steel, Z., & Lacherez, P.(2006), Trauma, post
　　−migration living difficulties, and social support as predictors of
　　psychological adjustment in resettled Sudanese refugess, Australian
　　and New Zealand Journal of Psychiatry, Vol.40, pp.179−187.

Serafini, T. E., & Adams, G. R.(2002), Functions of identity, Identity,
　　2. pp.361−389.

Seth J. S., Marilyn J. M., & Ervin, B.(2006), The Role of identity in
　　acculturation among immigrant people: Theroetical propositions,
　　empirical questions, and applied recommendations, Human
　　Development, Vol.49, pp.1−30.

Siegel, K., Anderman, S. J., & Schrimshaw, E. W., Religion and
　　coping with health −related stress, Psychology & Health, 2001,
　　Vol.16 Issue 6, pp.631−655.

Siegel, K., Anderman, S. J., & Schrimshaw, E. W.(2001), Religion
　　and coping with health−related stress, Psycholoy and Health,
　　Vol.16, pp.613−653.

Simon, R. J., & Lynch, J. P.(1999), A comparative assessment of
　　public opinion towards immigrants and immigration policies,
　　International Migration Review, 33, pp.455−467.

Stroebe, Margaret S., & Schut, Henk(2003), Meaning making in the
　　dual process model of coping with bereavement in Neimeyer,
　　Robert A.(Eds), Meaning Reconstruction & the Experience of
　　Loss, pp.33−55.

Sondergaard, H.P., Ekblad, S., & Theorell, T.,(2003), Screening for
　　post−traumatic stress disorder among refugees in Stockholm,
　　Nord J Psychiatry. Vol.57, No.3, pp.185−189.

Suarez−Orozco, C., & Suarex−Orozco, M.M.(2001), Children of immigration,
　　Cambridge, MA: Harvard University Press.

Sue S., S. Derald W., Sue L. & Takeuchi David T.(1995), Psychopathology Among Asian Americans: A Model Minority?, Cultural Diversity and Mental Health, Vol.1(1), pp.39-51.

Synder, C. R.(2002), Hope Theory: Rainbows in the Mind, Psychological inquiry, Vol.13, No.4, pp.249-275.

Tajfel, H., & Turner, J. C.(1986), The social identity theory of intergroup behavior, In S. Worchel & W. G. Austin(Eds.), The psychology of intergroup behavior, pp.7-24.

Tedeschi, R., & Calhoun, L.(1995), Trauma & transformation: Growing in the aftermath of suffering, Thousand Oaks, CA: Sage.

Tedeschi, R., & Calhoun, L.(1996), The posttraumatic growth inventory: measuring the positive legacy of trauma., Journal of Traumatic Stress, 9, pp.455-471.

Tennen, H., & Affleck, G.(1998), Personality and transformation, In Tedeshi, R., Park, C., & Calhoun, L.(Eds.), Posttraumatic growth: positive changes in the aftermath of crisis, Lawrence Erlbaum Associates, Publishers, pp.65-91.

Tedeschi, R., Park, C., & Calhoun, L.(1998), Posttraumatic growth: Conceptual issues, In Tedeshi, R., Park, C., & Calhoun, L.(Eds.), Posttraumatic growth: positive changes in the aftermath of crisis, Mahwah, NJ: Lawrence Erlbaum Associates, Publishers, pp.1-17.

Tedeschi, R., & Calhoun, L.(1998), Beyond recovery from trauma: Implications for clinical practice and research, Journal of Social Issues, Vol.54, No.2, pp.357-371.

Tedeschi, R., & Calhoun, L.(1999), Facilitating posttraumatic growth: A clinician's guide, Mahwah, NJ: Lawrence Erlbaum Associates, Publishers.

Watters, Chalres(2001), Emerging paradigms in the mental health care of refugees, Social Science & Medicine, 52, pp.1709－1718.

Weaver, A. J. & Flannelly, K. J..(2004), The Role of religion/spirituality for Cancer Patients and their Caregivers, Southern Medical Journal, Dec., Vol. 97. Issue 12, pp.1210－1214.

Weine, S., Muzurovic, N., Kulauzovic, Y., Besic, S., Lezic, A., Mujagic, A., Muzurovic, J., Spahovi, D., Feetham, S., Ware, N., Knafl, K., & Pavkovic I.(2004), Family consequences of refugees trauma, Family Process, Vol.43, No.2, pp.147－160.

Williams, C. L. & Berry, J. W.(1991), Primary prevention of acculturative stress among refugees, American Psychologist, Vol.46 Issue 6, pp.632－641.

Williams, C. L. & Berry, J. W.(1991), Primary prevention of acculturative stress among refugees, American Psychologist, June, pp.632－641.

Williams, R. M., Davis, M. C., & Millsap, R. E.(2002), Development of the cognitive processing of trauma scale. Clinical Psychology & Psychotherapy, Vol.9, Issue 5, pp.349－360,

Zagefka H. & Brown R.(2002), The relationship between acculturation strategies, relative fit and intergroup relations: immigrant－majority relations in Germany, European Journal of Social Psychology, Vol.32, pp.171－188.

National Center for PTSD, http://www.ncptsd.va.gov.

김현경 •약 력•
이화여자대학교 사회복지학과 임상실천 박사 졸업(문학박사)
현) 호원대학교 사회복지학부 전임강사

•주요논저•
「A Phenomenological Study on the Experience of North Korean Refugees
 -Nursing Science Quarterly」, 21(4) (공저)
『친밀한 가족관계의 회복-Murray Bowen의 가족체계 이론의 적용』(공역)
『Lived experience of overcoming migratory loss among North Korean
 refugee women who got married to South Korean man』, The 20th
 Biennial Meeting, University of Würzburg in Germany
외 다수

현상학으로 바라본 새터민(탈북이주자)의 심리적 충격과 회복경험

초판인쇄 | 2009년 1월 1일
초판발행 | 2009년 1월 1일

지은이 | 김현경
펴낸이 | 채종준
펴낸곳 | 한국학술정보㈜
주 소 | 경기도 파주시 교하읍 문발리 513-5 파주출판문화정보산업단지
전 화 | 031) 908-3181(대표)
팩 스 | 031) 908-3189
홈페이지 | http://www.kstudy.com
E-mail | 출판사업부 publish@kstudy.com

등 록 | 제일산-115호(2000. 6. 19)
가 격 | 28,000원

〈호원대학교 교내연구비 지원으로 출판됨〉

ISBN 978-89-534-4385-3 93330 (Paper Book)
      978-89-534-4386-0 98330 (e-Book)